2020년

대외무역법

Foreign Trade Act

전정기 · 최홍배 · 이성형

탑북스

머리말

국가 간의 경제활동은 세계 최강국들의 자국 우선주의 정책에 따라 한 치 앞을 내다보기 어려운 상황이 되었습니다. 각국의 무역정책은 외교 및 군사 정책과 맞물려 더욱 복잡한 양상을 띠고 있으며, 따라서 국가 간의 무역활동 역시 더 이상 독립변수가 아닌 것으로 되어 변해 가고 있습니다. 미 · 중 간의 무역분쟁뿐만 아니라 한 · 일 간의 무역분쟁은 양국 사이의 다양한 이슈에서 발생하는 긴장상태의 한 표현으로 국가 간의 경제활동에 참여하고 있는 일개인이 그 원인을 파악하고 또 결과를 예측하기 어려운 상태로 확대되고 있습니다.

홍콩에 부여되어 왔던 국제무역상 특별지위의 철회가 무엇을 의미하는지, 이러한 상황이 미 · 중 간의 무역분쟁과 어떻게 연결되어 있으며, 더 나아가 우리나라의 대외무역에는 어떠한 영향을 미치는지를 종합적으로 가늠해야 하는 상황에 내몰리고 있습니다.

국제적으로 위세를 떨치고 있는 코로나 감염병 역시 우리의 일상을 확연하게 변화시킨 중요한 요소로 기능하고 있으며, 이러한 전염성 감염병이 국제무역과 국내경기를 어떻게 위축시키는지 우리는 목도하고 있습니다.

국제정치 · 경제적인 긴장고조와 전세계적인 전염성 감염병 확산에 따라, 우리나라의 대외무역은 유례없는 어려움에 봉착해 있다고 해도 과언이 아닙니다.

그러나 이러한 어려움에도 불구하고 이러한 난제를 극복하려는 시도가 계속되어야 하는 것은, 어떠한 환경에서도 국가 간의 무역은 지속되어야 한다는 것과 동일한 이유를 가지고 있습니다.

국내외적인 경제상황이 아무리 불투명하다고 하더라도, 잘 준비된 사람은 이를 극복할 수 있으며, 이러한 위기 상황을 극복해내는 사람이 많을수록 우리 사회는 더욱 튼튼해진다고 하겠습니다.

따라서 전문적인 지식을 체득한 무역학도들이 이러한 어려움을 극복하는데 조금이나마 도움이 될 수 있기를 간절히 기원하면서 대외무역법 교과서를 새로 출판하게 되었습니다.

본서에서는 최근에 개정된 법규 및 대외무역 관리규정의 내용을 충실하게 반영하고자 노력하였으며, 부록에 대외무역법과 동법 시행령을 수록함으로써 필요할 때마다 법전을 찾아 보아야 하는 번거로움을 줄이고자 하였습니다.

이번 대외무역법 교과서의 출판은 그간 관세사 시험에 최종 합격한 약 50여 명의 영남대학교 출신 관세사들의 성원에 의한 것이며, 학생들의 이러한 노력과 그에 따른 결실이 저자들로 하여금 부족함을 무릅쓰고 이 책을 내놓게 하는 주된 동력이 되었다는 것을 밝힙니다.

본서의 출판을 위하여 오랜 기간 용기를 북돋우어 주신 탑북스 김광식 사장님에게 감사의 말씀을 드리는 바이며, 무더운 여름내내 수고를 아끼지 않고 이 책이 나올 수 있도록 작업을 해주신 관계자 여러분에게도 감사의 마음을 전합니다.

2020년

저자들 씀

차 례

제1장 대외무역법 총칙

제2장 통상의 진흥

제3장 수출입 거래

제4장 원산지의 표시

제5장 수입수량 제한조치

제6장 수출입의 질서 유지와 행정벌

제7장 불공정무역행위 조사 및 산업피해 구제

부 록

제1장 대외무역법 총칙

제1절 대외무역법의 개념

1. 대외무역법의 개념

대외무역법이란 무역의 객체인 물품의 대외적인 흐름과 전자적 형태의 무역거래를 관리하는데 중점을 두고 있는 법으로, 계약자유의 원칙에 근거하여 미풍양속과 국가안보에 위배되지 않는 범위 내에서 대외무역을 관리하는 우리나라의 대외무역에 관한 일반법이다. 따라서 대외무역법은 무역의 객체인 물품 등(물품, 용역 그리고 전자적 형태의 무체물 포함)의 대외적인 흐름을 관리하는 법이다.

현재의 대외무역법은 1986년 12월에 제정 · 공포되어 1987년 7월 1일 시행되기 시작하였으며, 2007년 4월 11일 법률 제8356호로 전부 개정되었으며, 최근에는 2020년 3월 18일 법률 제17072호로 일부 개정되었다. 이와 같이 대외무역법은 무역규모와 시장개방 폭의 확대에 따른 국제경쟁력의 강화와 산업피해구제제도의 별도 입법에 따른 법규의 정비 및 대외무역법과 상관관계에 있는 타법의 개정 등 여러 가지 이유로 개정되어 왔다.

형식적 의미의 대외무역법은 1986년 제정 · 공포된 성문법인 대외무역법을 가리킨다. 그런데 현재의 대외무역법은 2020년 3월 18일에 개정되어 동년 6월 19일부터 시행되고 있으며 시행령은 2020년 6월 16일 개정되어 시행되었다.

2. 대외무역법의 목적과 특성

1) 대외무역법의 목적

이 법은 대외 무역을 진흥하고 공정한 거래 질서를 확립하여 국제 수지의 균형과 통상의 확대를 도모함으로써 국민 경제를 발전시키는 데 이바지함을 목적으로 한다(법 제1조). 그러므로 대외무역법은 수출의 촉진뿐만 아니라 수입의 확대를 통한 국제수지의 균형과 통상의 확대를 도모함으로써 우리나라의 시장개방에 대한 의지를 잘 나타내고 있다.

2) 대외무역법의 특성

(1) 무역에 관한 기본법

"국가는 대외무역을 육성하며, 이를 규제 · 조정할 수 있다(헌법 제126조)."라는 규정에 근거하여 대외무역법에서는 "무역에 관하여는 이 법이 정하는 바에 따른다(법 제6조 ①항)"라고 규정함으로써, 우리나라의 모든 대외무역거래는 대외무역법에 근거하여야 한다는 것을 명시적으로 규정하고 있다. 그리고 대외무역법은 "관계 행정기관의 장은 물품 등의 수출 또는 수입을 제한하는 법령이나 훈령 · 고시 등(이하 "수출 · 수입요령")을 제정하거나 개정하려면 미리 산업통상자원부장관과 협의하여야 한다. 이 경우 산업통상자원부장관은 관계 행정기관의 장에게 그 수출 · 수입요령의 조정을 요청할 수 있다(법 제6조 ②항)"라고 규정하고 있어 대외무역법이 무역에 관한 기본법임을 분명히 나타내고 있다.

(2) 무역에 관한 일반법 및 타 법령에 관한 특별법

다른 법령에서 대외무역에 관하여 대외무역법의 적용을 명시적으로 배제하고 있거나 또는 다른 수출입요령을 제시하고 있는 경우에는 다른 법령의 규정을 대외무역법에 우선하여 적용하거나 또는 동시 적용을 허용함으로써, 대외무역법이 무역에 관한 일반법의 지위를 가지고 있음을 나타내고 있다.

대외무역법은 기본적으로 대외무역거래에 수반되는 국제계약에 관한 내용을 규제하고 있기 때문에 민사법에 대한 특별법의 지위를 가지고 있다. 또한 "산업통상자원부장관의 조정명령의 이행에 대하여는 「독점규제 및 공정거래에 관한 법률」(이하 "공정거래법")을 적용하지 아니한다(법 제50조)"라는 규정과 "이 법에 따른 물품 등의 수출·수입행위에 대하여는 그 행위가 업무 수행 상 정당하다고 인정되는 범위에서 「국가보안법」을 적용하지 아니한다(법 제51조)"고 규정에 따라, 대외무역법이 독점규제 및 공정거래에 관한 법률과 국가보안법에 대한 특별법이라는 것을 밝히고 있다.

(3) 통상법적인 성격

대외무역법은 그 목적이 대외 무역을 진흥하고 공정한 거래 질서를 확립하여 국제 수지의 균형과 통상의 확대를 도모하는데 있기 때문에 통상법적인 특성을 가지고 있다. 그리고 "우리나라의 무역은 헌법에 따라 체결·공포된 무역에 관한 조약과 일반적으로 승인된 국제법규에서 정하는 바에 따라 자유롭고 공정한 무역을 조장함을 원칙으로 한다(법 제3조 ①항)"라고 규정함으로써, 대외무역법의 국제적인 성격과 대외적인 성격을 분명히 하고 있다.

(4) 위임입법성·중앙집권적 관리

대외무역법에서는 대외무역에 관한 기본적인 사항만을 규정하고 그 시행에 관한 세부적인 사항은 시행령과 관리규정에 위임하여 탄력적으로 운영하고 있다. 그리고 대외무역에 관한 모든 권한을 산업통상자원부장관에게 집중시키고 있으나, 예외적으로 "이 법에 따른 산업통상자원부장관의 권한은 대통령령으로 정하는 바에 따라 그 일부를 소속기관의 장, 시·도지사에게 위임하거나 관계 행정기관의 장, 세관장, 한국은행 총재, 한국수출입은행장, 외국환은행의 장, 그 밖에 대통령령으로 정하는 법인 또는 단체에 위탁할 수 있다(법 제52조 ①항)"라고 규정하여, 일정한 범위 내에서 산업통상자원부장관의 권한 중 일부를 다른 기관에 위임 또는 위탁할 수 있도록 하였다.

3. 대외무역법의 연혁

우리나라의 대외무역을 관리하는 법의 변천과정을 살펴보면, 1945년 해방 후 무역관련 법 제정 이전인 미 군정 하에서 대통령령과 고시에 의해 대외무역을 관리하던 시기, 1957년 대외무역에 관한 법률적인 기초를 확립하게 된 계기가 된 무역법에 근거하여 대외무역을 관리하던 시기, 무역자유화의 기초가 된 무역거래법에 따라 대외무역을 관리하던 시기, 그리고 무역자유화를 추진하여 통상의 확대를 통한 급변하는 국제무역환경에 적응하고 극복하기 위한 대외무역법에 의해 대외무역을 관리하는 시기로 구분할 수 있다.

1) 무역법 제정 이전의 시기(해방에서 1957년 무역법 제정 이전까지)

1948년 정부수립과 함께 공표된 제정헌법 제87조에서는 무역관리의 원칙으로 "무역은 법률에 의하여 국가의 통제 하에 둔다"고 규정하였다. 그러나 이러한 헌법상의 법률위임에도 불구하고 대외무역을 관리할 수 있는 대외무역에 관한 법률이 따로 제정되지 아니하였으며, 따라서 정부수립 이전에 공표된 미군정법령 제39호 "대외무역규칙"을 수정하여 공포한 대통령령 제324호를 무역관리의 근거 규정으로 사용하였다. 그리고 6·25전쟁으로 인하여 수출입이 급격하게 증가함에 따라, 1952년 상공부 고시 제88호 "대외무역수속에 관한 건"이 공포되기도 하였다. 법률의 제정이 없이 미군정령·대통령령·고시 등에 입각하여 필요에 따라 수시로 변경되어 온 대외무역관리제도는 일관성이 유지되기 어려웠다. 그 결과 체계적인 대외무역관리가 이루어지기는 어려웠던 시기였다.

2) 무역법 시기(무역법에서 1967년 무역거래법의 제정 이전까지)

1957년 제정된 무역법은 전후 혼란이 극복되고 무역이 확대됨에 따라 무역을 신장시키고 무역 행정의 법적 체계를 확립하기 위한 것이었다. 따라서 무역법은 전문 제18조와 부칙으로 구성되어 있었으며, 동 시행령, 무역위원회 규정, 동 시행세칙 등이 연이어 제정 및 공포됨에 따라 우리나라의 대외무역 정책의 기본적인 체계를 수립한 법령이다.

이러한 무역법의 기본적인 성격은 "수출을 진흥할 뿐만 아니라 수입을 적절히 조정하고 건전한 무역거래를 촉진함으로써 국제수지의 균형과 국민경제의 지속적인 발전을 도모함을 목적으로 한다"라고 규정한 동법 제1조에 잘 나타나 있다. 즉, 무역법은 수출의 확대와 수입의 억제를 통한 국제수지의 균형과 경제발전을 목적으로 하고 있기 때문에, 자유무역의 원칙에 일치하는 개방적인 무역체제를 염두에 둔 제도라고 하기는 어렵다는 것이다.

〈표 1-1〉 무역법 · 무역거래법 · 대외무역법 비교

구분	무역법	무역거래법	대외무역법
제정	1957년 12월 13일	1967년 1월 16일	1986년 12월 31일
구성	전문 제18조, 부칙	전문 제35조, 부칙	전문 9장 제72조, 부칙
목적	수출촉진과 수입조정으로 건전한 무역거래와 국제수지 균형을 통해 국민경제의 지속적인 발전 도모	수출진흥과 수입조정을 통하여 대외무역을 발전시켜 국제수지의 균형과 국민 경제의 발전에 기여	대외무역 진흥과 공정거래질서의 확립을 통해 국제수지 균형과 통상확대를 도모하여 국민경제의 발전에 이바지
특징	• 무역에 관한 법률적 기초 최초 확립 • 무역행정의 정비강화 • 무역수지, 국내산업 균형 발전 • 품목관리: 무역계획	• 대외통상마찰 가능성 • 무역법 · 수출진흥법 · 수출장려금 교부에 관한 임시조치법 통합 · 제정 • 무역자유화의 기초 • 품록관리: 수출입기별 공고	• 무역자유화의 확대 • 무역거래법 · 산업설비 수출촉진법 · 수출조합법 통폐합 제정 • 산업피해구제에 관한 법률 • 품목관리: 수출입공고

3) 무역거래법 시기(무역거래법에서 1986년 대외무역법 제정 이전까지)

경제개발 5개년 계획을 활발하게 추진하고 있던 당시의 정부가 추진한 대외지향적 · 수출주도형 경제정책의 시행에 따라 기존의 무역법 · 수출진흥법 · 수출장려보조금 교부에 관한 임시조치법 등을 통합하여 전문 제35조와 부칙으로 구성된 무역거래법이 1967년에 제정되었다. 중화학산업의 육성을 통한 수출산업의 고도화는 필연적으로 국제수지의 적자를 초래하게 되어, 새롭게 제정된 무역거래법은 당연히 국제수지 균형을 유지하기 위한 무역관리

에 중점을 두고 있었다.

4) 대외무역법에 의한 무역관리(1986년 대외무역법 제정 이후 현재까지)

1986년 우루과이라운드 무역협상의 출범에 따라 국제무역환경이 급변하게 되고, 이에 따른 국제무역의 자유화라는 큰 흐름에 따라 국제수지 적자를 관리하기 위한 제도에 근거한 후진국형 대외무역 관리체계를 유지하는 것은 더 이상 가능하지 않게 되었다. 따라서 1986년 당시의 무역거래법과 산업설비수출촉진법 그리고 수출조합법을 통폐합하여 전문 9장 제72조 및 부칙으로 구성된 대외무역법이 제정되어 현재에 이르고 있다.

4. 대외무역법의 원칙

대외무역법은 대외무역의 확대와 무역에 관한 제한 등에 대하여 자유롭고 공정한 무역의 원칙, 무역진흥의 원칙, 무역제한 최소화의 원칙 등을 견지하고 있다.

1) 자유롭고 공정한 무역의 원칙

우리나라의 무역은 헌법에 따라 체결·공포된 무역에 관한 조약과 일반적으로 승인된 국제법규에서 정하는 바에 따라 자유롭고 공정한 무역을 조장함을 원칙으로 한다(법 제3조 ①항).

2) 필요 최소한의 무역제한 원칙

정부는 대외무역법이나 다른 법률 또는 헌법에 따라 체결·공포된 무역에 관한 조약과 일반적으로 승인된 국제 법규에 무역을 제한하는 규정이 있는 경우에는 그 제한하는 목적을 달성하기 위하여 필요한 최소한의 범위에서 이를 운영하여야 한다(법 제3조 ②항).

5. 무역의 진흥

산업통상자원부장관은 무역의 진흥을 위하여 필요하다고 인정되면 대통령령으로 정하는 바에 따라 물품 등의 수출과 수입을 지속적으로 증대하기 위한 조치를 할 수 있다(법 제4조 ①항). 그리고 산업통상자원부장관은 이러한 무역의 진흥을 위하여 필요하다고 인정되면 대통령령으로 정하는 바에 따라 아래의 어느 하나에 해당하는 자에게 필요한 지원을 할 수 있다(법 제4조 ②항).

가. 무역의 진흥을 위한 자문, 지도, 대외 홍보, 전시, 연수, 상담 알선 등을 업(業)으로 하는 자

나. 무역전시장이나 무역연수원 등의 무역 관련 시설을 설치·운영하는 자

다. 과학적인 무역업무 처리기반을 구축·운영하는 자

1) 무역진흥을 위한 조치

산업통상자원부장관은 법 제4조에 따라 무역의 진흥을 위한 다음 각 호의 조치를 하거나 관계 행정기관의 장에게 필요한 조치를 하여 줄 것을 요청할 수 있다(영 제5조 ①항).

가. 수출산업의 국제경쟁력을 높이기 위한 여건의 조성과 설비 투자의 촉진

나. 외화가득률(外貨稼得率)을 높이기 위한 품질 향상과 국내에서 생산되는 외화획득용 원료·기재의 사용 촉진

다. 통상협력 증진을 위한 수출·수입에 대한 조정

라. 지역별 무역균형을 달성하기 위한 수출·수입의 연계

마. 민간의 통상활동 및 산업협력의 지원

바. 무역 관련 시설에 대한 조세 등의 감면

사. 과학적인 무역업무 처리기반을 효율적으로 구축·운영하기 위한 여건의 조성

아. 무역업계 등 유관기관의 과학적인 무역업무 처리기반 이용 촉진

자. 국내기업의 해외 진출 지원

차. 해외에 진출한 국내기업의 고충 사항의 조사와 그 해결을 위한 지원
카. 그 밖에 수출·수입을 지속적으로 증대하기 위하여 필요하다고 인정하는 조치

2) 지원대상 무역관련 시설 등

산업통상자원부장관은 무역의 진흥을 위하여 필요하다고 인정하여 필요한 지원을 할 수 있는 무역관련 시설이라 함은 아래와 같은 구분에 따른 기능과 규모를 갖춘 시설로서 산업통상자원부장관이 지정하는 것으로 한다(영 제5조 ②항).

가. 무역전시장: 실내 전시 연면적이 2천 제곱미터 이상인 무역견본품을 전시할 수 있는 시설과 50명 이상을 수용할 수 있는 회의실을 갖출 것
나. 무역연수원: 무역전문인력을 양성할 수 있는 시설로서 연면적이 2천 제곱미터 이상이고 최대수용 인원이 500명 이상일 것
다. 컨벤션센터: 회의용 시설로서 연면적이 4천 제곱미터 이상이고 최대수용 인원이 2천명 이상일 것

"과학적인 무역업무 처리기반을 구축·운영하는 자"란 「전자무역 촉진에 관한 법률」에 따른 전자무역기반사업자 중에서 과학적인 무역업무 처리기반을 구축·운영하고 있는 사업자를 말한다(영 제5조 ③항).

6. 무역에 관한 제한 등 특별조치

1) 수출입의 제한 또는 금지

산업통상자원부장관은 아래의 어느 하나에 해당하는 경우에는 대통령령으로 정하는 바에 따라 물품 등의 수출과 수입을 제한하거나 금지할 수 있다(법 제5조).

가. 우리나라 또는 우리나라의 무역 상대국(이하 "교역상대국")에 전쟁·사변 또는 천재지변이 있을 경우

나. 교역상대국이 조약과 일반적으로 승인된 국제법규에서 정한 우리나라의 권익을 인정하지 아니할 경우

다. 교역상대국이 우리나라의 무역에 대하여 부당하거나 차별적인 부담 또는 제한을 가할 경우

라. 헌법에 따라 체결·공포된 무역에 관한 조약과 일반적으로 승인된 국제법규에서 정한 국제평화와 안전유지 등의 의무를 이행하기 위하여 필요할 경우

마. 국제평화와 안전유지를 위한 국제공조에 따른 교역여건의 급변으로 교역상대국과의 무역에 관한 중대한 차질이 생기거나 생길 우려가 있는 경우

바. 인간의 생명·건강 및 안전, 동물과 식물의 생명 및 건강, 환경보전 또는 국내 자원 보호를 위하여 필요할 경우

2) 수출입의 제한 또는 금지조치를 위한 절차

산업통상자원부장관은 교역상대국이 조약과 일반적으로 승인된 국제법규에서 정한 우리나라의 권익을 인정하지 아니하거나, 교역상대국이 우리나라의 무역에 대하여 부당하거나 차별적인 부담 또는 제한을 가하거나, 또는 인간의 생명·건강 및 안전, 동물과 식물의 생명 및 건강, 환경보전 또는 국내 자원 보호를 위하여 필요할 경우(법 제5조 2호·3호·4호의2 또는 5호)에 해당하는 사유로 교역상대국에 대하여 물품 등의 수출·수입의 제한 또는 금지에 관한 조치(이하 "특별조치")를 하려면 미리 그 사실에 관하여 조사를 하여야 한다(영 제6조 제①항). 이러한 특별조치를 위한 절차는 아래와 같다(영 제6조 ②항부터 ⑦항).

가. 위에서 언급된 사실에 대하여 이해관계가 있는 자는 산업통상자원부장관에게 특별조치를 하여 줄 것을 신청할 수 있다.

나. 산업통상자원부장관은 이러한 특별조치에 관한 신청이 있으면 신청일부터 30일 이내에 그 사실관계에 대한 조사 여부를 결정하고 그 내용을 신청인에게 알려야 한다.

다. 산업통상자원부장관은 특별조치에 따른 조사를 할 때에 필요하다고 인정하면 미리 해당 교역상대국과 협의를 하여야 한다.

라. 산업통상자원부장관은 특별조치를 위한 조사를 시작하면 지체 없이 그 사실을 공고하고, 조사를 시작한 날부터 1년 이내에 끝내야 한다.

마. 산업통상자원부장관은 특별조치를 하려는 경우에는 미리 관계 중앙행정기관의 장과 협의하여야 한다.

바. 산업통상자원부장관은 특별조치를 하려는 경우에는 그 특별조치의 내용을 공고하고 그 특별조치가 이해관계자의 신청에 따른 것일 때에는 해당 신청인에게 그 사실을 알려야 한다. 그 특별조치를 해제할 경우에도 또한 같다.

3) 수출입제한 또는 금지물품의 수출을 위한 보고·조사 등

산업통상자원부장관 또는 관계 행정기관의 장은 헌법에 따라 체결·공포된 무역에 관한 조약과 일반적으로 승인된 국제법규에서 정한 국제평화와 안전유지 등의 의무를 이행하기 위하여 필요하여(법 제5조 4호) 수출이 제한되거나 금지된 물품 등, 전략물자 또는 전략물자에는 해당되지 아니하나 대량파괴무기와 그 운반수단인 미사일(이하 “대량파괴무기 등”)의 제조·개발·사용 또는 보관 등의 용도로 전용될 가능성이 높은 물품(법 제19조 ③항) 등에 대한 수출허가나 상황허가를 받은 자 또는 수출허가나 상황허가를 받지 아니하고 수출하거나 수출하려고 한 자에게 아래 사항에 관한 보고 또는 자료의 제출을 명할 수 있다(법 제48조 ①항).

가. 수입국

나. 수입자·최종사용자 또는 그의 위임을 받은 자 및 그 소재지, 사업 분야, 주요 거래자 및 사용 목적

다. 수입자와 최종사용자 또는 그의 위임을 받은 자를 확인하기 위한 수입국의 권한 있는 기관이 발급한 납세증명서 등 관련 자료 또는 대외 공표자료

라. 그 밖에 운송 수단, 환적국(換積國), 대금 결제방법 등 산업통상자원부 장관이 정하여 고시하는 사항

산업통상자원부장관 또는 관계 행정기관의 장은 이 법의 시행을 위하여 필요하다고 인정하면 그 소속 공무원에게 이 조항의 ①항에 규정된 자(대량파괴무기 등의 제조·개발·사용 또는 보관 등의 용도로 전용될 가능성이 높은 물품 등에 대한 수출허가나 상황허가를 받은 자 또는 수출허가나 상황허가를 받지 아니하고 수출하거나 수출하려고 한 자)의 사무소, 영업소, 공장 또는 창고 등에서 장부·서류나 그 밖의 물건을 검사하게 할 수 있다. 이러한 검사를 하는 공무원은 그 권한을 표시하는 증표를 지니고, 이를 관계인에게 내보여야 한다(법 제48조 ②항 및 ③항). 이때 이러한 검사를 하는 공무원이 제시하여야 하는 증표는 별지 서식에 따른다(영 제89조).

4) 무역에 관한 법령 등의 협의

무역에 관하여는 이 법에서 정하는 바에 따른다. 따라서 관계 행정기관의 장은 물품 등의 수출 또는 수입을 제한하는 법령이나 훈령·고시 등(이하 "수출·수입요령")을 제정하거나 개정하려면 미리 산업통상자원부장관과 협의하여야 한다. 이 경우 산업통상자원부장관은 관계 행정기관의 장에게 그 수출·수입요령의 조정을 요청할 수 있다(법 제6조 ①항 및 ②항).

7. 대외무역법과 다른 법령과의 관계

1) 불공정무역행위조사 및 산업피해구제에 관한 법률

이 법은 교역상대국에 의한 불공정무역행위 및 수입의 증가로 인해 발생한 국내 산업피해를 조사하고 구제하는 절차를 보다 전문적으로 취급하기 위하여 신설한 법률(이하 "산업피해구제법")이다. 이러한 산업피해구제법은 대외무역법에 포함되어 있던 불공정무역행위조사 및 산업피해구제에 관한 규정을

분리하여 파생한 법으로서 대외무역법에 대한 특별법의 지위를 가지고 있다고 하겠다.

2) 독점규제 및 공정거래에 관한 법률

대외무역과 관련하여 공정거래법의 적용에 대하여 대외무역법에서는 산업통상자원부장관의 조정명령의 이행에 대하여는 공정거래법을 적용하지 아니하며, 산업통상자원부장관은 조정명령이 공정거래법에 따른 사업자 간의 국내 시장에서의 경쟁을 제한하는 것이면 공정거래위원회와 미리 협의하여야 한다(법 제50조 ①항 및 ②항)고 규정하고 있다.

3) 국가보안법

대외무역과 관련하여 국가보안법의 적용에 대하여 대외무역법에서는 "대외무역법에 따른 물품등의 수출 · 수입행위에 대하여는 그 행위가 업무 수행상 정당하다고 인정되는 범위에서 「국가보안법」을 적용하지 아니한다(법 제52조)" 라고 규정함으로써, 업무상 정당한 범위 내에서는 대외무역과 관련하여 국가보안법의 적용을 제한하고 있다.

4) 관세법

대외무역이 이루어지는 과정을 살펴보면, 수출입이 허용되고 이행되는 것은 대외무역법에 근거하여 이루어지지만, 이러한 수출입이 이행되는 과정에서 필연적으로 발생하게 되는 관세 의 부과와 징수, 보세구역 및 통관절차 등은 관세법의 적용대상이 된다. 따라서 대외무역법과 관세법은 서로 밀접하게 연결되어 있는 것이다.

대외무역법 상의 수입에 의한 국내산업 피해구제제도와 관세법 상의 국내산업 피해구제를 위하여 규정되어 있는 탄력관세제도는 상호 중복되는 측면이 있다. 그러나 이러한 문제는 관세법상의 산업피해구제는 산업피해구제법상의 무역위원회에 의한 피해구제를 적용하도록 함으로써 해결하고 있다.

5) 외국환거래법

대외무역이 이루어지는 과정을 살펴보면, 대외무역법은 수출입의 허가 등을 통하여 무역의 객체인 물품의 이동을 관리하는 법이고, 외국환거래법은 이러한 물품 등의 이동에 수반되는 대금결제를 관리하는 법이다. 즉, 대외무역법과 외국환거래법은 서로 밀접하게 연결되어 있는 것이다. 따라서 대외무역법과 외국환거래법은 물품의 이동에 수반되는 대금결제를 조정하기 위한 규정을 마련해 두고 있다.

첫째, 대외무역법에서는 "물품 등의 수출입과 이에 따른 대금을 받거나 지급하는 것은 이 법의 목적의 범위에서 자유롭게 이루어져야 한다(법 제10조 ①항)"라고 규정하여 대외결제에 대한 원칙을 선언하고 있다.

둘째, 대외무역법에서는 "기획재정부장관이 외국환 거래 관계 법령에 따라 무역대금 결제 방법을 정하려면 미리 산업통상자원부장관과 협의하여야 한다(법 제13조 ②항)"라고 규정하여 산업통상자원부장관에게 사전 협의권을 부여하고 있다.

셋째, 외국환거래법에서는 "기획재정부장관은 대외무역법이 정하는 바에 따라 인정된 물품의 수출입에 대한 지급영수에 대해서는 최소한의 신고대상을 제외하고는 자유롭게 결제할 수 있다"라고 규정하여 대외무역법에 따른 수출입에 대한 결제를 원활하게 할 수 있도록 하고 있다.

제2절 무역관리기관

1. 무역관리기관의 의미

수출입을 행하는 무역거래자의 무역거래 활동에 대하여 수출입질서를 유지하고 불공정 무역행위를 방지하기 위하여 정부가 규제하고 조정하는 것을 무역관리라고 한다면, 정부의 기구 중에서 이러한 무역관리의 업무를 담당하는 기관을 무역관리기관이라고 할 수 있다. 이러한 무역관리에 관한 기구는 기본적으로 대외무역법에 의하여 규정되어 있다.

2. 무역관리의 원칙

1) 무역관리기관의 지정 및 권한의 위임·위탁

우리나라의 헌법에 따르면 "국가는 대외무역을 육성하고 규제·조정할 수 있다(헌법 제125조)"고 규정하고 있다. 이러한 헌법의 규정에 근거하여, 국가는 대외무역을 육성하고 규제·조정할 수 있는 기구를 법률의 규정에 의하여 설립한다. 현재 우리나라에서는 대외무역법에 근거하여 산업통상자원부가 무역관리의 주된 역할을 담당하고 있으며, 산업통상자원부장관이 무역관리에 관한 주무 행정기관으로 규정되어 있다. 그러므로 산업통상자원부장관은 대외무역법에 따라서 수출입행위의 승인(법 제3장 제1절), 무역진흥조치(법 제4조), 무역에 관한 제한 등의 특별조치(법 제5조) 그리고 조정명령(법 제46조) 등을 할 수 있는 권한을 가지고 있다.

무역관리를 위한 대부분의 권한을 산업통상자원부장관에게 부여하면서도, 수출입행위의 신고기준·승인방법 등에 관한 대부분의 권한을 대통령령이 정하는 바에 따라 소속 기관의 장, 서울특별시장, 광역시장 또는 도지사에게 위임하거나 관계 행정기관의 장, 세관장, 한국은행 총재, 한국수출입은행장, 외국환은행의 장 또는 법인단체에 위탁하고 있으며, 산업통상자원부장관은 위임 또는 위탁한 사무에 관하여 그 위임 또는 위탁을 받은 자를 지휘·감독할 뿐만 아니라 위임 또는 위탁한 사무에 관하여 그 위임 또는 위탁을 받은 자에게 필요한 자료의 제출을 요청할 수 있다(법 제52조 ①항부터 ③항).

2) 위임·위탁사무의 처리

산업통상자원부장관의 권한을 위임받거나 위탁받은 자는 위임받거나 위탁받은 업무의 처리 결과를 산업통상자원부장관에게 보고하여야 하며, 위임받거나 위탁받은 업무의 처리 결과의 보고시기, 보고방법 등에 관하여 필요한 사항은 산업통상자원부장관이 정한다(영 제92조 ②항). 위임받거나 위탁받은 업무의 처리 결과의 보고항목, 양식 등은 산업통상자원부장관과 수임·수탁기관의 장이 협의하여 정하되 위임·위탁업무별로 종합적인 처리결과와 특이사항의 파악이 가능하도록 한다(관리규정 제108조 ②항).

위임·위탁업무 처리결과의 보고시기는 해당 분기가 끝난 후 30일 이내, 해당 반기가 끝난 후 45일 이내, 해당 연도가 끝난 후 2개월 이내로 구분하고 있다. 다만, 산업통상자원부장관이 필요하다고 인정하여 사안별로 요청하는 경우에는 그러하지 아니하다(규정 제108조 ①항).

산업통상자원부장관의 권한을 위임 또는 위탁받은 자는 위임 또는 위탁받은 업무의 처리기준 및 절차를 제정·운용할 수 있으며, 이러한 업무처리기준 및 절차를 제정 또는 개정하려는 경우에는 산업통상자원부장관과 미리 협의하여야 한다(관리규정 제 107조 ①항 및 ②항).

(1) 해당 분기가 끝난 후 30일 이내 보고사항

가. 세관장에게 위탁한 다음의 권한. 다만, 자유무역지역관리원의 관할 구역의 입주업체에 대한 권한은 자유무역지역관리원장에게 위임한다(영 제91조 ④항).

㉮ 헌법에 따라 체결·공포된 조약과 일반적으로 승인된 국제법규에 따른 의무의 이행, 생물자원의 보호 등을 위하여 지정하는 물품 등을 수출하거나 수입하려는 경우 이러한 물품 등이 긴급히 처리하여야 하는 물품 등과 그 밖에 수출 또는 수입절차를 간소화하기 위한 물품 등으로서 대통령령으로 정하는 기준에 해당하여 수출입 승인 면제에 해당하는 경우 수출입 승인 면제의 확인에 관한 권한(법 제14조)

㉯ 원산지표시대상물품을 수입하는 자에 대하여 해당 물품이 통관할 때 원산지 표시 방법, 원산지표시 생략의 경우, 원산지 표시에 관한 세부적인 사항 등(영 제56조 ①항부터 ③항)의 원산지 표시의 확인에 관한 권한

㉰ 수출입 물품의 원산지표시 규정 위반 여부를 확인하기 위하여 필요한 경우 행하는(법 제33조 ⑤항) 수입한 물품 등과 관련 서류의 검사에 관한 권한

㉱ 원산지표시대상물품에 대한 원산지표시 여부와 단순 가공한 물품 등에 당초 원산지 표시 규정 및 원산지거짓표시·오인표시, 원산지 손상·변경표시 또는 원산지를 표시하지 아니하는 행위에 대한 시정조치 명령(법 제33조의2 ①항) 또는 과징금 부과(법 제33조의2 ②항) 및 과징금 납부기한의 연장, 분할납부 및 그 결정의 취소에 관한 권한(영 제59조의 2)

㉲ 산업통상자원부장관이 정하여 고시하는 지역으로부터 산업통상자원부장관이 정하여 고시하는 물품을 수입하려는 자에게 그 물품의 원산지 국가, 그 물품을 선적한 국가의 정부 또는 원산지 국가나 선적 국가의 정부가 인정하는 기관이 발행하는 원산지증명서의 제

출(영 제65조) 명령에 관한 권한

㉶ 수출물품의 원산지증명서 발급 업무(영 제66조 ②항 및 ③항) 중 관세양허(關稅讓許)를 받기 위한 원산지증명서 발급 업무에 관한 권한

㉷ 수출입물품 등의 원산지의 표시를 위반(법 제59조 ②항 3호)한 자에 대한 과태료의 부과·징수에 관한 권한

나. 한국무역협회, 한국선주협회, 한국관광협회중앙회, 업종별 관광협회 및 한국소프트웨어산업협회에 위탁한 다음의 권한(영 제91조 ⑤항)

㉮ 전문무역상사의 지정 및 지정취소

㉯ 무역업고유번호의 부여 및 관리 등 수출입통계 데이터베이스의 구축, 불공정무역행위의 방지, 효율적인 수출입 거래, 그 밖에 산업통상자원부장관이 필요하다고 인정하는 경우 등을 위한 전산관리체제의 개발·운영

㉰ 관세청장에게 요청한 신고한 무역거래자의 상호, 성명 등 무역거래자에 관련된 정보와 각 신고별 신고 수리일, 수출 또는 수입 물품의 품명·수량·금액, 거래 형태 등에 관련된 정보, 위임·위탁받은 업무의 처리 결과 보고서, 수출이 제한되거나 금지된 물품 등, 전략물자 또는 전략물자에는 해당되지 아니하나 대량파괴무기 등의 제조·개발·사용 또는 보관 등의 용도로 전용될 가능성이 높은 물품 등에 대한 수출허가나 상황허가를 받은 자 또는 수출허가나 상황허가를 받지 아니하고 수출하거나 수출하려고 한 자에게 받은 보고 또는 제출받은 자료 등 수출입 거래에 관한 정보의 수집·분석

㉱ 용역의 수출입 확인

㉲ 용역 중 해운업의 수출입 확인

㉶ 용역 중 관광사업의 수출입 확인

㉷ 전자적 형태의 무체물의 수출입 확인

다. 관세청장에게 위탁한 권한(영 제91조 ⑥항)

㉮ 산업통상자원부장관이 정하는 원산지 표시방법의 범위에서 그 표시방법에 관한 세부적인 사항을 정하는 권한(영 제56조 ③항)
㉯ 원산지 표시방법 확인 및 이의제기 처리 권한(영 제57조 ①항 및 ②항)
㉰ 원산지의 판정 및 이의제기의 처리에 관한 권한(영 제62조 및 제63조)
㉱ 세관장에게 위탁된 사무에 대한 지휘 · 감독 및 자료의 제출 요청에 관한 권한

라. 수출입승인대상 물품 등에 대하여 산업통상자원부장관이 지정 · 고시하는 관계 행정기관 또는 단체의 장에게 위탁한 권한(영 제91조 ⑦항)

㉮ 헌법에 따라 체결 · 공포된 조약과 일반적으로 승인된 국제법규에 따른 의무의 이행, 생물자원의 보호 등을 위하여 지정하는 물품 등의 수출 · 입승인, 승인의 유효기간 설정 및 연장, 변경승인 및 변경사항 신고의 수리에 관한 권한
㉯ 수입승인 대상으로 지정된 물품 등을 외화획득용 원료 · 기재로 수입하는 경우 수입승인에 관한 권한
㉰ 산업통상자원부장관이 관장하는 외화획득용 원료 · 기재에 대한 사후 관리 권한

마. 대한상공회의소나 산업통상자원부장관이 지정 · 고시하는 법인에 위탁된 원산지증명서 발급업무에 관한 권한(영 제91조 ⑩항)

(2) 해당 반기가 끝난 후 45일 이내 보고사항

가. 기술표준원장에 위임된 권한(영 제91조 ②항)

㉮ 외화획득용 원료 · 기재의 기준 소요량 결정에 관한 권한, 단, 동 권한 중 목재가구에 대한 권한은 국립산림과학원장에게 위탁한다.
㉯ 수입한 외화획득용 원료 · 기재 및 그 원료 · 기재로 제조된 물품 등에 대하여는 외화획득 이행의무자의 외화획득 이행 여부의 사후

관리에 관한 권한

㉰ 시·도지사에게 위임된 사무에 대한 지휘·감독 및 자료의 제출요청에 관한 권한

㉱ 산업통상자원부장관이 지정·고시한 관계 행정기관 또는 단체에 위탁된 사무(수출 또는 수입의 승인, 변경승인 및 변경사항 신고의 수리 및 외화획득용 원료·기재의 수입승인)에 대한 지휘·감독 및 자료의 제출 요청에 관한 권한

나. 시도지사에게 위임된 권한 중 다음의 권한(영 제91조 ③항 1호 및 2호)

㉮ 외화획득 이행기간의 연장에 관한 권한

㉯ 수입한 외화획득용 원료·기재를 부득이한 사유로 인하여 당초의 목적 외의 용도로 사용하려 할 때, 사용목적 변경승인에 관한 권한

다. 한국기계산업진흥회에 위탁한 권한(영 제91조 ⑧항)

플랜트수출의 승인 및 변경승인(일괄수주방식에 의한 수출로서 국토교통부장관의 동의가 필요한 경우는 제외)에 관한 권한. 다만, 연불금융(延拂金融) 지원의 경우에는 한국수출입은행에 위탁한다.

라. 대한상사중재원에 위탁한 권한(영 제91조 ⑨항)

㉮ 무역분쟁에 대한 조정 또는 알선에 관한 권한

㉯ 분쟁조정, 조정비용 부담 등에 관한 권한

마. 외국환은행의 장 및 전자무역기반사업자에게 위탁한 권한(영 제91조 ⑪항)

구매확인서의 발급 및 사후 관리에 관한 권한

(3) 해당 연도가 끝난 후 2개월 이내 보고사항

산업통상자원부장관이 관장하는 물품 등에 대한 권한은 제외하고, 산업통상자원부장관이 그 대상 물품 등의 품목에 따라 그 물품 등을 관장하는 중앙행정기관의 장에게 위탁한 권한(영 제91조 ①항).

가. 외화획득용 원료·기재의 수입 제한에 관한 권한

나. 외화획득용 원료·기재의 기준 소요량 결정에 관한 권한

다. 외화획득 이행기간의 결정 및 그 연장에 관한 권한

라. 외화획득용 원료·기재 또는 그 원료·기재로 제조된 물품(산업통상자원부장관이 지정·고시한 품목만 해당)에 대한 아래의 권한

> ㉮ 수입승인 대상으로 지정된 물품 등을 외화획득용 원료·기재로 수입하였거나 그 원료·기재로 제조된 물품 등에 대하여는 외화획득 이행의 무자에 대한 외화획득이행 여부의 사후 관리에 관한 권한(영 제28조 ①항)
>
> ㉯ 외화획득용 원료·기재 또는 그 원료·기재로 제조된 물품 등을 부득이한 사유로 인하여 당초의 목적 외의 용도로 사용하려는 경우, 사용목적 변경승인에 관한 권한
>
> ㉰ 외화획득용 원료·기재 또는 그 원료·기재로 제조된 물품 등을 당초의 목적과 같은 용도로 사용하거나 수출하려는 자에게 양도(讓渡)하려는 경우, 양도·양수의 승인에 관한 권한

마. 무역거래자에게 수출하는 물품 등의 가격, 수량, 품질, 그 밖에 거래조건 또는 그 대상지역 등에 관한 조정명령에 관한 권한(법 제46조 ①항)

바. 특별시장·광역시장·특별자치시장·도지사 또는 특별자치도지사(이하 "시·도지사")에게 위임된 사무에 대한 지휘·감독 및 자료의 제출 요청에 관한 권한

3. 무역관리 기관

1) 무역관리 주무기관

대외무역법에서는 "대외무역에 관해서는 이 법이 정하는 바에 따른다(법 제6조 ①항)"라고 규정함으로써, 대외무역에 관한 산업통상자원부장관의 중심적인 권한과 역할을 명확하게 하고 있다.

대외무역법의 규정에 따르면 동 법의 적용대상이 되는 수출입행위에 대해서는 수출입가능 여부(수출입의 승인여부), 사후관리, 불공정무역의 규제, 수출입질서의 유지 등 무역에 관한 주요한 관리기능을 산업통상자원부장관이 수행하도록 하고 있다. 그러므로 우리나라에서 외국과 무역거래를 하기 위해서는 대외무역법의 적용대상이 되는 경우에는 내·외국인의 구분이 없이 산업통상자원부장관의 관리 대상이 된다.

따라서 관계 행정기관의 장은 물품 등의 수출입을 제한하는 수출입요령을 제정하거나 개정하려면 미리 산업통상자원부장관과 협의하여야 한다. 이 경우 산업통상자원부장관은 관계 행정기관의 장에게 그 수출입요령의 조정을 요청할 수 있다(법 제6조 ②항). 그러므로 수출입요령을 제정하거나 개정하려고 할 때, 사전에 산업통상자원부장관과 협의하여야 하는 이러한 기관들을 무역관리의 협의기관이라고 한다.

산업통상자원부장관에게 집중되어 있는 대외무역에 관한 이러한 권한은 대통령령으로 정하는 바에 따라 그 일부를 소속 기관의 장(기술표준원장), 시·도지사, 자유무역지역관리원장에게 위임하거나, 관계 행정기관의 장, 세관장, 한국은행총재, 한국수출입은행장, 외국환은행장, 그 밖에 대통령령으로 정하는 법인 또는 단체에 위탁할 수 있다(법 제52조 ①항).

2) 무역관리 협의기관

(1) 수출입요령 협의기관

무역에 관하여는 대외무역법에서 정하는 바에 따르게 되어 있기 때문에, 대외무역법 이외의 법규에 따라서 물품 등의 수출 또는 수입을 제한하는 법령이나 수출·수입요령을 제정하거나 개정하려는 관계 행정기관의 장은 미리 산업통상자원부장관과 협의하여야 한다. 이 경우 산업통상자원부장관은 관계 행정기관의 장에게 그 수출·수입요령의 조정을 요청할 수 있다(법 제6조 ①항 및 ②항).

그러므로 관계 행정기관의 장은 자신이 관장하는 법령에 의하여 물품의 수출·수입요령을 제정 또는 개정하는 경우에는 당해 수출·수입요령이 시행되기 전에 그 수출 · 수입요령이 그 시행일 전에 공고될 수 있도록 이를 산업통상자원부장관에게 제출하여야 하며, 산업통상자원부장관은 제출받은 수출 · 수입요령을 통합하여 공고하여야 한다(법 제12조 ①항 및 ②항).

따라서 다음과 같은 관계 행정기관의 장은 관장하고 있는 업무 중에서 대외무역과 관련된 업무를 수행하고자 하는 경우에는 산업통상자원부장관과 협의하여야 하며, 대외무역법 이외의 법규에 의하여 수출 · 수입요령을 정한 것이 있는 경우에는 이를 산업통상자원부장관에게 시행일 이전에 제출하여 통합공고 될 수 있도록 하여야 한다.

가. 외교부장관: 통상외교 · 조약체결 등에 따른 무역관련 사항

나. 국토교통부장관: 건설장비 등의 수출입사항

다. 농림축산식품부장관: 양곡 · 비료 · 농약 · 수산물 등의 수출입사항

라. 문화체육관광부장관: 영화 · 음반 · 도서 · 문화재 등의 수출입사항

마. 보건복지부장관: 의약품 · 마약 · 독극물 등의 수출입사항

바. 기획재정부장관: 외환 등 무역대금 결제방법에 관한 사항

사. 안전행정부장관: 총포 · 화약류의 수출입사항

특히, 기획재정부장관이 외국환 거래 관계 법령에 따라 무역대금 결제 방법을 정하려면 미리 산업통상자원부장관과 협의하여야 하는데(법 제13조 ②항), 이는 무역결제가 외국환거래법의 적용대상이기는 하지만 무역거래자가 대외무역법 상 산업통상자원부장관의 승인을 얻고 이루어진 수출입의 결과라는 측면이 있기 때문에 상호간에 효율적인 합의가 요구되기 때문이다.

(2) 과태료부과 협의기관

시 · 도지사 또는 세관장은 법 제33조의2제2항, 법제59조제3항(법 제59조제2항제3호를 위반한 경우만 해당한다) 또는 이 영 제91조제4항제4호의2 및 제7호에 따라 과징금이나 과태료를 부과하려면 각각 세관장이나 시 · 도지사와 미리 협의하여야 하는데(영 제92조 ①항), 세관장과 시 · 도지사와의 과징금 및 과태료부과 협의대상 기관은 아래와 같다(규정 제109조 ①항).

가. 세관장이 적발하여 시・도지사(시・군・구)와 협의하려는 경우에는 위반업체의 주소지를 관할하는 시・도지사(시・군・구)
나. 시・도지사(시・군・구)가 적발하여 세관장과 협의하려는 경우에는 해당 주소지를 관할하는 세관장.

시・도지사 또는 세관장이 과징금 및 과태료부과 협의를 할 경우 협의대상 기관에 통보할 사항은 다음과 같다(규정 제109조 ②항).
가. 위반업체의 현황(수입 업체명, 주소, 대표자 등)
나. 위반물품 현황(물품명, 수량 등)
다. 원산지 표시 위반내용
라. 관련 서류(위반물품의 수입신고필증, 그 밖의 관련 서류)
마. 적발일자 및 장소
바. 처벌 여부 및 처벌 내용 등

동일한 수입신고에 의하여 수입된 물품의 경우에는 적발지역 또는 품목이 다른 경우에도 동일한 건으로 본다(규정 제109조 ③항).

4. 수임기관

대외무역법에 따르면, 산업통상자원부장관의 권한은 대통령령으로 정하는 바에 따라 그 일부를 기술표준원장, 소속기관의 장, 시・도지사에게 위임하거나 관계 행정기관의 장, 세관장, 한국은행 총재, 한국수출입은행장, 외국환은행의 장, 그 밖에 대통령령으로 정하는 법인 또는 단체에 위탁할 수 있다(법 제52조 ①항). 그러므로 산업통상자원부장관의 권한을 위임받을 수 있는 수임기관은 소속 기관의 장(기술표준원장), 시도지사 그리고 예외적으로 자유무역지역관리원장(영 제91조 ②항 및 ③항) 등으로 제한된다.

권한의 위임이란 일반적으로 법률에 근거하여 행정기관이 동 기관의 의사로써 동 기관에 부여된 적법한 권한의 일부를, 이의 효율적인 행사를 위하여, 하급 행정기관 또는 보조기관에 이전하고 수임기관은 위임받은 권한을 수임기관 자신의 명의와 책임으로 행사하는 것을 말하며, 그 효과는 산업통상자원부장관 등 위임인에게 귀속되는 것을 가리킨다.

1) 기술표준원장

산업통상자원부장관은 대외무역법 규정(법 제52조 ①항)에 따라 산업통상자원부장관이 관장하는 품목의 물품 등에 대한 다음의 권한을 기술표준원장에게 위임한다.

가. 외화획득용 원료・기재의 기준 소요량 결정에 관한 권한. 다만, 목재가구에 대한 권한은 국립산림과학원장에게 위탁한다(영 제91조 ②항).

나. 승인을 받아 수입한 외화획득용 원료・기재 및 그 원료・기재로 제조된 물품 등에 대한 외화획득 이행의무자(영 제28조 ①항)의 외화획득 이행 여부의 사후 관리에 관한 권한

다. 시・도지사에게 위임된 사용목적 변경승인에 관한 권한에 대한 지휘・감독 및 자료의 제출요청에 관한 권한

라. 산업통상자원부장관이 지정・고시한 관계 행정기관 또는 단체에 위탁된 외화획득용 원료・기재의 수입승인에 관한 권한 및 외화획득용 원료・기재에 대한 사후 관리에 관한 권한(영 제91조 ⑦항 2호 및 3호)에 대한 지휘・감독 및 자료의 제출 요청에 관한 권한

2) 시・도지사

산업통상자원부장관은 대외무역법 규정(법 제52조 ①항)에 따라 산업통상자원부장관이 관장하는 물품 등에 대한 다음의 권한을 시・도지사에게 위임한다. 다만, 자유무역지역관리원의 관할구역의 입주업체에 대한 권한은 자유무역지역관리원장에게 위임한다(영 제91조 ③항).

가. 외화획득 이행의무자의 외화획득 이행기간의 연장에 관한 권한

나. 원료·기재를 수입한 자가 그 수입한 원료·기재 또는 그 원료·기재로 제조된 물품 등을 부득이한 사유로 인하여 당초의 목적 외의 용도로 사용하려는 경우, 그 사용목적 변경승인에 관한 권한

3) 자유무역지역관리원장

자유무역지역이라 함은 대외무역법 및 관세법 등 관계 법률에 의한 규제를 완화하여 자유로운 제조유통무역활동 등이 보장되는 지역으로서 산업통상자원부장관에 의하여 지정된 지역을 말한다(자유무역지역의 지정 등에 관한 법률 제2조 1호).

산업통상자원부장관은 다음과 같은 권한을 자유무역지역관리원장에게 위임한다(영 제91조 ③항 단서 및 ④항 단서).

가. 시·도지사에게 위임한 권한 중 자유무역지역관리원 관할구역의 입주업체에 대한 권한

나. 세관장에게 위임한 권한 중 수입된 원산지표시대상물품의 단순한 가공활동 후 해당 물품 등의 원산지 표시를 손상하거나 변형한 자 또는 원산지의 거짓표시·오인표시하거나, 손상·변경표시하거나, 또는 원산지표시 하지 아니하는 자(법 제33조 ⑥항)에 대한 시정조치 명령 또는 과징금(3억원 이하) 부과에 관한 권한(법 제33조 ⑥항) 중 자유무역지역관리원의 관할구역의 입주업체에 대한 권한

5. 수탁관리기관

1) 관계 중앙행정기관의 장

산업통상자원부장관은 대외무역법(법 제52조 ①항)에 따라 다음의 권한을 그 대상 물품 등의 품목에 따라 그 물품 등을 관장하는 중앙 행정기관의 장에게 위탁한다. 다만, 산업통상자원부장관이 관장하는 물품 등에 대한 권한은 제외한다(영 제91조 ①항).

가. 국산 원료 · 기재의 사용을 촉진(영 제24조 ②항)하기 위한 외화획득용 원료 · 기재의 수입제한에 관한 권한

나. 외화획득용 원료 · 기재의 기준 소요량(영 제25조) 결정에 관한 권한

다. 외화획득 이행기간의 결정 및 그 연장에 관한 권한(영 제27조)

라. 외화획득용 원료 · 기재 또는 그 원료 · 기재로 제조된 물품 등(산업통상자원부장관이 지정 · 고시하는 품목만 해당)에 대한 다음의 권한

㉮ 외화획득용 원료 · 기재 및 그 원료 · 기재로 제조된 물품 등에 대한 외화획득 이행의무자의 외화획득 이행 여부의 사후 관리에 관한 권한(영 제28조 ①항)

㉯ 외화획득용 원료 · 기재의 목적을 벗어난 사용(법 제17조 ①항)의 경우 사용목적 변경승인에 관한 권한

㉰ 외화획득용으로 수입한 원료 · 기재 또는 그 원료 · 기재로 제조된 물품 등을 당초의 목적과 같은 용도로 사용하거나 수출하려는 자에게 양도(법 제17조 ②항)하려는 경우 양도 · 양수의 승인에 관한 권한

마. 조정명령에 관한 권한(법 제46조 ①항)

바. 특별시장 · 광역시장 · 특별자치시장 · 도지사 또는 특별자치도지사(이하 "시 · 도지사")에게 위임된 외화획득용 원료 · 기재의 목적을 벗어난 사용(법 제17조 ①항)의 경우 사용목적 변경 승인에 관한 권한(영 제91조 3항 ②호)에 대한 지휘 · 감독 및 자료의 제출 요청에 관한 권한(법 제52조 ②항 및 ③항)

2) 세관장

산업통상자원부장관은 대외무역법(법 제52조 ①항)에 따라 다음의 권한을 세관장에게 위탁한다. 다만, 제6호의 권한 중 자유무역지역관리원의 관할구역의 입주업체에 대한 권한은 자유무역지역관리원장에게 위임한다(영 제91조 ④항).

가. 헌법에 따라 체결 · 공포된 조약과 일반적으로 승인된 국제법규에 따른 의무의 이행, 생물자원의 보호 등을 위하여 지정하는 물품 등을 수출하

거나 수입하려는 경우 이러한 물품 등이 긴급히 처리하여야 하는 물품 등과 그 밖에 수출 또는 수입절차를 간소화하기 위한 물품 등으로서 대통령령으로 정하는 기준에 해당하여 수출입 승인 면제에 해당하는 경우 수출입 승인 면제의 확인에 관한 권한(법 제14조)

나. 원산지표시대상물품을 수입하는 자에 대하여 해당 물품이 통관할 때 원산지 표시 방법, 원산지표시 생략의 경우, 원산지 표시에 관한 세부적인 사항 등(영 제56조 ①항부터 ③항)의 원산지 표시의 확인에 관한 권한

다. 수출입 물품의 원산지표시 규정 위반 여부를 확인하기 위하여 필요한 경우 행하는(법 제33조 ⑤항) 수입한 물품 등과 관련 서류의 검사에 관한 권한

라. 법 제33조의2제1항에 따른(원산지표시대상물품에 대한 원산지표시 여부와 단순 가공한 물품 등에 당초 원산지표시 규정 및 원산지거짓표시 · 오인표시, 원산지 손상 · 변경표시 또는 원산지를 표시하지 아니하는 행위에 대한) 시정조치 명령

마. 법 제33조의2제2항에 따른 과징금(3억원 이하) 부과 및 영 제59조의2에 따른 과징금 납부기한의 연장, 분할납부 및 그 결정의 취소에 관한 권한

바. 산업통상자원부장관이 정하여 고시하는 지역으로부터 산업통상자원부장관이 지정 · 고시하는 물품을 수입하려는 자에게 그 물품의 원산지 국가, 그 물품을 선적한 국가의 정부 또는 원산지 국가나 선적 국가의 정부가 인정하는 기관이 발행하는 원산지증명서의 제출(영 제65조) 명령에 관한 권한

사. 수출물품의 원산지증명서 발급 업무(영 제66조 ②항 및 ③항) 중 관세양허를 받기 위한 원산지증명서 발급 업무에 관한 권한

아. 수입 물품의 원산지의 표시규정의 위반 여부를 확인하기 위한 검사(법 제33조 ⑤항)를 거부, 방해 또는 기피한 자(법 제59조 ②항 3호)에 대한 과태료(1,000만원 이하)의 부과 · 징수에 관한 권한

3) 한국무역협회

산업통상자원부장관은 대외무역법(법 제52조 ①항)에 따라 다음의 업무를 한국무역협회에 위탁한다(영 제91조 ⑤항 1호부터 3호).

가. 법 제8조의2 ①항 및 영 제12조의2 ②항 · ③항에 따른 전문무역상사의 지정 및 법 제8조의2 ③항에 따른 지정의 취소

나. 무역업고유번호의 부여 및 관리 등 수출입통계 데이터베이스의 구축, 불공정무역행위의 방지, 효율적인 수출입 거래, 그 밖에 산업통상자원부장관이 필요하다고 인정하는 경우 등을 위한 전산관리체제의 개발 · 운영

다. 관세청장에게 요청한 신고한 무역거래자의 상호, 성명 등 무역거래자에 관련된 정보와 각 신고별 신고 수리일, 수출 또는 수입 물품의 품명 · 수량 · 금액, 거래 형태 등에 관련된 정보, 위임 · 위탁받은 업무의 처리 결과 보고서, 수출이 제한되거나 금지된 물품 등, 전략물자 또는 전략물자에는 해당되지 아니하나 대량파괴무기 등의 제조 · 개발 · 사용 또는 보관 등의 용도로 전용될 가능성이 높은 물품 등에 대한 수출허가나 상황허가를 받은 자 또는 수출허가나 상황허가를 받지 아니하고 수출하거나 수출하려고 한 자에게 받은 보고 또는 제출받은 자료 등 수출입 거래에 관한 정보의 수집 · 분석

라. 용역의 수출입 확인

마. 용역 중 해운업의 수출입 확인

바. 용역 중 관광사업의 수출입 확인

사. 전자적 형태의 무체물의 수출입 확인

4) 한국선주협회

산업통상자원부장관은 대외무역법(법 제52조 ①항)에 따라 용역 중 해운업의 수출입 확인 업무를 해양수산부장관의 허가를 받아 한국선주협회에 위탁한다(영 제91조 ⑤항 4호).

5) 한국관광협회중앙회 및 업종별 관광협회

산업통상자원부장관은 대외무역법(법 제52조 ①항)에 따라 용역 중 관광사업의 수출입 확인 업무를 관광진흥법에 따라 한국관광협회중앙회 및 업종별 관광협회에 위탁한다(영 제91조 ⑤항 5호).

6) 한국소프트웨어산업협회

산업통상자원부장관은 대외무역법(법 제52조 ①항)에 따라 용역 중 전자적 형태의 무체물의 수출입 확인 업무를 소프트웨어산업진흥법에 따라 한국소프트웨어산업협회에 위탁한다(영 제91조 ⑤항 6호).

7) 관세청장

산업통상자원부장관은 대외무역법(법 제52조 ①항)에 따라 다음의 권한을 관세청장에게 위탁한다(영 제91조 ⑥항).

가. 산업통상자원부장관이 정하는 원산지 표시방법의 범위에서 그 표시방법에 관한 세부적인 사항을 정하는 권한(영 제56조 ③항)

나. 원산지 표시방법 확인 및 이의제기 처리 권한(영 제57조 ①항 및 ②항)

다. 원산지의 판정 및 이의제기의 처리에 관한 권한(영 제62조 및 제63조)

라. 세관장에게 위탁된 사무에 대한 지휘・감독 및 자료의 제출 요청에 관한 권한

8) 관계 행정기관의 장 또는 단체의 장

산업통상자원부장관은 대외무역법(법 제52조 ①항)에 따라 수출입승인 대상물품 등에 대한 다음의 권한을 산업통상자원부장관이 지정하여 고시하는 관계 행정기관 또는 단체의 장에게 위탁한다(영 제91조 ⑦항).

가. 헌법에 따라 체결・공포된 조약과 일반적으로 승인된 국제법규에 따른 의무의 이행, 생물자원의 보호 등을 위하여 지정하는 물품 등의 수출 ・입

승인, 변경승인 및 변경사항 신고의 수리(법 제11조 ②항 및 ③항)에 관한 권한

나. 수입승인 대상으로 지정된 물품 등을 외화획득용 원료・기재로 수입(영 제24조)하는 경우 수입승인에 관한 권한

다. 산업통상자원부장관이 관장하는 외화획득용 원료・기재(영 제28조)에 대한 사후 관리 권한

9) 한국기계산업진흥회장

산업통상자원부장관은 대외무역법(법 제52조 ①항)에 따라 플랜트수출의 승인 및 변경승인(일괄수주방식에 의한 수출로서 국토교통부장관의 동의가 필요한 경우는 제외한다)에 관한 권한(법 제32조 ①항)을 산업발전법에 따라 산업통상자원부장관의 인가를 받아 설립된 한국기계산업진흥회에 위탁한다. 다만, 연불금융(延拂金融) 지원의 경우에는 한국수출입은행법에 따른 한국수출입은행에 위탁한다(영 제91조 ⑧항).

10) 대한상사중재원

산업통상자원부장관은 대외무역법(법 제52조 ①항)에 따라 다음의 권한을 대한상사중재원에 위탁한다(영 제91조 ⑨항).

가. 무역분쟁에 대한 조정 또는 알선에 관한 권한(영 제75조 ②항)

나. 분쟁조정, 조정비용 부담 등에 관한 권한(영 제80조부터 제84조)

11) 대한상공회소의 장 또는 산업통상자원부장관이 지정・고시하는 법인

산업통상자원부장관은 대외무역법(법 제52조 ①항)에 따라 원산지증명서 발급 업무(관세양허를 받기 위한 원산지증명서 발급 업무 포함, 제66조 ②항 및 ③항)를 상공회의소법에 따라 설립된 대한상공회의소나 민법에 따라 설립된 법인 중 산업통상자원부장관이 지정하여 고시하는 법인에 위탁한다(영 제91조 ⑩항).

12) 외국환은행장 및 전자무역기반사업자

산업통상자원부장관은 대외무역법(법 제52조 ①항)에 따라 구매확인서의 발급 및 사후 관리에 관한 권한(영 제31조)을 외국환은행의 장 및 「전자무역 촉진에 관한 법률」 제6조에 따라 산업통상자원부장관이 지정한 전자무역기반사업자에게 위탁한다(영 제91조 ⑪항).

13) 전략물자관리원

산업통상자원부장관은 대외무역법(법 제52조 ①항)에 따라 전략물자의 판정 및 통보에 관한 권한(영 제36조 ②항)을 전략물자관리원(법 제29조)에 위탁한다(영 제91조 ⑫항).

6. 권한의 위임 · 위탁 등에 따른 조정 및 시정조치

시 · 도지사 또는 세관장은 과징금이나 과태료를 부과하려면 세관장 또는 시 · 도지사와 미리 협의하여야 한다(영 제92조 ①항).

산업통상자원부장관의 권한을 위임받거나 위탁받은 자는 위임받거나 위탁받은 업무의 처리 결과를 산업통상자원부장관에게 보고하여야 한다. 보고시기, 보고방법 등에 관하여 필요한 사항은 산업통상자원부장관이 정한다(영 제91조 ②항).

산업통상자원부장관은 그로부터 권한을 위임받거나 위탁받은 자가 대외무역법 또는 동법 시행령을 위반하여 그 위임 또는 위탁받은 업무를 처리한 경우에는 시정조치 등 필요한 조치를 요구할 수 있으며, 이러한 시정조치 등을 요구받은 자는 지체 없이 그 업무를 시정하고 그 결과를 산업통상자원부장관에게 보고하여야 한다(영 제91조 ③항 및 ④항).

제3절 용어의 정의

1. 무역

1) 무역과 물품

무역이란 무역거래자에 의하여 이루어지는 물품, 용역 및 전자적 형태의 무체물의 수출과 수입을 말한다(법 제2조 1호). 이를 보다 자세히 살펴보면, 물품이란 「외국환거래법」에서 정하는 지급수단, 증권, 채권을 화체한 서류 등을 제외한 동산을 의미하며, "무역거래자"란 수출 또는 수입을 하는 자, 외국의 수입자 또는 수출자에게서 위임을 받은 자 및 수출과 수입을 위임하는 자 등 물품 등의 수출행위와 수입행위의 전부 또는 일부를 위임하거나 행하는 자를 말한다(법 제2조 2호 및 3호). 그리고 "정부간 수출계약"이란 외국 정부의 요청이 있을 경우, 이 법 제32조의3 ①항에 따른 정부간 수출계약 전담기관(대한무역투자진흥공사)이 대통령령으로 정하는 절차에 따라 국내 기업을 대신하여 또는 국내 기업과 함께 계약의 당사자가 되어 외국 정부에 물품 등(「방위사업법」 제38조 ①항 4호에 따른 방산물자 등은 제외)을 유상(有償)으로 수출하기 위하여 외국 정부와 체결하는 수출계약을 말한다(법 제2조 4호).

2) 무역과 용역

용역이란 다음의 어느 하나에 해당하는 용역을 말한다(영 제3조).

가. 다음의 어느 하나에 해당하는 업종의 사업을 영위하는 자가 제공하는 용역

㉮ 경영 상담업

㉯ 법무 관련 서비스업

㉰ 회계 및 세무 관련 서비스업

㉱ 엔지니어링 서비스업

㉲ 디자인

㉳ 컴퓨터시스템 설계 및 자문업

㉴ 「문화산업진흥 기본법」 제2조 1호에 따른 문화산업에 해당하는 업종

㉵ 운수업

㉶ 「관광진흥법」 제3조 ①항에 따른 관광사업(이하 "관광사업")에 해당하는 업종

㉷ 그 밖에 지식기반용역 등 수출유망산업으로서 산업통상자원부장관이 지정·고시하는 업종

나. 국내의 법령 또는 대한민국이 당사자인 조약에 따라 보호되는 특허권·실용신안권·디자인권·상표권·저작권·저작인접권·프로그램저작권·반도체집적회로의 배치설계권의 양도, 전용실시권(專用實施權)의 설정 또는 통상실시권(通常實施權)의 허락

3) 무역과 전자적 형태의 무체물

전자적 형태의 무체물이란 다음의 어느 하나에 해당하는 것을 말한다.

가. 「소프트웨어산업진흥법」에 따른 소프트웨어

나. 부호·문자·음성·음향·이미지·영상 등을 디지털 방식으로 제작하거나 처리한 자료 또는 정보 등으로서 산업통상자원부장관이 정하여 고시하는 것

이러한 전자적 형태의 무체물로서 산업통상자원부장관이 정하여 고시하는 것은 다음과 같은 자료 및 정보 등을 말한다(규정 제4조).

㉮ 영상물(영화, 게임, 애니메이션, 만화, 캐릭터를 포함한다)
㉯ 음향 · 음성물
㉰ 전자서적
㉱ 데이터베이스

다. 소프트웨어와 부호 · 문자 · 음성 · 음향 · 이미지 · 영상 등을 디지털 방식으로 제작하거나 처리한 자료 또는 정보 등의 집합체와 그 밖에 이와 유사한 전자적 형태의 무체물로서 산업통상자원부장관이 정하여 고시하는 것

2. 수출과 수입

무역이란 무역거래자에 의하여 이루어지는 물품, 용역 및 전자적 형태의 무체물의 수출과 수입을 의미한다(법 제2조). 따라서 무역이란 물품 등의 수출과 수입을 의미하며, 이러한 수출과 수입에 대한 정확한 의미의 파악은 대외무역법을 이해하는 가장 기본적인 출발선이 될 것이다. 특히 수출과 수입으로 이루어지는 무역거래의 실제 내용을 정확하게 파악하기 위해서는 수출실적 및 수입실적에 대한 이해가 요구된다.

1) 수출

수출이라 함은 국내에서 외국으로 물품, 용역, 전자적 형태의 무체물 등을 이동하는 것으로 아래에 설명된 것 중 하나에 해당하는 것을 말한다(영 제2조 3호).

가. 매매, 교환, 임대차, 사용대차(使用貸借), 증여 등을 원인으로 국내에서 외국으로 물품이 이동하는 것, 우리나라의 선박으로 외국에서 채취한 광물(鑛物) 또는 포획한 수산물을 외국에 매도(賣渡)하는 것을 포함한다.

나. 「관세법」 제196조에 따른 보세판매장에서 외국인에게 국내에서 생산(제조 · 가공 · 조립 · 수리 · 재생 또는 개조하는 것을 말한다.)된 물품을 매도

하는 것.

다. 유상(有償)으로 외국에서 외국으로 물품을 인도(引渡)하는 것으로서 산업통상자원부장관이 정하여 고시하는 기준에 해당하는 것.

라. 외국환거래법에 따른 거주자가 비거주자에게 산업통상자원부장관이 정하여 고시하는 방법으로 용역을 제공하는 것. 여기서 용역의 제공은 아래와 같은 방법에 따라 제공되는 것을 말한다(규정 제3조 ①항).

㉮ 용역의 국경을 넘은 이동에 의한 제공
㉯ 비거주자의 국내에서의 소비에 의한 제공
㉰ 거주자의 상업적 해외주재에 의한 제공
㉱ 거주자의 외국으로의 이동에 의한 제공

마. 거주자가 비거주자에게 정보통신망을 통한 전송과 그 밖에 산업통상자원부장관이 정하여 고시하는 방법으로 전자적 형태의 무체물을 인도하는 것. 여기서 전자적 형태의 무체물을 인도하는 방법이란 컴퓨터 등 정보처리능력을 가진 장치에 저장한 상태로 반출한 후 인도하는 것을 말한다(규정 제5조).

여기서 국내란 대한민국의 주권(主權)이 미치는 지역을 그리고 외국이란 국내 이외의 지역을 말한다(영 제2조 1호 및 2호).

2) 수입

수입이란 외국으로부터 국내로 또는 외국에서 외국으로 물품을 인수하는 것, 비거주자가 거주자에게 용역 또는 전자적 형태의 무체물을 인도하는 것으로 아래에 설명된 것 중 하나에 해당하는 것을 말한다(영 제2조 4호).

가. 매매, 교환, 임대차, 사용대차, 증여 등을 원인으로 외국으로부터 국내로 물품이 이동하는 것.

나. 유상으로 외국에서 외국으로 물품을 인수하는 것으로서 산업통상자원부장관이 정하여 고시하는 기준에 해당하는 것.

다. 외국환거래법에 따른 비거주자가 거주자에게 산업통상자원부장관이 정하여 고시하는 방법으로 용역을 제공하는 것. 여기서 용역의 제공은 아래와 같은 방법에 따라 제공되는 것을 말한다(규정 제3조 ①항).

㉮ 용역의 국경을 넘은 이동에 의한 제공
㉯ 거주자의 외국에서의 소비에 의한 제공
㉰ 비거주자의 상업적 국내주재에 의한 제공
㉱ 비거주자의 국내로 이동에 의한 제공

라. 비거주자가 거주자에게 정보통신망을 통한 전송과 그 밖에 산업통상자원부장관이 정하여 고시하는 방법으로 전자적 형태의 무체물을 인도하는 것. 여기서 전자적 형태의 무체물을 인도하는 방법이란 컴퓨터 등 정보처리능력을 가진 장치에 저장한 상태로 반입한 후 인수하는 것을 말한다(규정 제5조).

3. 수출입실적

1) 수출입실적의 의미

수출실적이란 산업통상자원부장관이 정하여 고시하는 기준에 해당하는 수출통관액·입금액, 가득액(稼得額)과 수출에 제공되는 외화획득용 원료·기재의 국내공급액을 말하며, 수입실적이란 산업통상자원부장관이 정하여 고시하는 기준에 해당하는 수입통관액 및 지급액을 말한다(영 제2조 11호 및 12호).

이러한 수출입실적에 따라서 각종 사후관리기준의 결정, 금융 및 세제상의 지원 등이 이루어지고 특히 수출실적의 경우에는 각종 우대조치가 많이 있어 중요하다. 게다가 대외무역법 시행령에는 수출실적의 인정대상으로 국내에서 무역업자에게 수출용 물품을 공급한 경우도 포함하고 있다는 특징이 있다. 국내의 생산자가 국내 무역업자에게 수출용 물품을 공급한 것은 엄격한 의미에서는 대외무역법상에서는 수출로 보기 어렵지만 이를 수출실적으로 인정함으로써 수출물품에 대한 국산 원자재의 공급을 촉진하여 외화가득률을 높이려는 의도를 가지고 있는 것이다.

2) 수출실적

(1) 수출실적의 인정범위

수출실적이란 산업통상자원부장관이 정하여 고시하는 기준에 해당하는 수출통관액・입금액, 가득액과 수출에 제공되는 외화획득용 원료・기재의 국내공급액을 가리키는데, 이 경우 산업통상자원부장관이 정하여 고시하는 수출실적의 인정범위는 다음과 같다(규정 제25조 ①항).

가. 수출 중 유상으로 거래되는 수출(대북한 유상반출실적을 포함한다)

나. 승인이 면제되는 수출 중 다음 중의 어느 하나에 해당하는 수출

㉮ 외국에서 개최되는 박람회, 전람회, 견본시, 영화제 등에 출품하기 위하여 무상으로 반출하는 물품(별표 3의 2호 나목)에 해당하는 물품 등의 수출로서 현지에서 매각된 것

㉯ 해외에서 투자, 건설, 용역, 산업설비수출 그 밖에 이에 준하는 사업에 종사하고 있는 우리나라 업자(현지 합작법인 포함)에게 무상으로 송부하기 위하여 반출하는 시설기재, 원료, 근로자용 생활필수품 및 그 밖에 그 사업에 관련하여 사용하는 물품으로서 주무부장관 또는 주무부장관이 지정한 기관의 장이 확인한 물품(별표 3의 2호 아목)에 해당하는 물품 등의 수출 중 해외건설공사에 직접 공하여지는 원료・기재, 공사용 장비 또는 기계류의 수출(수출신고필증에 재반입하지 않는다는 조건이 명시된 분만 해당)

다. 수출자 또는 수출 물품 등의 제조업자에 대한 외화획득용 원료 또는 물품 등의 공급 중 수출에 공하여 지는 것으로 다음 중의 어느 하나에 해당하는 경우

㉮ 내국신용장(Local L/C)에 의한 공급
㉯ 구매확인서에 의한 공급
㉰ 산업통상자원부장관이 지정하는 생산자의 수출 물품 포장용 골판지상자의 공급

라. 외국인으로부터 대금을 영수하고 외화획득용 시설기재를 외국인과 임대차계약을 맺은 국내업체에 인도하는 경우
마. 외국인으로부터 대금을 영수하고 「자유무역지역의 지정 및 운영에 관한 법률」 제2조의 자유무역지역으로 반입신고한 물품 등을 공급하는 경우
바. 외국인으로부터 대금을 영수하고 그가 지정하는자가 국내에 있음으로써 물품등을 외국으로 수출할 수 없는 경우 「관세법」 제154조에 따른 보세구역으로 물품등을 공급하는 경우

내국신용장 또는 구매확인서에 의한 외화획득용 원료 또는 물품 등의 공급의 경우에는 그 공급자가 직접 수출한 것은 아니지만 최종구매자인 무역업자의 수출품에 포함되어 수출되는 것이며, 수출물품 포장용 골판지상자 역시 수출품에 포함되어 수출되기 때문에, 이를 수출실적에 포함시킴으로서 수출물품에 대한 국산 원자재의 공급을 촉진하고 그 결과 수출품의 외화가득률을 제고하려는 것이다.

(2) 수출실적의 인정금액

일반적으로 유상으로 거래되는 수출과 수출승인이 면제되는 수출의 수출실적 인정금액은 원칙적으로 수출통관액(FOB가격기준)으로 한다(규정 제26조 ①항). 다만 아래와 같은 경우에는 통관절차를 거치지 아니하고 수출되므로 수출통관액을 기준으로 수출실적을 인정할 수 없기 때문에 각각 그 특성에 따라 인정되는 금액으로 수출실적을 인정하고 있다.

가. 중계무역에 의한 수출의 경우에는 수출금액(FOB가격)에서 수입금액(CIF

가격)을 공제한 가득액

나. 외국인도수출의 경우에는 외국환은행의 입금액(다만, 위탁가공된 물품을 외국에 판매하는 경우에는 판매액에서 원자재 수출금액 및 가공임을 공제한 가득액)

다. 외국에서 개최되는 박람회, 전람회, 견본시, 영화제 등에 출품하기 위해 무상으로 반출하는 물품에 해당하는 물품 등의 수출로서 현지에서 매각된 것은 외국환은행의 입금액

라. 원양어로에 의한 수출 중 현지경비사용분은 외국환은행의 확인분

마. 용역 수출의 경우에는 용역의 수출입확인에 관한 규정에 따라 수출입확인서 발급기관의 장이 발급한 수출입확인서(규정 제30조)에 의해 외국환은행이 입금확인한 금액

바. 전자적 형태의 무체물의 수출의 경우에는 한국무역협회장 또는 한국소프트웨어산업협회장이 발급한 수출입확인서(규정 제30조)에 의해 외국환은행이 입금확인한 금액

사. 수출자 또는 수출 물품 등의 제조업자에 대한 외화획득용 원료 또는 물품 등의 공급 중 수출에 공하여 지는 것으로 다음 중의 어느 하나에 해당하는 경우(규정 제25조 ①항 3호)에 따른 수출실적의 인정금액은 외국환은행의 결제액 또는 확인액(규정 제25조 ②항).

㉮ 내국신용장(Local L/C)에 의한 공급
㉯ 구매확인서에 의한 공급
㉰ 산업통상자원부장관이 지정하는 생산자의 수출 물품 포장용 골판지상자의 공급

아. 외국인으로부터 외화를 영수하고 외화획득용 시설기재를 외국인과 임대차계약을 맺은 국내업체에 인도하는 경우와 외국인으로부터 외화를 영수하고 자유무역지역으로 반입신고한 물품 등을 공급하는 경우(규정 제25조 ①항 4호 내지 6호)에 따른 수출실적의 인정금액은 외국환은행의 입금액(규정 제25조 ③항).

(3) 수출실적의 인정시점

수출실적의 인정시점을 다음과 같이 수출신고 수리일, 입금일, 결제일의 세 가지로 나누어 설명할 수 있다.

첫째, 수출실적의 인정시점을 수출신고 수리일로 하는 경우는 다음과 같다(규정 제27조 ①항).

가. 유상으로 거래되는 수출

나. 해외에서 투자, 건설, 용역, 산업설비수출 그 밖에 이에 준하는 사업에 종사하고 있는 우리나라 업자(현지 합작법인 포함)에게 무상으로 송부하기 위하여 반출하는 시설기재, 원료, 근로자용 생활필수품 및 그 밖에 그 사업에 관련하여 사용하는 물품으로서 주무부장관 또는 주무부장관이 지정한 기관의 장이 확인한 물품(별표 3의 2호 아목)에 해당하는 물품 등의 수출 중 해외건설공사에 직접 공하여지는 원료・기재, 공사용 장비 또는 기계류의 수출(수출신고필증에 재반입하지 않는다는 조건이 명시된 분만 해당)

둘째, 수출실적의 인정시점을 입금일로 하는 경우는 다음과 같다(규정 제27조 ①항 단서).

가. 유상으로 거래되는 수출 중 용역 또는 전자적 형태의 무체물의 수출

나. 외국에서 개최되는 박람회, 전람회, 견본시, 영화제 등에 출품하기 위하여 무상으로 반출하는 물품에 해당하는 물품 등의 수출로서 현지에서 매각된 것

다. 중계무역

라. 외국인도수출

마. 외국인으로부터 대금을 영수하고 외화획득용 시설기재를 외국인과 임대차계약을 맺은 국내업체에 인도하는 경우의 수출

바. 외국인으로부터 대금을 영수하고 자유무역지역으로 반입신고한 물품 등을 공급하는 경우의 수출

사. 외국인으로부터 대금을 영수하고 보세구역으로 물품등을 공급하는 경우의 수출

셋째, 수출실적의 인정시점을 결제일로 하는 경우는 다음과 같다(규정 제27조 ②항).

가. 내국신용장 또는 구매확인서에 의한 공급 또는 산업통상자원부장관이 지정하는 생산자의 수출 물품 포장용 골판지상자의 공급에 대하여 외국환은행을 통하여 대금을 결제한 경우에는 결제일

나. 내국신용장 또는 구매확인서에 의한 공급 또는 산업통상자원부장관이 지정하는 생산자의 수출 물품 포장용 골판지상자의 공급에 대하여 외국환은행을 통하여 대금을 결제하지 아니한 경우에는 당사자간의 대금 결제일

3) 수입실적

(1) 수입실적의 인정범위

수입실적의 인정범위는 수입 중 유상으로 거래되는 수입으로 한다(규정 제25조 ②항).

(2) 수입실적의 인정금액

수입실적의 인정금액은 수입통관액(CIF가격 기준)으로 한다. 다만, 외국인수수입과 용역 또는 전자적 형태의 무체물의 수입의 경우에는 외국환은행의 지급액으로 한다(규정 제26조 ④항).

(3) 수입실적의 인정시점

수입실적의 인정시점은 수입신고수리일로 한다. 다만, 외국인수수입과 용역 또는 전자적 형태의 무체물의 수입의 경우에는 지급일로 한다(규정 제27조 ③항).

4) 수출입실적의 확인 및 증명발급

(1) 수출입실적의 확인 및 증명발급기관

무역업자에 대한 수출입실적의 확인 및 증명발급기관은 한국무역협회장 또는 산업통상자원부장관이 지정하는 기관의 장인 원칙적인 경우(규정 제28조 ①항 2호)와 외국환은행의 장인 예외적인 경우(규정 제28조 ①항 1호)로 나누어 볼 수 있다. 따라서 외국환은행의 장이 수출입실적을 확인하고 증명을 발급하는 경우는 다음과 같다.

가. 중계무역에 의한 수출

나. 외국인도수출

다. 승인이 면제되는 수출 중 외국에서 개최되는 박람회, 전람회, 견본시, 영화제 등에 출품하기 위해 무상으로 반출하는 물품에 해당하는 물품 등의 수출로서 현지에서 매각된 것

라. 원양어로에 의한 수출

마. 용역수출

바. 전자적 형태의 무체물의 수출

사. 내국신용장 또는 구매확인서에 의한 공급 또는 산업통상자원부장관이 지정하는 생산자의 수출 물품 포장용 골판지상자의 공급

아. 외국인으로부터 외화를 영수하고 외화획득용 시설기재를 외국인과 임대차계약을 맺은 국내업체에 인도하는 경우의 수출

자. 외국인수수입

다만, 구매확인서에 의한 공급에 따른 수출실적 인정금액의 확인 및 증명발급기관은 대금을 영수한 외국환은행의 장으로 하며, 당사자간에 대금을 결제한 경우에는 그 구매확인서를 발급한 외국환은행의 장 또는 전자무역기반사업자로 하며, 이 경우 외국환은행의 장 또는 전자무역기반사업자는 당사자간에 대금 결제가 이루어졌음을 증빙하는 서류를 확인하여야 한다(규정 제28조 ①항 1호 단서).

수출·수입실적의 확인 및 증명 발급기관으로 지정받으려는 자는 동 증명서 발급에 필요한 인력 및 시설 등을 갖추고 있음을 입증할 수 있는 서류를 첨부하여 산업통상자원부장관에게 신청하여야 하며, 이러한 신청을 받은 경우 산업통상자원부장관은 필요한 인력 및 시설 등을 갖추고 있는지를 확인하여 수출·수입실적 확인 및 증명 발급기관으로 지정하여야 한다(규정 제28조 ②항 및 ③항).

(2) 수출입실적의 확인 및 증명 신청

물품 등의 수출·수입실적 확인 및 증명 발급을 받으려는 자는 수출실적의 확인 및 증명발급신청서(별지 제10호 서식) 또는 수입실적의 확인 및 증명발급신청서(별지 제11호 서식)에 의한 수출·수입실적의 확인 및 증명발급 신청서에 필요한 서류를 첨부하여 발급기관에 신청하여야 한다. 그리고 발급기관은 수출·수입실적 확인 및 증명서를 발급한 때에는 발급대장을 각각 비치하고 발급상황을 기록하여야 한다(규정 제29조 ①항 및 ②항).

(3) 용역 또는 전자적 형태의 무체물의 수출입확인

산업통상자원부장관은 용역이나 전자적 형태의 무체물을 수출입한 자가 수출입에 관한 지원을 받기 위하여 수출입 사실의 확인을 신청하면 수출입 확인을 할 수 있다(영 제23조 ①항). 따라서 용역의 수출입 사실의 확인을 받으려는 자는 수출입확인신청서(별지 제24호 서식)에 거래 사실을 증명할 수 있는 서류를 첨부하여 다음 중의 어느 하나에 해당하는 수출입확인서 발급기관의 장에게 신청하여야 한다. 이 경우 수출입확인서 발급기관의 장은 수출입 사실의 확인이 가능하고 신청 사실에 하자가 없다고 인정하는 경우에만 수출입확인서류(별지 제25호 서식)를 발급하여야 한다(규정 제30조 ①항).

가. 한국무역협회장

나. 한국선주협회장(해운업의 경우만 해당)

다. 한국관광협회중앙회장 및 문화체육관광부장관이 지정하는 업종별 관광협회장(관광사업의 경우만 해당)

전자적 형태의 무체물의 수출입 사실의 확인을 받으려는 자는 수출입확인신청서(별지 제26호 서식)에 거래 사실을 증명할 수 있는 서류를 첨부하여 한국무역협회장 또는 한국소프트웨어산업협회장에게 신청하여야 한다. 이 경우 한국무역협회장 또는 한국소프트웨어산업협회장은 수출입 사실의 확인이 가능하고 신청 사실에 하자가 없다고 인정하는 경우에만 수출입확인서류(별지 제27호 서식)를 발급하여야 한다(규정 제30조 ②항).

그러므로 용역 및 전자적 형태의 무체물의 수출입확인서 발급기관의 장은 신청인에게 수출입확인서의 발급심사를 위하여 필요한 자료의 제출을 요구할 수 있으며, 수출입확인서 발급기관의 장은 수출입확인서의 발급현황 등에 관한 매분기 실적을 다음달 20일까지 산업통상자원부장관과 관세청장에게 보고하여야 한다(규정 제30조 ③항 및 ④항).

4. 외화획득용 원료 · 기재

외화획득용 원료 · 기재란 외화획득용 원료, 외화획득용 시설기재, 외화획득용 제품, 외화획득용 용역 및 외화획득용 전자적 형태의 무체물을 말한다(영 제2조 5호부터 10호).

여기서 외화획득용 원료란 외화획득에 제공되는 물품과 용역 및 전자적 형태의 무체물을 생산하는 데에 필요한 원자재 · 부자재 · 부품 및 구성품을 말한다. 또 외화획득용 시설기재란 외화획득에 제공되는 물품 등을 생산하는 데에 사용되는 시설 · 기계 · 장치 · 부품 및 구성품[물품 등의 하자(瑕疵)를 보수하거나 물품 등을 유지 · 보수하는 데에 필요한 부품 및 구성품 포함]을 말하며, 외화획득용 제품이란 수입한 후 생산과정을 거치지 아니한 상태로 외화획득에 제공되는 물품 등을 말한다.

외화획득용 용역이란 외화획득에 제공되는 물품 등을 생산하는 데에 필요한 용역을 말하며, 외화획득용 전자적 형태의 무체물이란 외화획득에 제공되는 물품 등을 생산하는 데에 필요한 전자적 형태의 무체물을 말한다. 여기서 말하는 외화란 외국환거래법령에 따른 대외지급수단을 의미한다(규정 제2조 1호).

제2장 통상의 진흥

1. 통상진흥 시책의 수립

산업통상자원부장관은 무역과 통상을 진흥하기 위하여 매년 다음 연도의 통상진흥 시책을 세워야 하며(법 제7조 ①항), 무역·통상 관련 기관 또는 단체가 교역상대국의 정부, 지방정부, 기관 또는 단체와 통상, 산업, 기술, 에너지 등에서 협력활동을 추진하는 경우 대통령령으로 정하는 바에 따라 필요한 지원을 할 수 있다(법 제8조 ①항).

산업통상자원부장관은 무역과 통상을 진흥하기 위하여 매년 다음 연도의 통상진흥 시책을 세우는 때에는 다음의 사항이 포함되어야 한다(법 제7조 ②항).

가. 통상진흥 시책의 기본 방향

나. 국제통상 여건의 분석과 전망

다. 무역·통상 협상 추진 방안과 기업의 해외 진출 지원 방안

라. 통상진흥을 위한 자문, 지도, 대외 홍보, 전시, 상담 알선, 전문인력 양성 등 해외시장개척 지원 방안

마. 통상 관련 정보수집·분석 및 활용 방안

바. 원자재의 원활한 수급을 위한 국내외 협력 추진 방안

사. 그 밖에 대통령령으로 정하는 사항(영 제8조)

> ㉮ 주요 지역별, 경제권별 또는 업종별 통상진흥 시책
>
> ㉯ 무역·통상의 진흥과 관련되는 기관 또는 단체의 통상활동 계획
>
> ㉰ 그 밖에 산업통상자원부장관이 무역·통상의 진흥과 관련하여 필요하다고 인정하는 통상진흥 시책

산업통상자원부장관이 통상진흥 시책을 세우려면 다음의 기관이나 단체에 필요한 협조를 요청할 수 있다(영 제7조).

가. 관계 행정기관

나. 지방자치단체

다. 「대한무역투자진흥공사법」에 따른 대한무역투자진흥공사

라. 산업통상자원부장관의 허가를 받아 설립된 한국무역협회
마. 그 밖에 무역·통상과 관련되는 기관 또는 단체

2. 통상관련제도의 조사

산업통상자원부장관은 제1항에 따른 통상진흥 시책의 수립을 위한 기초 자료를 수집하기 위하여 교역상대국의 통상 관련 제도·관행 등과 기업이 해외에서 겪는 고충 사항을 조사할 수 있으며(법 제7조 ③항), 통상진흥 시책을 수립하기 위하여 필요한 경우에는 지방자치단체를 제외한 관계 행정기관이나 대한무역투자진흥공사, 한국무역협회 또는 그 밖에 무역·통상과 관련되는 기관·단체에 해당 분야나 특정 사안에 대한 조사 또는 사실 확인을 요청할 수 있다(영 제9조). 산업통상자원부장관은 해외에 진출한 기업에 통상진흥 시책의 수립에 필요한 자료를 요청하고, 필요한 경우 지원할 수 있다(법 제7조 ④항).

3. 지방자치단체와의 협조

산업통상자원부장관은 제1항에 따라 통상진흥 시책을 세우는 경우에는 미리 특별시장, 광역시장, 도지사 또는 특별자치도지사(이하 "시·도지사")의 의견을 들어야 하고, 통상진흥 시책을 수립한 때에는 이를 시·도지사에게 알려야 한다. 이를 변경한 경우에도 또한 같다. 그리고 산업통상자원부장관으로부터 통상진흥 시책을 통보받은 시·도지사는 그 관할 구역의 실정에 맞는 지역별 통상진흥 시책을 수립·시행하여야 하며, 시·도지사는 지역별 통상진흥 시책을 수립한 때에는 이를 산업통상자원부장관에게 알려야 한다. 이를 변경한 때에도 또한 같다(법 제7조 ⑤항에서 ⑦항).

산업통상자원부장관은 시·도지사가 수립한 지역별 통상진흥시책이 효과적으로 추진될 수 있도록 특별시·광역시·특별자치시·도 또는 특별자치도(이하 시·도라 한다) 및 무역·통상 관련기관 또는 단체 등이 포함되는 협의기구를

설치 · 운영할 수 있으며, 이러한 협의기구의 구성 및 운영 등에 필요한 사항은 산업통상자원부장관이 정한다(영 제10조 ①항 및 ②항).

4. 민간협력활동의 지원 및 절차

산업통상자원부장관은 무역 · 통상 관련 기관 또는 단체가 교역상대국의 정부, 지방정부, 기관 또는 단체와 통상, 산업, 기술, 에너지 등에서 협력활동을 추진하는 경우 대통령령으로 정하는 바에 따라 필요한 지원을 할 수 있다(법 제8조 ①항).

산업통상자원부장관으로부터 이러한 지원을 받으려는 무역 · 통상 관련기관 또는 단체는 신청서에 사업 내용과 사업 성과 등이 포함된 사업계획서를 첨부하여 산업통상자원부장관에게 제출하여야 하며, 산업통상자원부장관은 제출받은 사업계획서를 검토하여 통상, 산업, 기술, 에너지 등에서 협력 활동을 효율적으로 추진하기 위하여 필요하다고 인정되면 자금, 인력 및 정보 등을 지원할 수 있다. 이러한 지원 기준 등에 관하여 필요한 사항은 산업통상자원부장관이 정하며, 산업통상자원부장관은지원과 관련하여 필요한 경우에는 관계 행정기관의 장에게 협조를 요청할 수 있다. 지원을 받은 관련 단체는 해당 지원 사업이 끝난 후 3개월 이내에 산업통상자원부장관에게 사업결과보고서를 제출하여야 한다(영 제11조 ①항부터 ⑤항).

5. 해외진출지원센터의 수립 및 운영

1) 해외진출지원센터의 수립

산업통상자원부장관은 기업의 해외 진출을 지원하기 위하여 무역 · 통상 관련 기관 또는 단체로부터 정보를 체계적으로 수집하고 분석하여 지방자치단체와 기업에 필요한 정보를 제공할 수 있으며, 이러한 정보의 수집 · 분석 및 제공을 위하여 필요한 경우 관계 중앙행정기관의 장, 시 · 도지사, 무역 · 통상 및 기업의 해외 진출과 관련한 기관 또는 단체에 자료 및 통계의 제출을 요청할 수 있다(법 제8조 ②항 및 ③항).

산업통상자원부장관은 기업의 해외 진출과 관련된 상담 · 안내 · 홍보 · 조사와 그 밖에 기업의 해외 진출에 대한 지원 업무를 종합적으로 수행하기 위하여 「대한무역투자진흥공사법」에 따른 대한무역투자진흥공사에 해외진출지원센터를 두며, 이러한 해외진출지원센터의 구성 · 운영 및 감독 등에 필요한 사항은 대통령령으로 정한다(법 제8조 ④항 및 ⑤항).

2) 해외진출지원센터의 구성 · 운영 및 감독

해외진출지원센터는 대한무역투자진흥공사 소속 임직원과 제3항에 따른 파견자로 구성하므로, 대한무역투자진흥공사의 장은 기업의 해외진출 지원업무를 수행하기 위하여 필요한 경우에는 관계 행정기관의 장 및 해외진출과 관련된 기관 또는 단체(이하 "해외진출 유관기관")의 장에게 소속 공무원 또는 그 임직원의 파견을 요청할 수 있으며, 이러한 공무원 또는 임직원의 파견을 요청받은 관계 행정기관의 장 및 해외진출 유관기관의 장은 업무수행에 적합한 자를 선발하여 해외진출지원센터에 파견하여야 하며, 파견기간 중 파견근무를 해제하려는 경우에는 대한무역투자진흥공사의 장과 미리 협의하여야 한다. 해외진출지원센터에 파견된 공무원 또는 임직원의 복무에 관해서는 대한무역투자진흥공사의 장의 지휘 · 감독을 받는다(영 제12조 ①항부터 ④항).

대한무역투자진흥공사의 장은 파견된 공무원에게는 '공무원 성과평가 등에 관한 규정' 또는 '지방공무원 임용령'에 따라 근무성적평정에 관한 의견서를 작성하여 그 공무원을 파견한 관계 행정기관의 장에게 이를 송부하여야 하며, 그 의견서를 송부받은 관계 행정기관의 장은 근무성적을 평정할 때 이를 참작하여야 한다. 그리고 대한무역투자진흥공사의 장은 매년 1월 31일까지 전년도의 해외진출 지원업무 추진실적 및 해당 연도의 해외진출지원 업무추진계획을 작성하여 산업통상자원부장관에게 보고하고, 매 분기 종료 후 1개월 이내에 분기별 업무추진실적을 산업통상자원부장관에게 보고하여야 한다. 이 경우 산업통상자원부장관은 보고받은 사항 중 관계 행정기관의 협조가 필요한 사항에 대하여는 해당 행정기관의 장에게 통보하여야 한다. 그리고 산업통상자원부장관은 해외진출지원센터의 운영에 필요한 경비를 지원할 수 있으며, 이 외에 해외진출지원센터의 구성·운영 등에 필요한 세부 사항은 대한무역투자진흥공사의 장이 산업통상자원부장관과 협의하여 정한다(영 제12조 ⑤항부터 ⑧항).

6. 전문무역상사의 지정 및 지원

산업통상자원부장관은 신시장 개척, 신제품 발굴 및 중소기업·중견기업의 수출확대를 위하여 수출실적 및 중소기업 제품 수출비중 등을 고려하여 무역거래자 중에서 전문무역상사를 지정하고 지원할 수 있다(법 제8조의2 ①항).

전문무역상사의 지정 기준 및 절차, 지원내용 등에 관하여 필요한 사항은 대통령령으로 정하도록 하고 있는데(법 제8조의2 ②항), 대통령령은 전문무역상사로 지정받을 수 있는 경우는 다음 중 하나에 해당하는 자로서 신용등급이 산업통상자원부장관이 정하여 고시하는 기준을 충족하는 자로 규정하고 있다(영 제12조의 2).

가. 전년도 수출실적 또는 직전 3개 연도의 연평균 수출실적이 미화 100만 달러 이상의 범위에서 산업통상자원부장관이 정하여 고시하는 금액 이상이며 동시에 그 수출실적 중 다른 중소기업(「중소기업기본법」 제2조에 따른 중소기업)이나 중견기업(「중견기업 성장촉진 및 경쟁력 강화에 관한 특별법」 제2조제1호에 따른 중견기업)이 생산한 물품등의 수출실적 비율이 100분의 20 이상의 범위에서 산업통상자원부장관이 정하여 고시하는 비율 이상일 것

나. 신시장의 개척, 신제품의 발굴 및 중소기업 또는 중견기업에 대한 효과적인 수출 지원 등을 위하여 산업통상자원부장관이 농업·어업·수산업 등 업종별 특성과 조합 등 법인의 조직 형태별 수출 특성을 고려하여 고시하는 기준을 갖춘 무역거래자

다음의 어느 하나에 해당하여 주무 부처 장관의 추천을 받은 자 중 산업통상자원부 장관이 그 능력이 있다고 인정하는 자로 한다(규정 제7조 ②항).

가. 협동조합기본법에 의한 협동조합

나. 농어업경영체 육성 및 지원에 관한 법률에 따른 영농조합법인 또는 영어조합법인

다. 농업협동조합법에 따라 설립된 조합 및 조합공동사업법인

라. 수산업협동조합법에 따라 설립된 조합

마. 중소기업협동조합법에 따라 설립된 협동조합, 사업협동조합 또는 협동조합연합회

바. 대중소기업 공동출자형 수출전문기업

사. 업종별 협회·단체의 무역자회사

아. 공공기관(「공공기관의 운영에 관한 법률」 제4조에 따른 공공기관을 말한다)이 출자하여 설립한 무역상사

자. 기타 전문무역상사의 취지에 적합하다고 주무 부처 장관의 추천을 받아 신청한 수출조직

중소·중견 기업에 대한 효과적인 수출 지원을 위하여 다음 각 호의 어느 하나에 해당하여 산업통상자원부 장관이 그 능력이 있다고 인정하는 자.

가. 전년도 또는 최근 3년간 평균 수출 실적이 미화 1억불 이상인자로서 무역거래를 주로 영위하는 자

나. 유통산업발전법 제2조 3호에 따른 대규모 점포를 국외에서 3개 이상 운영하면서 직전년도 매출액이 500억원 이상인자

다. 국내·외에서 방송채널 및 사이버몰 등 전자상거래 수단을 1개 이상 직접 운영하면서 직전년도 매출액이 500억원이상으로, 이중 국외 매출이 50억원 이상인 자

라. 중소기업청장이 추천하는 중소기업 수출지원 전문기업

산업통상자원부장관은 지정을 받은 전문무역상사가 지정기준에 적합하지 아니하게 된 때에는 그 지정을 취소할 수 있다. 다만, 거짓이나 그 밖에 부정한

방법으로 지정을 받은 경우에는 그 지정을 취소하여야 한다(법 제8조의2 ③항).

산업통상자원부장관은 전문무역상사를 통한 신시장의 개척, 신제품의 발굴 및 중소기업 또는 중견기업의 수출 확대 등을 위하여 필요하다고 인정되는 경우에는 법 제8조의2제1항에 따라 전문무역상사의 국내외 홍보, 우수제품의 발굴, 해외 판로개척 등에 필요한 사항을 지원할 수 있으며 필요한 경우 관계 중앙행정기관 및 지방자치단체, 무역 또는 통상 업무를 수행하는 기관이나 단체에 협조를 요청할 수 있다(영 제12조의 3).

제3장 수출입 거래

제1절 수출입 거래 총칙

1. 수출입의 원칙

WTO의 출범 이후 관세화를 통한 자유무역의 증진이라는 WTO의 원칙에 입각하여 우리나라 역시 1997년 3월부터 수출입은 원칙적으로 자유화하고 예외적으로 승인을 받도록 하는 "원칙자유, 예외제한"방식의 네거티브제도로 변경하였다. 그러므로 현행 대외무역법에 따르면 물품 등의 국제적인 거래는 원칙적으로 무역거래자가 자율적으로 결정하도록 하고 있으며, 조약과 일반적으로 승인된 국제법규상의 의무이행과 생물자원 보호 등과 같은 예외적인 경우에만 수출입승인제도를 인정하고 있다.

따라서 물품 등의 수출입과 이에 따른 대금을 받거나 지급하는 것은 이 법의 목적의 범위에서 자유롭게 이루어져야 하며(법 제10조 ①항), 무역거래자는 대외신용도 확보 등 자유무역질서를 유지하기 위하여 자기 책임으로 그 거래를 성실히 이행하여야 한다(법 제10조 ②항).

2. 수출입의 제한

산업통상자원부장관은 다음에 해당하는 이행 등을 위하여 필요하다고 인정하여 지정・고시하는 물품등의 수출 또는 수입을 제한하거나 금지할 수 있다(법 제11조 ①항).

가. 헌법에 따라 체결・공포된 조약과 일반적으로 승인된 국제법규에 따른 의무 이행

나. 생물자원의 보호
다. 교역상대국과의 경제협력 증진
라. 국방상 원활한 물자 수급
마. 과학기술의 발전
바. 그 밖에 통상·산업정책상 필요한 사항으로서 대통령령으로 정하는 사항. 여기서 “대통령령으로 정하는 사항”이란 항공 관련 품목의 안전관리에 관한 사항을 말한다(영 제16조).

3. 수출입의 승인

1) 수출입승인 물품

산업통상자원부장관이 수출 또는 수입을 제한한 물품등을 수출하거나 수입하려는 자는 대통령령으로 정하는 바에 따라 산업통상자원부장관의 승인을 받아야 한다(법 제11조 ②항). 다만, 긴급히 처리하여야 하는 물품 등과 그 밖에 수출 또는 수입 절차를 간소화하기 위한 물품 등으로서 대통령령으로 정하는 기준에 해당하는 물품 등의 수출 또는 수입은 그 승인을 받지 않아도 된다(법 제11조 ②항 단서).

산업통상자원부장관이 수출 또는 수입 승인 대상물품 등으로 지정·고시한 물품 등을 수출입하기 위하여 산업통상자원부장관의 승인을 받아야 하는 물품이란 수출입공고에서 정한 물품등을 말하며, 중계무역 물품, 외국인수수입물품, 외국인도수출 물품, 선용품은 제외한다(규정 제9조).

2) 수출입의 승인

산업통상자원부장관으로부터 수출입의 승인을 받아야 하는 물품 등의 수출 또는 수입의 승인을 신청하려는 자 및 수출 또는 수입의 유효기간연장을 신청하려는 자(법 제11조 ④항)는 신청서에 산업통상자원부장관이 정하는 서류를 첨부하여 산업통상자원부장관에게 제출하여야 한다. 변경승인을 받으려는 경우(법 제11조 ②항 본문에 따라 승인을 받은 경우만 해당)에도 같다(영 제18조 ①항).

(1) 수출입 승인신청절차

수출·수입의 승인을 받으려는 자는 수출입승인 신청서[업체용, 세관용, 승인기관용(통상산업자원부용) 및 사본(신청자가 신청한 경우만 해당)]에 다음의 서류를 첨부하여 수출입 승인기관의 장에게 신청하여야 한다(규정 제10조 ①항).

가. 수출신용장, 수출계약서 또는 주문서(수출의 경우만 해당)
나. 수입계약서 또는 물품 등 매도확약서(수입의 경우만 해당)
다. 수출 또는 수입대행계약서(공급자와 수출자가 다른 경우 및 실수요자와 수입자가 다른 경우만 해당)
라. 수출입공고에서 규정한 요건을 충족하는 서류(다만, 해당 승인기관에서 승인 요건의 충족 여부를 확인할 수 있는 경우는 제외)

수출입의 승인 신청이 수출입승인의 요건에 합당한 경우 수출입 승인기관의 장은 수출입승인서[업체용, 세관용, 승인기관용(통상산업자원부용) 및 사본(신청자가 요청한 경우만 해당)]를 발급하여야 한다. 다만, 수출입 물품 등을 분할하여 발급할 수 있다(규정 제10조 ②항). 이때, 수출입 승인기관의 장은 수출·수입의 승인을 하려는 경우에는 다음의 요건에 합당한지를 확인하여야 한다(규정 제11조).

가. 수출·수입하려는 자가 승인을 받을 수 있는 자격이 있는 자일 것
나. 수출·수입하려는 물품 등이 수출입공고 및 대외무역관리규정에 따른 승인 요건을 충족한 물품 등일 것
다. 수출·수입하려는 물품 등의 품목분류번호(HS)의 적용이 적정할 것

(2) 수출입의 한정

산업통상자원부장관은 필요하다고 인정하면 수출입승인 대상 물품에 대하여 품목별 수량·금액·규격 및 수출 또는 수입지역 등을 한정할 수 있으며,

이러한 제한·금지, 승인, 신고, 한정 및 그 절차 등을 정한 경우에는 이를 공고하여야 한다(법 제11조 ④항 및 ⑤항).

(3) 둘 이상의 수출입승인

하나의 수출 또는 수입에 대하여 둘 이상의 승인을 받아야 하는 경우 각각의 승인은 상호 독립적으로 받아야 한다. 이 경우 두 번째 이후의 승인기관의 장은 수출입승인서상의 여백에 승인 사항을 표시한다(규정 제13조). 그러나 전략물자의 수출허가(법 제19조) 또는 플랜트수출(법 제32조)에 따라 수출허가를 받거나 수출승인을 받은 자는 산업통상자원부장관이 수출 또는 수입을 제한하거나 금지할 수 있도록 지정·고시하는 물품(법 제11조 ②항)에 대한 산업통상자원부장관의 수출입승인을 받은 것으로 본다(법 제11조 ⑥항).

3) 수출입승인의 유효기간

(1) 수출입승인의 유효기간

수출 또는 수입 승인의 유효기간은 1년으로 한다. 다만, 산업통상자원부장관은 국내의 물가 안정, 수급 조정, 물품 등의 인도 조건, 그 밖에 거래의 특성에 따라 필요하다고 인정하면 유효기간을 달리 정할 수 있다(법 제11조 ③항). 따라서 산업통상자원부장관은 다음 각 호의 어느 하나에 해당하는 경우에는 해당 물품 등의 수출 또는 수입 승인의 유효기간을 1년 미만으로 하거나 최장 2년의 범위에서 정할 수 있다. 다만, 시행령 제42조의2 ②항에 따른 허가의 유효기간(법 제19조제2항에 따른 수출허가의 유효기간만 해당)이 2년을 초과하는 경우에는 그 기간까지 수출 승인의 유효기간을 정할 수 있다(영 제18조 ②항).

가. 국내의 물가안정이나 수급 조정을 위하여 수출 또는 수입 승인의 유효기간을 1년 보다 단축할 필요가 있는 경우

나. 수출입계약 체결 후 물품 등의 제조·가공 기간이 1년을 초과하는 경우

다. 수출입계약 체결 후 물품 등이 1년 이내에 선적되거나 도착하기 어려운 경우

라. 가호부터 다호까지의 규정 외에 수출입 물품 등의 인도 조건 및 거래의

특성을 고려하여 수출 또는 수입 승인의 유효기간을 1년보다 단축하거나 늘릴 필요가 있다고 인정되는 경우

(2) 유효기간의 단축 또는 초과 설정

다음의 어느 하나에 해당하는 경우에는 1년 이내 또는 20년의 범위 내에서 유효기간을 단축 또는 초과하여 설정할 수 있다(규정 제12조).

가. 산업통상자원부장관이 물가 안정 또는 수급 조정을 위하여 1년 이내로 유효기간의 단축이 필요하다고 인정하는 경우

나. 물품 등의 제조・가공기간이 1년을 초과하는 경우 등 물품 등의 선적 또는 도착기일을 감안하여 1년 이내에 물품 등의 선적이나 도착이 어려울 것으로 수출입 승인기관의 장이 인정하는 경우

다. 수출・수입이 혼합된 거래로서 수출입 승인기관의 장이 부득이하다고 인정하는 경우

4) 수출입변경승인

(1) 수출입변경승인 및 수출입변경신고

대외무역법의 규정에 따라 수출입승인을 받은 자가 승인을 받은 사항 중 대통령령으로 정하는 중요한 사항을 변경하려면 산업통상자원부장관의 변경승인을 받아야 하고, 그 밖의 경미한 사항을 변경하려면 산업통상자원부장관에게 신고하여야 한다(법 제11조 ⑤항). 이러한 수출입승인 사항의 변경은 당초 승인한 기관의 장이 승인한다(규정 제15조).

산업통상자원부장관의 변경승인을 받아야 하는 대통령령으로 정하는 중요한 사항이란 다음과 같다(영 제18조 ③항).

가. 물품 등의 수량・가격

나. 수출 또는 수입의 당사자에 관한 사항

당초 승인한 기관의 장에게 변경신고를 하여야 하는 경미한 사항의 변경에 해당하는 사항은 다음과 같다(규정 제16조).

가. 원산지
나. 도착항(다만, 수출의 경우에만 해당한다)
다. 규격
라. 수출입 물품 등의 용도(다만, 수출입승인 용도가 지정된 경우에만 해당)
마. 승인 조건

(2) 수출입승인 사항의 변경승인 신청

수출・수입승인 사항을 변경하려는 자는 당초 승인을 받은 수출입승인서 또는 수출입승인 사항 변경승인・신고신청서(별지 제9호 서식)에 변경 사실을 증명하는 서류를 첨부하여 수출입승인 사항의 변경승인기관의 장에게 신청하여야 하며, 수출입변경승인을 받아야 하는 중요한 사항에 해당하는 당사자의 변경은 파산 등 불가피한 경우에 신청한 것이어야 한다(규정 제17조 ①항 및 ④항).

수출・수입승인 사항의 변경은 수출・수입승인의 유효기간 내에 신청하여야 한다. 다만, 수입의 경우로서 수입대금을 지급하고 선적서류를 인수한 후에 수입승인 사항을 변경하려는 경우에는 수입승인의 유효기간 경과 후에도 변경승인・신고를 신청할 수 있다. 따라서 승인기관의 장이 수입승인의 유효기간 경과 후에 변경승인・신고수리한 때에는 그 변경승인・신고사실을 해당 세관장에게 알려야 한다(규정 제17조 ②항 및 ③항).

(3) 수출입승인사항의 변경승인과 확인사항

수출입승인 사항의 변경승인기관의 장은 수출・수입승인 사항을 변경하려는 경우에는 다음의 요건에 합당한지를 확인하여야 한다(규정 제18조 ①항).

가. 수출입승인을 받은 후에 수출입공고에서 수출・수입을 제한하는 사항이 추가된 품목으로서 관계 기관의 장의 허가 등을 추가로 요하는 품목일 때에는 그 허가 등을 받았을 것
나. 수출 물품 등의 단가를 인하하거나 수입 물품 등의 단가를 인상하는 내용의 수출 또는 수입 승인 사항의 변경은 다음의 어느 하나에 해당하는 경우일 것

㉮ 거래상대방의 파산 또는 지급거절 등이 현지의 거래은행, 상공회의소 또는 공공기관에 의하여 객관적으로 확인되는 경우에 수출물품 등을 제3자에게 전매하는 경우
㉯ 물품 등의 성질과 국제거래관행상 승인 시점에 단가를 확정할 수 없는 경우
㉰ 그 밖에 급격한 시장상황의 변화 등 변경 사유가 불가피하다고 인정되는 경우

다. 변경하려는 내용이 수출신용장, 수출입계약서, 주문서, 물품 등 매도확약서 등에 명시되어 있을 것. 다만, 수출신용장 등에 명시를 요하지 아니하는 경미한 사항일 경우에는 그러하지 아니하다.
라. 수출대상국가의 변경은 수출제한 사유 등을 고려할 때 타국으로 변경하여도 지장이 없을 것

수출입승인 사항의 변경승인기관의 장은 제17조에 따라 수출·수입승인 사항에 관하여 변경신고가 있는 경우 이를 확인한 후 신고를 수리하여야 한다(규정 제18조 ②항).

4. 수출입승인면제 물품

우리나라의 수출입거래에 대한 관리는 자유화를 원칙으로 하고 예외적으로 수출입을 제한하는 수출입승인제도를 운영하는 "원칙자유 예외제한"주의에 따라 원칙적으로 무역자유화의 입장을 분명히 하고 있다. 따라서 산업통상자원부장관은 승인을 받지 아니하고 수출되거나 수입되는 물품 등(제11조제2항 본문에 해당하는 물품 등)이 제11조제2항 단서에 따른 물품 등에 해당하는지를 확인하여야 한다(법 제14조). 즉, 헌법에 따라 체결·공포된 조약과 일반적으로 승인된 국제법규에 따른 의무의 이행, 생물자원의 보호 등을 위하여 지정하는 물품 등에 해당하여 산업통상자원부장관의 승인을 받고 수출입하여야 하나(법

제11조 ②항 본문), 긴급히 처리하여야 하는 물품과 그 밖에 수출 또는 수입 절차를 간소화하기 위한 물품에 해당하여 승인을 받지 아니하고 수출되거나 수입되는 물품에 해당하여 수출입승인의 면제에 해당하는지를 확인하여야 한다. 이러한 수출입승인면제의 확인에 관한 업무는 세관장에게 위탁하고 있다(영 제91조 ④항 1호).

수출입을 위하여 산업통상자원부장관의 승인을 받아야 하는 물품 중 긴급히 처리하여야 하는 물품 등과 그 밖에 수출 또는 수입 절차를 간소화하기 위한 물품 등으로서 대통령령으로 정하는 기준에 해당하는 물품 등의 수출 또는 수입에 대해서는 수출입승인대상물품이라 하더라도 수출입승인을 면제하는데(법 제11조 ②항 단서), 이때 "대통령령으로 정하는 기준에 해당하는 물품 등"이란 다음에 해당하는 물품을 말한다.

가. 산업통상자원부장관이 정하여 고시하는 물품 등으로서 외교관이나 그 밖에 산업통상자원부장관이 정하는 자가 출국하거나 입국하는 경우에 휴대하거나 세관에 신고하고 송부하는 물품 등

나. 다음의 어느 하나에 해당하는 물품 등 중 산업통상자원부장관이 관계 행정기관의 장과의 협의를 거쳐 고시하는 물품 등

㉮ 긴급히 처리하여야 하는 물품으로서 정상적인 수출·수입 절차를 밟아 수출·수입하기에 적합하지 아니한 물품 등

㉯ 무역거래를 원활하게 하기 위하여 주된 수출 또는 수입에 부수된 거래로서 수출·수입하는 물품 등

㉰ 주된 사업 목적을 달성하기 위하여 부수적으로 수출·수입하는 물품 등

㉱ 무상(無償)으로 수출·수입하여 무상으로 수입·수출하거나, 무상으로 수입·수출할 목적으로 수출·수입하는 것으로서 사업 목적을 달성하기 위하여 부득이하다고 인정되는 물품 등

㉲ 산업통상자원부장관이 정하여 고시하는 지역에 수출하거나 산업통상자원부장관이 정하여 고시하는 지역으로부터 수입하는 물품 등

> ㉳ 공공성을 가지는 물품 등이거나 이에 준하는 용도로 사용하기 위한 물품으로서 따로 수출·수입을 관리할 필요가 없는 물품 등
> ㉴ 그 밖에 상행위 이외의 목적으로 수출·수입하는 물품 등

다. 외국환 거래 없이 수입하는 물품 등으로서 산업통상자원부장관이 정하여 고시하는 기준에 해당하는 물품 등

라. 「해외이주법」에 따른 해외이주자가 해외이주를 위하여 반출하는 원자재, 시설재 및 장비로서 외교부장관이나 외교부장관이 지정하는 기관의 장이 인정하는 물품 등

여기서 외국환 거래 없이 수입하는 물품 등으로서 산업통상자원부장관이 정하여 고시하는 기준에 해당하여 수입할 수 있는 물품이란 그 반입의 목적, 사유 등에 의하여 세관장이 타당하다고 인정하는 물품 등을 말하며, 이 경우 세관장은 과세가격이 500만원을 초과하는 수입에 대하여 수입승인서의 제출을 요구할 수 있다(규정 제20조). 즉, 외국환거래가 수반되지 않는 물품의 수입의 경우에 과세가격이 500만원 이하는 반입목적 및 사유 만 검토하여 통관하고, 과세가격이 500만원을 초과하는 물품의 수입의 경우에는 수출입공고 및 통합공고상의 제한내용 충족여부도 심사하게 된다.

제2절 수출입 품목관리

1. 품목별 관리체계

무역거래자가 물품 등을 수출입하기 위하여 수출입승인을 얻는다는 것은 예외적으로 수출입이 제한되어 있는 물품을 수출입할 수 있도록 산업통상자원부장관의 승인을 얻는다는 것을 의미한다. 그러므로 개별 품목 등이 수출입제한품목으로 지정되어 있는 것인가의 여부를 확인하는 것은 수출입거래에 있어서 가장 기본적인 일인 것이다.

2. 품목별 관리

1) 고시 · 공고에 의한 품목별 관리

산업통상자원부장관은 수출입에 대한 제한 · 금지, 승인, 신고, 한정 및 그 절차 등을 정한 경우에는 이를 공고하여야 한다. 즉, 수출입 승인대상이 되는 물품으로 수출입이 제한되는 물품인 경우에는 산업통상자원부장관이 이를 지정 · 고시한다는 것이다. 따라서 수출입품목에 대한 관리는 일반적으로 수출입공고를 통하여 이루어지며, 관계 행정기관의 장이 수출 · 수입요령을 제정하거나 개정하는 경우에는 그 수출 · 수입요령이 그 시행일 전에 이를 산업통상자원부장관에게 제출하여 산업통상자원부장관이 이러한 수출 · 수입요령을 통합하여 공고(법 제12조 ①항 및 ②항) 통합공고를 통하여 이루어진다.

따라서 현재는 수출입품목에 대한 관리는 수출입공고와 통합공고를 통하여 이루어지고 있으며, 수출입 승인대상 물품이 전략물자인 경우에는 산업통상자원부장관은 관계 행정기관의 장과 협의하여 대통령령으로 정하는 국제수출통제체제의 원칙에 따라 국제평화 및 안전유지와 국가안보를 위하여 수출허가 등 제한이 필요한 물품 등(대통령령으로 정하는 기술을 포함)을 지정하여 고시하는(법 제19조 ①항) 전략물자 수출입고시에 의하여 이루어진다.

따라서 수출입승인 대상물품의 품목별 관리는 산업통상자원부장관이 실시하는 수출입공고, 통합공고 등에 의하여 이루어진다. 이러한 고시 및 공고에서는 수출쿼터에 따른 수량제한, 기타 품목별 수량·금액·규격 또는 지역 등의 제한을 할 수 있다.

2) 수출입품목의 분류방법

수출입품목은 국제적인 거래를 전제로 하기 때문에 국제적으로 사용할 수 있는 공통된 품목표시방법이 요구된다. 만일 국제적으로 사용할 수 있는 공통된 품목표시방법이 없다면, 각 개별 국가에서 동일한 물품에 대하여 서로 다른 품목으로 규정하는 일이 발생하게 되고, 그 결과 국가별 수출입통계를 비교하기가 어려울 뿐만 아니라 경우에 따라서는 무역규제의 방법으로 품목분류가 악용될 우려도 없지 않다.

따라서 국제적으로 이러한 무역상품의 분류방법을 통일하기 위한 노력이 경주되어 왔는데, 이러한 노력의 결과 UN경제사회이사회가 1950년 발표한 표준국제무역분류방식(Standard Int'l Trade Classification; SITC)을, 1955년에 관세협력이사회(Customs Cooperation Council; CCC)가 브뤼셀 관세품목분류방식(Brussels Tariff Nomenclature; BTN)을 작성하였다. 이 BTN방식에 관세협력이사회의 명칭을 그대로 사용하여 1976년에 개칭한 CCCN(CCC Nomenclature) 그리고 기존의 품목분류 방식에다가 미국의 TSUSA(Tariff Schedule of United States Annotated)까지 종합하여 새롭게 작성된 통일상품분류명 및 부호체계(Harmonized Commodity Description and Coding System; HS제도) 등이 제정되었다.

〈표 3-1〉 품목분류방식 비교

SITC방식	BTN ⇒ CCCN방식	HS방식
10 Section	21 Section	21 Section(부)
67 Division	99 Chapter	96 Chapter(류; 2단위)
261 Group	1,011 Heading	1,241 Heading(호; 4단위)
3,119 Basic Items		5,019 Subheading(소호; 6단위)
총 45,000 품목	총 60,000 품목	총 60,000 품목

1983년 6월 정식으로 채택되고 1988년 1월부터 실시된 HS방식은 체약국들에게 자국의 관세율표와 통계품목표를 6단위 5,019소호까지는 HS품목분류방식에 일치시킬 의무를 부과하고 있다. 이러한 HS방식은 HS협약이 체결되기 전까지 SITC방식과 CCCN방식으로 이원화되어 있던 세목분류를 통일하였으며, 무역통계의 비교·분석을 쉽게 하고 통상과 관련된 국제협상에서 정확하고 비교 가능한 자료의 수집을 가능하게 하였다는 평가를 받고 있다. 우리나라 역시 1988년 1월 이 협약에 가입하여 HS방식에 따른 한국통일상품분류(Harmonized System of Korea; HSK)를 제정하여 시행하고 있다.

3. 수출입공고

1) 수출입공고의 의미

대외적인 수출입 거래에 대한 직접적인 규제는 산업통상자원부장관이 지정·고시하는 수출입공고에 의하여 이루어진다. 따라서 수출입공고는 수출입 승인 대상물품에 대한 수출입 승인절차와 방법, 제한 내용 등을 밝혀 놓은 개별적인 품목에 대한 수출입계획이라고 할 수 있다.

그러므로 산업통상자원부장관이 지정·고시한 물품의 수출입에 대해서는 수출입승인이 필요한데, 이러한 수출입승인대상 물품을 지정·고시한 공고를 수출입공고라고 한다.

이러한 수출입공고에 의한 품목관리에 따르면 공고의 효력에 관한 기간을 설정하지 않고 정책적인 필요에 따라 수시로 공고를 변경할 수 있도록 하였으며, 변경 공고가 없는 한 기존의 수출입공고의 효력이 계속 유지되도록 하였다.

2) 수출입공고의 운용

수출입공고는 수출입승인대상 품목에 관한 기본공고이므로 수출입공고 이외에 통합공고 등이 적용되는 품목인 경우에는 그러한 통합공고 등의 요건도 동시에 충족되어야 수출입이 승인된다. 즉 하나의 수출 또는 수입에 대하여 둘 이상의 승인을 받아야 하는 경우 각각의 승인은 상호 독립적으로 받아야 한다(규정 제13조 전단).

수출입공고에는 수출입승인대상 품목을 지정・고시하여야 한다. 따라서 수출입공고상에서 수출승인대상 품목 또는 수입승인대상 품목으로 지정・고시되지 않는 품목은 원칙적으로 수출입이 자유로운 품목이다. 그리고 이러한 수출입승인대상 품목의 수출입요령에서 정하는 승인기관의 장 또는 관련 단체의 장은 사전에 미리 산업통상자원부장관과 합의하여 수출입승인요령을 공고하여야 한다.

3) 수출입공고의 예외

수출입승인대상 물품을 수출입하는 경우에도 다음과 같은 경우에는 수출입공고상의 수출입요령 이외의 절차에 따라 수출입한다.

가. 외화획득용 원료 및 외화획득용 제품의 수입의 경우에는 수입승인대상 품목이라 할지라도 별도의 제한 없이 수입승인할 수 있다(수출입공고 제6조).

나. 수출입절차의 간소화를 위한 물품의 수출입의 경우에는 수출입승인기관을 따로 정하여 수출입승인을 하게 할 수 있다.

4. 통합공고 및 전략물자수출입고시

1) 통합공고의 의미

대외무역법 이외의 법령에 의하여 물품 등의 수출입요령을 제정하거나 또는 개정하는 경우에는 관계 행정기관의 장은 당해 수출입요령이 그 시행일전에 산업통상자원부장관에 의하여 통합공고될 수 있도록 해당 법령에 의하여 정해진 물품 등의 수출입요령을 산업통상자원부장관에게 제출하여야 한다. 이때 산업통상자원부장관은 제출받은 수출입요령을 통합하여 공고하여야 한다(법 제12조 ①항 및 ②항).

2) 통합공고의 목적

수출입 통합공고는 대외무역법 이외의 법령에 해당 물품의 수출입요건 및 절차 등을 정하고 있는 경우에 수출입요건 확인 및 통관업무의 간소화와 무역질서 유지를 위하여 다른 법령에서 정한 물품의 수출입요건 및 절차에 관한 사항을 조정하고 이를 통합하여 규정함을 목적으로 한다.

3) 통합공고의 성격

약사법, 식품위생법, 농약관리법, 식수관리법 등 50여개의 개별법이 통합공고에 수용되어 있다. 이러한 법률들은 국가간의 무역거래를 전재로 하여 규정된 법이 아니라 인간과 동식물의 안전・건강, 환경보호, 사회공서양속의 유지 등을 위하여 품질규제 및 형식승인 등을 특별히 관리하기 위하여 제정된 법률이다.

4) 수출입공고와의 관계

수출입공고 상의 수출입요령을 충족시켰다고 하더라도, 수출입 통합공고에서 개별법이 정하는 수출입요령이 있는 경우에는 이러한 통합공고상의 수출입요령 또한 충족시켰음을 확인받아야 수출입을 행할 수 있다(통합공고 제7조). 따라서 통합공고는 수출입공고와 함께 이원화된 품목관리체계를 구성하고 있다.

5) 통합공고의 적용배제 품목

통합공고상의 요건확인 물품이라고 할지라도 다음에 해당하는 물품은 통합공고가 정한 요건 및 절차를 거치지 않고 수출입할 수 있다(통합공고 제12조)

가. 외화획득용 원료기재의 수입물품

나. 중계무역물품, 외국인수수입물품, 외국인도수출물품, 선(기)용품

다. 대외무역법 시행령 제19조에 의한 수출입승인 면제 물품

라. 적용 법령에서 요건확인 면제사유에 해당하는 경우

6) 전략물자수출입고시

산업통상자원부장관은 관계 행정기관의 장과 협의하여 대외무역법 제19조부터 제25조까지의 규정에 관한 요령을 고시하여야 한다(법 제26조). 여기서 말하는 대외무역법 제19조부터 제25조까지의 규정은 전략물자의 고시 및 수출허가, 전략물자의 판정, 수입목적확인서의 발급, 전략물자 등에 대한 이동중지명령, 전략물자의 중개, 자율준수무역거래자 등에 대한 규정을 가리킨다.

제3절 특정거래 형태의 수출입

1. 특정거래 형태 수출입의 의미

무역거래자 사이의 국제적인 거래의 방법은 계약 당사자의 이해관계가 일치하는 한 다양한 형태를 가질 수 있다. 무역을 활성화시키기 위하여 이러한 다양한 형태의 거래방법이 무역거래자의 창의력에 따라 개발될 수 있도록 그 가능성을 열어 놓는 것이 매우 중요하다.

대외무역법에서는 수출입승인제를 원칙적으로 폐지하여 수출입거래에 대하여 "원칙자유 예외제한"의 네거티브제도를 도입한 1997년 3월 이후부터 거래형태에 대해서도 네거티브제도를 적용하게 되었다. 그 결과, 특별한 제한이 요구되는 특정형태의 거래에 대해서는 산업통상자원부장관의 인정을 받아야 거래가 가능하도록 하고, 그 외의 거래형태에 대해서는 이러한 제한을 두지 않았다. 그러나 최근 특정형태의 거래를 신고방식으로 변경하였다가 특정거래형태의 신고제도 마져도 폐지하여 수출입거래형태에 대한 제한은 완저히 사라지게 되었다.

따라서 대외무역법에서는 신용장에 의한 거래, 추심방식에 의한 거래 그리고 송금방식에 의한 거래 등 일반적인 거래방식 외에 대외무역법 시행령 제2조 제4호부터 제14호까지의 규정에 해당하는 중계무역 등 11가지 거래형태를 특정거래형태라고만 규정하고 있을뿐이다.

이러한 특정거래 형태의 수출입과 관련하여 대외무역법에서는 "산업통상자원부장관은 물품 등의 수출 또는 수입이 원활히 이루어질 수 있도록 대통령령으로 정하는 물품 등의 수출입 거래 형태를 인정할 수 있다(법 제13조 ①항)"라고 규정하여 특정거래 형태를 인정하고 있다. 동 규정에서 의미하는 대통령령이 정하는 물품 등의 수출입거래라 함은 당해 거래의 전부 또는 일부가 다음 중의 하나에 해당하는 수출입거래 형태로서 산업통상자원부장관이 정하여 고시하는 기준에 해당하는 거래(이하 "특정거래 형태")를 말한다(영 제20조 ①항).

가. 산업통상자원부장관은 헌법에 따라 체결·공포된 조약과 일반적으로 승인된 국제법규에 따른 의무의 이행, 생물자원의 보호 등을 위하여 필요하다고 인정하면 물품 등의 수출 또는 수입을 제한하거나 금지(법 제11조 ①항)할 수 있는데, 이러한 수출 또는 수입의 제한을 회피할 우려가 있는 거래

나. 산업 보호에 지장을 초래할 우려가 있는 거래

다. 외국에서 외국으로 물품 등의 이동이 있고, 그 대금의 지급이나 영수(領收)가 국내에서 이루어지는 거래로서 대금 결제 상황의 확인이 곤란하다고 인정되는 거래

라. 대금 결제 없이 물품 등의 이동만 이루어지는 거래

2. 관계 행정기관장과의 협의 및 협조

산업통상자원부장관은 물품 등의 수출 또는 수입이 원활히 이루어질 수 있도록 대통령령으로 정하는 물품 등의 수출입 거래 형태를 인정할 수 있도록 하고 있다. 따라서 산업통상자원부장관이 인정한 수출입거래 형태가 외국환거래법 제15조 또는 제16조의 규정에 의하여 기획재정부장관의 허가를 받아야 하는 결제방법에 해당하는 경우에는 미리 기획재정부장관과 협의하도록 하고 있으며, 기획재정부장관이 외국환거래 관계 법령에 따라 무역대금 결제방법을 정하려면 미리 산업통상자원부장관과 협의하여야 한다(법 제13조 항).

특정거래 형태의 인정 절차, 인정의 유효기간, 그 밖에 필요한 사항은 산업통상자원부장관이 정하여 고시한다. 그러나 산업통상자원부장관은 특정거래 형태를 인정할 때에 새로운 거래 형태의 파악 등을 위하여 필요한 경우에는 관계 행정기관의 장에게 협조를 요청할 수 있다(영 제20조 ②항 및 ③항).

3. 특정거래 형태의 유형

산업통상자원부장관은 물품 등의 수출 또는 수입이 원활히 이루어질 수 있도록 대통령령으로 정하는 물품 등의 수출입 거래 형태를 인정할 수 있다(법 제13조 ①항). 따라서 산업통상자원부장관이 정하여 고시하는 기준에 해당하는 수출입거래 형태로는 다음과 같은 것들이 있다(규정 제2조 4호부터 14호).

1) 위탁판매수출

(1) 위탁판매수출의 의미

"위탁판매수출"이란 물품 등을 무환으로 수출하여 해당 물품이 판매된 범위 안에서 대금을 결제하는 계약에 의한 수출을 말한다(규정 제2조 4호). 이러한 형태의 수출은 위탁자, 즉 수출자가 수출대금을 받고 수출하는 것이 아니라 무상으로 물품 등이 이동되는 것이다. 따라서 수출된 물품의 소유권은 여전히 위탁자에게 있으므로, 수입국내의 수탁자가 판매하고 남은 물품은 위탁자 또는 수출자가 회수(재수입)한다. 그러므로 수탁자는 계약조건에 따라서 당해 물품 등을 판매하고 난 판매대금 중에서 수수료와 경비 등을 공제한 금액을 위탁자에게 송금하는 것이 일반적이다.

(2) 위탁판매수출의 특징

위탁판매 계약에 의한 수출은 수출대금을 즉시 회수할 수 없기 때문에 수출자 또는 위탁자에게 재정적인 부담이 생긴다. 그러나 브랜드 인지도가 낮거나 새로운 수출시장개척에 관한 의지가 있으며 재정적인 여유가 있는 경우에 활용된다.

이 방식에 의한 거래는 수탁자 또는 판매자의 입장에서 보면, 수입에 따른 재정 부담이 없으며, 물품의 관리책임만 있을 뿐 재고부담의 위험이 없으므로 위험부담이 매우 낮은 거래형태라고 하겠다.

(3) 유사한 거래형태

보세창고도 거래

보세창고도 거래(Bonded Warehouse Transaction)는 수출업자가 자신의 책임 하에 수입자의 보세창고에 물품을 반입시켜 보관해 둔 상태에서 수입업자의 요청이 있으면 즉시 물품을 판매하는 형태의 거래이다. 즉 수출업자가 물품이 판매될 때까지의 모든 비용을 부담하게 되는 것이다. 따라서 수출업자가 수입국내에 관리인을 지정하고, 매매 당사자가 확정되지 않은 상태에서 물품을 수입국내 보세창고에 무환으로 반입한 후 현지에서 매매계약이 성립되면 판매하는 일종의 위탁판매방식의 수출을 말한다. 우리나라는 네덜란드의 로테르담과 파나마의 콜롱(Colon)에 이러한 보세창고를 설치하여 보세창고도 거래에 활용하고 있다.

CTS(Central Terminal Station)거래

이 방식에 의한 거래는 수출업자가 수입국의 인가를 받아 현지 법인을 설립하고 그 법인에게 물품을 위탁하여 판매하는 방식이다. 따라서 현지에 설립된 법인은 자신의 명의로 물품을 수입하여 현지에서 판매하고 판매된 범위 내에서만 판매대금을 결제하는 거래이다. 우리나라는 네덜란드의 로테르담에 CTS를 설치하여 운영하고 있다.

2) 수탁판매수입

“수탁판매수입”이란 물품 등을 무환으로 수입하여 해당 물품이 판매된 범위 안에서 대금을 결제하는 계약에 의한 수입을 말한다(규정 제2조 5호). 이러한 형태의 수입은 수탁자, 즉 수입자가 수입대금을 지급하고 물품 등을 수입하는 것이 아니라 무상으로 물품 등이 외국에서 국내로 이동되는 것이다. 따라서 수입된 물품의 소유권은 여전히 위탁자에게 있으므로, 수탁자는 수입국내에서 판매하고 남은 물품은 수출자 또는 위탁자에게 반품(재수출)한다. 그러므로 수탁자는 계약조건에 따라서 당해 물품 등을 판매하고 난 판매대금 중에서 수수료와 경비 등을 공제한 금액을 위탁자 또는 수출자에게 송금하고 잔여 물품이 있으면 이를 반품(재수출)하는 것이 일반적인 거래 형태이다.

3) 위탁가공무역

(1) 위탁가공무역의 의미

"위탁가공무역"이란 가공임을 지급하는 조건으로 외국에서 가공(제조, 조립, 재생, 개조를 포함)할 원료의 전부 또는 일부를 거래 상대방에게 수출하거나 외국에서 조달하여 이를 가공한 후 가공물품 등을 수입하거나 외국으로 인도하는 수출입을 말한다(규정 제2조 6호). 외국에 위탁가공한 물품을 재수입하지 않고 가공국 또는 제3국으로 인도할 수도 있는 이러한 거래 형태는 외국의 저렴한 노동력이나 고도의 기술과 같은 외국의 생산요소를 이용하고자 하는 경우에 많이 사용된다. 우리나라의 경우에는 동남아 또는 중국의 저렴한 인건비를 이용하기 위하여 위탁가공에 의한 거래 형태를 많이 사용하고 있다.

(2) 위탁가공무역의 특징

외국에 위탁가공한 물품을 재수입하지 않고 제3국으로 인도하는 수출의 경우에는 외국인도수출로 인정되고 있으며, 제3국에서 원료의 전부 또는 일부를 조달하여 외국에 위탁가공하여 생산한 물품을 위탁가공국 또는 제3국으로 수출하는 경우에도 위탁가공무역이 성립된다.

4) 수탁가공무역

"수탁가공무역"이란 가득액을 영수(領收)하기 위하여 원자재의 전부 또는 일부를 거래 상대방의 위탁에 의하여 수입하여 이를 가공 한 후 위탁자 또는 그가 지정하는 자에게 가공물품 등을 수출하는 수출입을 말한다. 다만, 위탁자가 지정하는 자가 국내에 있음으로써 보세공장 및 자유무역지역에서 가공한 물품 등을 외국으로 수출할 수 없는 경우 「관세법」에 따른 수탁자의 수출·반출과 위탁자가 지정한 자의 수입·반입·사용은 이를 「대외무역법」(이하 "법")에 따른 수출·수입으로 본다(규정 제2조 7호).

이러한 수탁가공무역은 이를 위한 원자재의 전부 또는 일부를 수입할 때 유상 수입인지의 여부에 따라 유환 수탁가공무역과 무환 수탁가공무역으로 구분할 수 있으며, 무환 수탁가공무역이 주로 이루어지고 있다.

5) 임대수출

"임대수출"이란 임대(사용대차를 포함한다. 이하 같다) 계약에 의하여 물품 등을 수출하여 일정기간 후 다시 수입하거나 그 기간의 만료 전 또는 만료 후 해당 물품 등의 소유권을 이전하는 수출을 말한다(규정 제2조 8호).

이러한 형태의 거래는 주로 기계시설의 수출에 사용되며 기계시설의 제공에 따른 생산제품의 시장확보 및 기술상호협력 등에 활용된다. 임차수입자의 입장에서 보면 수입할 당시에 재정적인 부담을 줄일 수 있으며, 일정기간 임대사용 후 소유권을 이전 받을 수 있기 때문에 기계시설의 관리에 이점이 있다. 원칙적으로 임대기간이 만료되면 임대인이 재수입하여야 하거나 또는 임차인에게 소유권을 이전하여야 하나, 양 당사자 사이의 합의에 따라 제3국으로의 수출도 가능하다.

6) 임차수입

"임차수입"이란 임차(사용대차를 포함한다. 이하 같다) 계약에 의하여 물품 등을 수입하여 일정기간 후 다시 수출하거나 그 기간의 만료 전 또는 만료 후 해당 물품의 소유권을 이전받는 수입을 말한다(규정 제2조 9호).

이러한 형태의 거래는 주로 영세사업자의 설비투자 또는 외자도입업체가 생산시설을 추가로 도입하는 경에 활용되며, 임차 시설 또는 설비로 생산한 물품을 임대인에게 수출하는 경우가 대부분이다.

7) 연계무역

"연계무역"이란 물물교환(Barter Trade), 구상무역(Compensation trade), 대응구매(Counter purchase), 제품환매(Buy Back) 등의 형태에 의하여 수출·수

입이 연계되어 이루어지는 수출입을 말한다(규정 제2조 10호). 수출입이 연계되어야 하므로 대응 수출입의 의무가 제3국에 발생하는 경우는 연계무역에 해당되지 않는다. 만약 대응 수출입 의무가 제3국으로 전가되는 경우에는 복합거래로서 별도의 인정을 받아야 한다.

(1) 물물교환(Barter Trade)

물물교환은 물품과 물품이 직접 교환되는 단순한 물물교환의 거래 형태로서 환거래가 발생하지 않고 특정 물품의 수출에 대한 대가로서 교역상대국의 무역업자로부터 동일한 가치의 다른 물품을 수입하는 거래 형태이다.

따라서 물물교환은 하나의 계약서로 수출과 수입의 거래가 성립하며 물품의 인도 및 인수가 동시에 성립하게 되며, 환거래가 발생하지 않으며 신용장이 개설되지 않을 뿐만 아니라 교환되는 물품의 가치에 의해 수출입 무역거래의 양 당사자 간의 지불의무를 상계하게 되는 특징을 가지고 있다. 이러한 물물교환을 통한 무역거래는 대응 수입의무를 제3국에 전가하지 못한다.

(2) 구상무역(Compensation trade)

구상무역은 물물교환의 거래 형태를 취하고 있다는 점에서는 물물교환과 동일하지만, 환거래가 발생하며 제3국으로 대응 수입의무를 전가할 수 있다는 점 등이 물물교환과의 차이점이다. 이때, 대응 수입의무를 제3국으로 전가시키는 경우의 구상무역을 삼각 구상무역이라고 한다.

따라서 구상무역은 하나의 계약서로 수출과 수입의 거래가 성립하며, 수출입 당사자 간에 합의된 통화로 대금을 결제하기 때문에 환거래를 수반한다. 구상무역 형태의 거래를 성립시키기 위해서는 Back-to-Back L/C(동시개설신용장), Escrew L/C(기탁신용장), Tomas L/C(토마스신용장)과 같은 특수신용장을 개설하여 사용하는 특징이 있다.

구상무역에 따른 대응수입의 이행은 통상 3년 이내에 이루어지며, 대응 수입비율은 합의에 의해 결정된다. 이러한 대응 수입의무는 제3국에 전가하는 것이 가능하다.

(3) 대응구매(Counter purchase)

대응구매는 수출액의 일정 비율에 해당하는 물품을 대응 수입하여야 하는 점에서는 구상무역과 차이가 없지만, 수출과 수입에 관한 두 개의 계약서에 의하여 수출과 수입의 거래가 성립되기 때문에 형식상 완전히 구분된 두 개의 일반 거래이며 일반 신용장이 사용된다는 점에서 구상무역과 구분할 수 있다.

따라서 대응구매는 두 개의 서로 독립된 계약서를 통하여 수출과 수입거래가 성립하며, 수출입 당사자 간에 합의된 통화로 대금을 결제하기 때문에 환 거래를 수반한다. 대응구매 형태의 거래를 성립시키기 위해서는 두 개의 일반 신용장을 개설하여 사용하며, 대응 수입의무의 이행은 통상 5년 이내에 이루어지며, 대응 수입비율은 합의에 의해 결정된다. 이러한 대응 수입의무는 제3국에 전가하는 것이 가능하다.

(4) 제품환매(Buy Back)

제품환매는 플랜트, 기술, 장비 등의 수출에 대응하여 동 설비나 기술로 생산된 물품을 수입하는 거래 형태이다. 제품환매에 의한 거래는 그 범위가 매우 광범위하며, 기술이전을 수반하는 제품환매의 경우에는 산업협력(Industrial Cooperation)이라 불리기도 한다.

플랜트 수출의 결과 그러한 설비로 생산된 물품을 수입하는 대응수입을 위해서는 별도의 계약서를 작성하여야 하며, 대응 수입물품 역시 수출된 플랜트·기술·장비 등과 관련된 물품이어야 한다. 대응 수입의무의 이행은 통상 3년 내지 25년 이내에 이루어지며, 대응 수입의무를 제3국에 전가하는 것이 가능하다.

〈표 3-2〉 연계무역의 비교

	물물교환	구상무역	대응구매	제품환매
수출입계약서	하나의 계약서		별도 2개 계약서	
환 거래	없음	발생함		
신용장	개설 안됨	특수신용장	일반신용장	개설 안됨
대금결제	물품 결제	합의된 결제 통화		
대응수입비율	100%	합의에 의해 결정		
대응수입기간	동시교환, 1년이내	통상 3년 이내	통상 5년 이내	통상 3-25년 이내
수입의무 제3국전가	불가능	가능		

8) 중계무역

"중계무역"이란 수출할 것을 목적으로 물품 등을 수입하여 「관세법」 제154조에 따른 보세구역 및 같은 법 제156조에 따라 보세구역외 장치의 허가를 받은 장소 또는 「자유무역지역의 지정 등에 관한 법률」 제4조에 따른 자유무역지역 이외의 국내에 반입하지 아니하고 수출하는 수출입을 말한다(규정 제2조 11호). 따라서 중계무역이라 함은 수출할 것을 목적으로 물품 등을 수입하여 국내에 반입하지 않고 보세구역 또는 보세구역 외 장치허가를 받은 장소 또는 자유무역지역 이외의 보관하고 있다가 바로 수출하는 거래 형태를 가리킨다.

이러한 거래 형태는 물품 등의 국내와 외국간의 이동을 수출입으로 보고 있는 대외무역법 체계에서는 예외적인 것이라 할 수 있다. 그러므로 동 조항에서 수입이라 함은 국내로의 물품 등의 이동을 전제로 하는 있는 것이 아니다. 또 수출입 물품 등이 국내로 이동하는 경우에도 보세구역, 타소장치장 그리고 자유무역지역 이외의 국내로 반입하는 것은 금지하고 있다.

중계무역의 경우에 중계무역을 성사시키는 중간 상인은 매매차익을 목표로 하는 계약의 당사자로서 거래에 참여하게 된다. 따라서 중계무역을 성사시키는 중간상인이 원 수출자로부터 수입할 당시에는 제3국에 있는 최종 수입자가 결정되어 있지 않는 경우가 대부분이다. 예전에는 수출입 물품이 거래국내에서만 이동하는 거래는 중계무역에 포함시키지 않았지만, 1999년 대외무역법의 개정 이후에는 중계무역의 개념을 확대하여 거래국내에서만 이동하는 경우에도 중계무역으로 인정하고 있다. 그리고 우리나라의 중계상인이 북한과 제3국 사이에서 상품거래를 중계하는 경우에는 "남북교류협력에 관한 법률"의 규정에 따라 반출입승인을 받아야 한다.

이러한 중계무역과 유사한 거래형태로는 중개무역(Merchandising Trade), 통과무역(Passing or Transit Trade) 그리고 스위치무역(Switch Trade) 등을 들 수 있다.

(1) 중개무역

중계무역이란 수출입 당사자간의 거래가 제3국의 중개업자의 중개로 거래되는 거래 형태를 말한다. 이 경우 수출입 물품 등은 중개인이 소재하고 있는 제3국을 거치지 아니하지만 대금결제는 중개인이 소재하고 있는 제3국을 통하여 이루어진다. 이때, 당사자간의 수출입을 중개한 중간상인은 중개수수료를 목적으로 최종 수입업자와 또는 최초 수출업자와의 대리인으로 수출입거래에 개입하게 된다.

(2) 통과무역

통과무역이란 수출입 거래 물품 등이 수출국에서 수입국으로 바로 송부되지 않고 제3국을 통과하여 수입국으로 송부되는 거래형태를 가리킨다. 물품 등이 수출될 때 수입국이 이미 정해져 있는 상태로 제3국을 통과하는 점이 수출될 당시에 실제 수입국이 정해지지 아니한 채 중계항에 양륙되는 중계무역과의 차이 점이라고 할 수 있다.

(3) 스위치무역

스위치무역이란 수출입 당사자 사이에 직접 거래가 형성되고 물품 등도 수출국에서 수입국으로 직접 이동되는데 수출입 대금만은 제3국의 업자(Switcher)를 통하여 결제하도록 하는 거래 형태로서, 외환관리상의 편의 또는 금융수단의 채용이 필요한 경우에 이용한다.

9) 외국인수수입

"외국인수수입"이란 수입대금은 국내에서 지급되지만 수입 물품 등은 외국에서 인수하거나 제공받는 수입을 말한다(규정 제2조 12호). 즉, 수입대금은 국내의 외국환 거래은행을 통하여 지급되지만 수입물품은 국내로 반입되는 것이 아니라 외국에서 조달하여 외국에서 인수하거나 제공받도록 하는 거래 형태이다. 이는 우리나라 기업이 해외에서 진행하고 있는 산업설비·해외건설·해외직접투자·위탁가공무역 등에 필요한 원자재 또는 기자재 등을 외국에서 수입하여야 하는 경우 이를 바로 해외 현장에 인도함으로써 운송시간과 경비를 절간하기 위하여 이용되는 경우가 대부분이다.

10) 외국인도수출

"외국인도수출"이란 수출대금은 국내에서 영수하지만 국내에서 통관되지 아니한 수출 물품 등을 외국으로 인도하거나 제공하는 수출을 말한다(규정 제2조 13호). 즉, 수출대금은 국내의 외국환 거래은행을 통하여 영수하지만 수출물품은 국내에서 반출하는 것이 아니라 외국에서 조달하여 외국으로 인도하거나 제공하도록 하는 거래 형태이다. 이는 산업설비수출 · 해외건설 · 해외직접투자 · 위탁가공무역 등 해외산업현장에서 사용하던 장비 등을 해외 현지에서 매각하거나 또는 항해 중이거나 어로작업 중의 선박을 현지에서 매각하는 경우에 이용되는 거래 형태이다.

11) 무환수출입

"무환수출입"이란 외국환 거래가 수반되지 아니하는 물품 등의 수출 · 수입을 말한다(규정 제2조 14호). 이 경우 무환수출입은 유상무환과 무상무환으로 구분된다. 유상무환 수출입거래는 외국환 거래가 수반되지 않는 물품 등의 수출입으로 수 · 위탁판매와 수 · 위탁가공무역을 위한 원자재의 수출입과 임대차 수출입 그리고 물물교환 등이 해당되는 반면, 무상무환에는 대가를 지급하지 않는 물품 등의 수출입 거래로서 증여와 상속 등이 해당된다.

제4절 과학적인 무역업무의 처리기반 구축

1. 과학적인 무역업무 처리기반 구축의 배경

20세기 후반 정보화 사회의 도래와 함께 급격하게 확산되기 시작한 개인용 컴퓨터(PC)와 인터넷(Internet) 및 휴대용 컴퓨터의 사용은 국제적인 무역거래에서도 전자화된 정보교환과 업무처리가 가능한 환경을 제공하기에 이르렀다. 우리나라에서도 신속한 무역업무의 처리를 통한 비용절감 및 무역원활화를 통한 무역업체의 경쟁력 강화를 위하여 무역업무 자동화사업(EDI)을 추진하여 왔다. 그러나 이러한 사업은 무역거래자 사이의 계약체결 후의 무역업무 처리절차뿐만 아니라 물류, 통관, 금융 등 각 부문을 효율적으로 조화시키지 못하는 한계를 노출하고 있었다.

이러한 문제를 해결하고 급변하는 국제무역환경에 능동적으로 대응하기 위하여 대외무역법이 몇 차례에 걸쳐서 개정되었다. 이러한 대외무역법의 개정을 통하여 전자문서 교환체제의 구축, 질서있고 효율적인 수출입 거래의 성립을 가능하게 하는 전산관리체제의 개발운영, 필요한 경우 수출입거래에 관한 정보제공의 요청 등 무역업무의 과학적 처리를 위한 기반을 구축할 수 있는 규정의 도입과 동시에 온라인을 이용한 전자적 형태의 무체물(디지털 컨텐츠)의 거래까지 무역거래에 포함시킴으로써, 무역의 범위를 무형재에까지 확대할 수 있는 규정을 도입하게 되었다.

2. 과학적인 무역업무 처리기반의 구축

1) 전산관리체제의 개발 및 운영

산업통상자원부장관은 물품 등의 수출입 거래가 질서 있고 효율적으로 이루어질 수 있도록 대외무역통계시스템 및 전자문서 교환체계 등 과학적 무역업무의 처리기반을 구축하기 위하여 노력하여야 한다(법 제15조 ①항). 따라서 산업통상자원부장관은 물품 등의 수출입 거래가 질서 있고 효율적으로 이루어질 수 있도록 아래와 같은 전산관리체제를 개발·운영하여야 한다(영 제21조 ①항).

가. 무역거래자별 고유번호(이하 "무역업고유번호")의 부여 및 관리 등 수출입 통계 데이터베이스를 구축하기 위한 전산관리체제

나. 「불공정무역행위 조사 및 산업피해구제에 관한 법률」 제4조에 따른 불공정무역행위를 방지하기 위한 전산관리체제

다. 효율적인 수출입 거래를 위한 다음과 같은 전산관리체제

㉮ 부문별 무역전산관리체제를 유기적으로 연계하기 위한 전산관리체제

㉯ 관계 행정기관의 장이 필요하다고 인정하여 산업통상자원부장관과 협의하여 정한 해당 기관 소관의 무역 관련 전산관리체제

라. 그 밖에 무역업계의 요청에 따라 산업통상자원부장관이 필요하다고 인정하는 전산관리체제

산업통상자원부장관은 이러한 전산관리체제를 개발·운영하기 위하여 필요하다고 인정하면 그 경비의 일부를 해당 전산관리체제의 개발·운영에 필요한 정보를 제공한 기관에 지원할 수 있다(영 제21조 ②항).

2) 수출입거래에 관한 정보

산업통상자원부장관은 과학적 무역업무의 처리기반을 구축하기 위하여 필요하다고 인정되면 관계 행정기관의 장에게 대통령령으로 정하는 바에 따라

통관기록 등 물품 등의 수출입 거래에 관한 정보를 제공하도록 요청할 수 있다. 이 경우 관계 행정기관의 장은 이에 협조하여야 하며(법 제15조 ②항), 이때 정보의 제공 시기 및 방법, 정보의 형태, 그 밖에 정보 수집에 관하여 필요한 사항은 산업통상자원부장관이 정한다(법 제15조 ③항). 따라서 산업통상자원부장관은 필요한 전산관리체제를 개발・운영하는 데에 필요하면 관세청장에게 아래와 같은 정보를 요청할 수 있다(영 제22조 ①항).

가. 관세법에 따라 신고한 무역거래자의 상호, 성명 등 무역거래자에 관련된 정보

나. 관세법에 따라 신고한 각 신고별 신고 수리일, 수출 또는 수입 물품의 품명・수량・금액, 거래 형태 등에 관련된 정보로서 산업통상자원부장관이 정하는 정보

산업통상자원부장관은 전자무역을 촉진하기 위한 전산관리체제를 개발・운영하기 위하여 관세청장으로부터 수집한 통관 관련 정보(영 제22조 ①항), 산업통상자원부장관의 권한을 위임받거나 위탁받은 자의 업무 처리 결과 보고(영 제92조 ②항) 및 수출이 제한되거나 금지된 물품 등, 전략물자 또는 물품 등에 대한 수출허가나 상황허가를 받은 자 또는 수출허가나 상황허가를 받지 아니하고 수출하거나 수출하려고 한 자가 제출한 보고 또는 자료(법 제48조 ①항)에 따라 수집된 관련 정보를 종합적으로 분석・관리하여야 한다(영 제22조 ②항). 이때, 보고시기, 보고방법 등에 관하여 필요한 사항은 산업통상자원부장관이 정한다(영 제22조 ③항).

뿐만 아니라 관계 행정기관의 장은 대외무역법의 목적의 범위에서 필요하다고 인정되면 산업통상자원부장관에게 구축된 물품 등의 수출입 거래에 관한 정보를 제공하도록 요청할 수 있다. 이 경우 산업통상자원부장관은 이에 협조하여야 한다(법 제15조 ③항).

3) 용역이나 전자적 형태의 무체물의 수출입 확인

산업통상자원부장관은 용역이나 전자적 형태의 무체물을 수출입한 자가 수출입에 관한 지원을 받기 위하여 수출입 사실의 확인을 신청하면 수출입 확인을 할 수 있으며(영 제23조 ①항), 이러한 수출입 확인에 필요한 세부 절차 등은 산업통상자원부장관이 정하여 고시한다(영 제23조 ②항).

3. 무역업 고유번호

산업통상자원부장관은 전산관리체제의 개발・운영을 위하여 무역거래자별 무역업고유번호를 부여할 수 있으며, 이러한 무역업고유번호를 부여받으려는 자는 별지 제1호 서식에 의하여 우편, 팩시밀리, 전자우편, 전자문서교환체제(EDI) 등의 방법으로 한국무역협회장에게 신청하여야 하며, 한국무역협회장은 접수 즉시 신청자에게 고유번호를 부여하여야 한다(규정 제24조 ①항 및 ②항).

무역업고유번호를 부여받은 자가 상호, 대표자, 주소, 전화번호 등의 변동사항이 발생한 경우에는 별지 제2호의 서식에 의한 무역업고유번호신청사항변경통보서에 따라 변동사항이 발생한 날부터 20일 이내에 한국무역협회장에게 알리거나 한국무역협회에서 운영하고 있는 무역업 데이터베이스에 변동사항을 수정입력하여야 한다(규정 제24조 ③항).

그리고 무역업고유번호를 부여받은 자가 합병, 상속, 영업의 양수도 등 지위의 변동이 발생하여 기존의 무역업고유번호를 유지 또는 수출입실적 등의 승계를 받으려는 경우에는 변동사항에 대한 증빙서류를 갖추어 무역업고유번호의 승계 등을 한국무역협회장에게 신청할 수 있다(규정 제24조 ④항).

한국무역협회장은 무역업고유번호의 부여 및 변경사항을 확인하고 무역업고유번호관리대장 또는 무역업 데이터베이스에 이를 기록 및 관리하여야 하며, 무역거래자는 관세법에 따른 수출(입)신고시 무역업고유번호를 수출(입)자 상호명과 함께 기재하여야 한다(규정 제24조 ⑤항 및 ⑥항).

제5절 외화획득용 원료 · 기재

1. 외화획득용 원료 · 기재의 수입

외화획득용 원료 · 기재의 수입제도는 외화획득용 원료 · 기재가 수입된 후 국내에서 소비 · 사용되거나 또는 국내에서 소비 · 사용될 물품 등을 제조 · 가공하는 것이 아니라, 국내에서 제조 · 가공하여 다시 수출하거나 국내에서 외화를 받고 군납 · 관광 · 선용품 등의 외화획득용 물품 등을 공급하는데 사용되는 것으로 궁극적으로 외화획득과 밀접한 관계가 있다.

그러므로 산업통상자원부장관은 원료, 시설, 기재(機材) 등 외화획득을 위하여 사용되는 물품 등(이하 "원료 · 기재")의 수입에 대하여는 여타 수입승인 대상 물품 등에 부과할 수 있는 품목별 수량 · 금액 · 규격 및 수출 또는 수입지역 등(법 제11조 ①항)을 한정하지 아니할 수 있다. 다만, 국산 원료 · 기재의 사용을 촉진하기 위하여 필요한 경우에는 여전히 품목별 수량 · 금액 · 규격 및 수출 또는 수입지역 등을 한정할 수 있다(법 제16조 ①항). 다시 말하자면 내수용이 아닌 수출용 원자재 즉 외화획득용 원료 · 기재를 수입하는 경우에는 보통 수출신용장이나 D/P, D/A 계약서 등에 근거하여 소요량 증명서를 발급받아 인정되는 범위 내에서 수출입공고 상의 품목제한 규정을 적용하지 않고 우선적으로 수입할 수 있다는 것이다. 그러나 국산의 원료 · 기재 사용 촉진과 수입대체 산업의 육성 등을 위해 필요한 경우에는 여전히 품목별 수량금액규격 및 수출 또는 수입지역 등에 대한 제한을 둘 수 있다는 것이다. 이러한 제한을 두는 경우에는 산업통상자원부장관은 그 제한하려는 품목 및 수입에 필요한 절차를 따로 정하여 고시하여야 한다(영 제24조 ②항). 그리고 산업통상자원부장관은 품목별 수량 · 금액 · 규격 및 수출 또는 수입지역 등을 한정하지 아니하는 원료 · 기재의 범위, 품목 및 수량을 정하여 공고할 수 있다(법 제16조 ②항).

2. 용어의 정의

"외화획득용 원료 · 기재"란 외화획득용 원료, 외화획득용 시설기재, 외화획득용 제품, 외화획득용 용역 및 외화획득용 전자적 형태의 무체물을 말한다(영 제2조의 5호부터 10호). 그리고 여기서 외화라 함은 외국환거래법령에 따른 대외지급수단을 말한다(규정 제2조 1호).

1) 외화획득용 원료

"외화획득용 원료"란 외화획득에 제공되는 물품과 용역 및 전자적 형태의 무체물(이하 "물품 등")을 생산(제조 · 가공 · 조립 · 수리 · 재생 또는 개조하는 것)하는 데에 필요한 원자재 · 부자재 · 부품 및 구성품을 말한다(영 제2조 6호).

2) 외화획득용 시설기재

"외화획득용 시설기재"란 외화획득에 제공되는 물품 등을 생산하는 데에 사용되는 시설 · 기계 · 장치 · 부품 및 구성품(물품 등의 하자(瑕疵)를 보수하거나 물품 등을 유지 · 보수하는 데에 필요한 부품 및 구성품 포함)을 말한다(영 제2조 7호).

3) 외화획득용 제품

"외화획득용 제품"이란 수입한 후 생산과정을 거치지 아니한 상태로 외화획득에 제공되는 물품 등을 말한다(영 제2조 8호). 그러므로 외화획득용 제품이란 수출을 전제로 수입하는 것이 아니라 완제품을 수입한 후 국내에서 외화획득을 위하여 사용되는 것이다. 따라서 이러한 외화획득용 제품은 한국관광용품센터가 수입하는 식자재 · 수입물품 공급업자가 수입하는 선용품 · 군납업자가 수입하는 군납용 물품 등으로 국내 거주 외국인 또는 외국 관광객 등에게만 공급되도록 제한하고 있다.

4) 외화획득용 용역과 전자적 형태의 무체물

"외화획득용 용역"이란 외화획득에 제공되는 물품 등을 생산하는 데에 필요한 용역을 말하며(영 제2조 9호), "외화획득용 전자적 형태의 무체물"이란 외화획득에 제공되는 물품 등을 생산하는 데에 필요한 전자적 형태의 무체물을 말한다(영 제2조 10호).

5) 구매확인서와 내국신용장

"구매확인서"란 외화획득용 원료 · 기재를 구매하려는 경우 또는 구매한 경우 외국환은행의 장 또는 「전자무역 촉진에 관한 법률」 제6조에 따라 산업통상자원부장관이 지정한 전자무역기반사업자가 내국신용장에 준하여 발급하는 증서(구매한 경우에는 구매확인서 신청인이 세금계산서를 발급받아 「부가가치세법 시행규칙」 제9조의 2에서 정한 기한 내에 신청하여 발급받은 증서)를 말한다(규정 제2조 18호). 그리고 "내국신용장"이란 한국은행총재가 정하는 바에 따라 외국환은행의 장이 발급하여 국내에서 통용되는 신용장을 말한다(규정 제2조 19호).

6) 평균 손모량, 손모율 및 단위실량

"평균 손모량"이란 외화획득용 물품 등을 생산하는 과정에서 생기는 원자재의 손모량(손실량 및 불량품 생산에 소요된 원자재의 양 포함)의 평균량을 말하며(규정 제2조 20호), "손모율"이란 평균 손모량을 백분율로 표시한 값을 말한다(규정 제2조 21호). 그리고 "단위실량"이란 외화획득용 물품 등 1단위를 형성하고 있는 원자재의 양을 말한다(규정 제2조 22호).

7) 기준 소요량, 단위자율소요량 및 소요량

"기준 소요량"이란 외화획득용 물품 등의 1단위를 생산하는 데에 소요되는 원자재의 양을 고시하기 위한 것으로서 단위실량과 평균 손모량을 합한 양을 말한다(규정 제2조 23호).

"단위자율소요량"이란 기준 소요량이 고시되지 아니한 품목에 대하여 외화획득용 물품 등 1단위를 생산하는 데에 소요된 원자재의 양을 해당 기업이 자율적으로 산출한 것으로서 단위실량과 평균 손모량을 합한 양을 말한다(규정 제2조 24호).

"소요량"이란 외화획득용 물품 등의 전량을 생산하는 데에 소요된 원자재의 실량과 손모량을 합한 양을 말한다(규정 제2조 25호).

8) 자율소요량계산서

"자율소요량계산서"란 외화획득을 이행하는 데에 소요된 원자재의 양을 해당 기업이 자체 계산한 서류를 말한다(규정 제2조 26호).

9) 사후 관리기관의 장

"사후 관리기관의 장"이란 각종 수출 또는 수입승인의 이행상황을 확인하고 그 결과에 따라 필요한 조치를 하는 업무를 담당하도록 산업통상자원부장관이 지정·고시한 기관·단체의 장을 말한다(규정 제2조 27호).

10) 수출유망중소기업 및 유통업자

"수출유망중소기업"이란 산업통상자원부장관이 정한 "수출유망중소기업 지원요령"에 따라 수출유망중소기업으로 지정된 업체를 말한다(규정 제2조 17호).

"유통업자"란 「부가가치세법」에 따른 사업자등록증상의 도매업자(한국표준산업분류상의 도매업 영위자), 조달청 및 「중소기업 협동조합법」에서 정하는 중소기업 협동조합을 말한다(규정 제2조 28호).

3. 외화획득용 원료 · 기재

1) 외화획득용 원료 · 기재의 수입승인

헌법에 따라 체결 · 공포된 조약과 일반적으로 승인된 국제법규에 따른 의무의 이행, 생물자원의 보호 등을 위하여 지정하는 물품 등(영 제17조)에 해당하여 수입승인 대상으로 지정된 물품 등을 외화획득용 원료 · 기재로 수입하려는 자는 산업통상자원부장관이 정하여 고시하는 기준에 따라 산업통상자원부장관의 승인을 받아야 한다(영 제24조 ①항). 그러나 산업통상자원부장관은 국산 원료 · 기재의 사용을 촉진하기 위하여 외화획득용 원료 · 기재의 수입을 제한하려는 경우에는 그 제한하려는 품목 및 수입에 필요한 절차를 따로 정하여 고시하여야 한다(영 제24조 ②항).

(1) 외화획득용 원료의 수입승인 기관

외화획득용 원료의 수입승인에 관한 권한을 위임 · 위탁받은 기관 · 단체(이하 "외화획득용 원료의 승인기관")의 장은 외화획득용 원료의 수입에 대하여는 수량제한을 받지 아니하고 승인할 수 있다(규정 제33조 ①항 본문). 다만, 국산 원료 · 기재의 사용을 촉진하기 위기 위하여 수입을 제한하는 품목에 해당하는(영 제24조 ②항) 농림수산물의 경우에는, 해당 품목을 관장하는 중앙행정기관의 장 또는 그 중앙행정기관의 장이 지정하는 기관의 장이 정하는 수입승인요령(규정 제34조)에 따라 수입승인하여야 한다(규정 제33조 ①항 단서).

(2) 외화획득용 원료 수입승인시 확인

외화획득용 원료의 승인기관의 장은 외화획득용 원료의 수입승인을 할 때에는 외화획득용 원료 수입승인신청서(별지 제12호 서식)에 다음에 해당하는 사항 등 기재사항이 적정한지를 확인하여야 한다(규정 제35조).

가. 외화획득 이행의무자의 사후 관리기관(수입대행의 경우에는 실수요자의 사후 관리기관)

나. 농림수산물의 경우에는 농림수산물 수입승인요령(규정 제33조 ①항 단서)에 따른 수입승인 여부

2) 외화획득의 의무

외화획득용 원료·기재를 수입한 자와 수입을 위탁한 자는 그 수입에 대응하는 외화획득을 하여야 한다(법 제16조 ③항 본문). 따라서 산업통상자원부장관은 품목별 수량·금액·규격 및 수출 또는 수입지역 등을 한정하지 아니하는 외화획득용 원료·기재의 범위, 품목 및 수량을 정하여 공고할 수 있으며, 외화획득의 범위, 이행기간, 확인방법, 그 밖에 필요한 사항은 대통령령으로 정한다(법 제16조 ②항 및 ④항).

(1) 외화획득의 범위

외화획득의 범위는 다음 중의 어느 하나에 해당하는 방법에 따라 외화를 획득하는 것으로 하며(영 제26조 ①항), 무역거래자가 외국의 수입업자로부터 수수료를 받고 행한 수출 알선은 외화획득행위에 준하는 행위로 본다(영 제26조 ②항).

가. 수출

나. 주한 국제연합군이나 그 밖의 외국군 기관에 대한 물품 등의 매도

다. 관광

라. 용역 및 건설의 해외 진출

마. 국내에서 물품 등을 매도하는 것으로서 산업통상자원부장관이 정하여 고시하는 기준에 해당하는 것으로 다음 중의 어느 하나에 해당하는 거래(규정 제31조)

㉮ 외국인으로부터 외화를 받고 국내의 보세지역에 물품 등을 공급하는 경우

㉯ 외국인으로부터 외화를 받고 공장건설에 필요한 물품 등을 국내에서 공급하는 경우

㉰ 외국인으로부터 외화를 받고 외화획득용 시설 · 기재를 외국인과 임대차계약을 맺은 국내업체에 인도하는 경우

㉱ 정부 · 지방자치단체 또는 정부투자기관이 외국으로부터 받은 차관자금에 의한 국제경쟁입찰에 의하여 국내에서 유상으로 물품 등을 공급하는 경우(대금 결제통화의 종류 불문)

㉲ 외화를 받고 외항선박(항공기)에 선(기)용품을 공급하거나 급유하는 경우

㉳ 절충교역거래(off set)의 보완거래로서 외국으로부터 외화를 받고 국내에서 제조된 물품 등을 국가기관에 공급하는 경우

여기서 말하는 절충교역거래라 함은 군수장비, 상업용 항공기, 고속전철차량 등 고도기술제품을 구매하는 경우에 거래 상대방 즉 공급자에게 이들 제품에 소요될 부품의 일부를 동 제품의 수입국으로부터 구매하여 사용하게 하거나 기술이전 등을 요구하는 거래 형태를 의미한다.

(2) 외화획득용 원료의 범위

산업통상자원부장관은 품목별 수량 · 금액 · 규격 및 수출 또는 수입지역 등을 한정하지 아니하는 외화획득용 원료 · 기재의 범위, 품목 및 수량을 정하여 공고할 수 있는데, 이때 외화획득용 원료의 범위는 다음과 같다(규정 제32조).

가. 수출실적으로 인정되는 수출 물품 등을 생산하는 데에 소요되는 원료(포장재, 1회용 파렛트 포함)

나. 외화가득율(외화획득액에서 외화획득용 원료의 수입금액을 공제한 금액이 외화획득액에서 차지하는 비율)이 30퍼센트 이상인 군납용 물품 등을 생산하는 데에 소요되는 원료

다. 해외에서의 건설 및 용역사업용 원료

라. 국내에서 물품 등을 매도하는 것으로서 산업통상자원부장관이 정하여 고시하는 기준에 해당하는(규정 제31조 각 호) 외화획득용 물품 등을 생산하는 데에 소요되는 원료

마. 가.부터 라.까지의 규정에 따른 원료로 생산되어 외화획득이 완료된 물품 등의 하자 및 유지보수용 원료

이러한 외화획득용 원료에는 생산과정에 직접 투입되는 소모성 원료(포장재, 계면활성제 등)는 비록 최종 생산제품에는 포함되어 있지 않는다 하더라도 외화획득용 원료에 포함된다. 그러나 반복적으로 사용되는 내구성기자재(바늘 등), 전기, 수돗물 등은 외화획득용 원료에 포함되지 아니한다.

(3) 외화획득용 원료 · 기재의 품목 및 수량

산업통상자원부장관은 원료, 시설, 기재(機材) 등 외화획득을 위하여 사용되는 원료 · 기재의 범위, 품목 및 수량을 정하여 공고하는 경우의 외화획득용 원료 · 기재의 수량은 외화획득을 위한 물품 등의 1단위를 생산하기 위하여 제공되는 외화획득용 원료 · 기재의 기준 소요량을 말한다(영 제25조 ①항). 그리고 산업통상자원부장관은 이러한 외화획득용 원료 · 기재의 기준 소요량을 정하는 경우에는 해당 물품 등을 생산하는 데에 필요한 실제 수량 외에 생산 공정에서 생기는 평균 손모량(損耗量)을 포함시킬 수 있으며, 외화획득용 원료 · 기재의 품목별 소요량에 관한 계산서의 작성 기준 및 방법 등에 관하여 필요한 사항은 산업통상자원부장관이 정하여 고시한다(영 제25조 ②항 및 ③항).

3) 외화획득의 의무 이행자 및 이행기간

(1) 외화획득 의무 이행자

외화획득용 원료 · 기재를 수입한 자와 수입을 위탁한 자는 그 수입에 대응하는 외화획득을 하여야 한다. 다만, 수입한 외화획득용 원료 · 기재 또는 그 원료 · 기재로 제조된 물품 등을 부득이한 사유로 인하여 당초의 목적 외의 용도로 사용(법 제17조 ①항)하기 위하여 산업통상자원부장관의 승인을 받은 경우에는 그러하지 아니하다(법 제16조 ③항).

그러므로 외화획득용 원료 · 기재를 수입한 자와 수입을 위탁한 자는 산업

통상자원부장관으로부터 외화획득용 원료 · 기재의 목적 외 사용승인을 받은 경우 이외에는 그러한 수입에 대응하는 외화획득을 하여야 하는 외화획득 의무 이행자이다.

외화획득용으로 수입한 원료 · 기재 또는 그 원료 · 기재로 제조된 물품 등을 당초의 목적과 같은 용도로 사용하거나 수출하려는 자에게 양도(讓渡)하려는 때에는 양도하려는 자와 양수(讓受)하려는 자가 함께 산업통상자원부장관의 승인을 받아야 한다. 다만, 사후관리가 면제되는 외화획득용 원료 · 기재 또는 그 원료 · 기재로 제조된 물품(영 제29조) 등에 대하여는 그러하지 아니하다(법 제17조 ②항). 따라서 외화획득 의무 이행자의 범위는 다음과 같다.

가. 외화획득용 원료 · 기재를 수입한 자

나. 외화획득용 원료 · 기재의 수입을 위탁한자

다. 구매자 – 내국신용장 · 구매확인서에 의하여 수입된 외화획득용 원료 · 기재 또는 당해 외화획득용 원료 · 기재로 생산된 물품을 공급받은 경우

라. 양수자 – 수입된 외화획득용 원료 · 기재 또는 당해 외화획득용 원료 · 기재로 생산한 물품을 양수한 경우

왜냐하면 외화획득 의무 이행자가 외화획득을 위하여 원료 · 기재를 사용하여 생산물 물품 등을 공급하거나 양도한 경우에는 외화획득 이행 의무도 함께 양도한 것으로 보기 때문이다.

(2) 외화획득 의무 이행기간

외화획득의 이행기간은 다음의 구분에 따른 기간의 범위에서 산업통상자원부장관이 정하여 고시하는 기간으로 한다(영 제27조 ①항).

가. 외화획득용 원료 · 기재를 수입한 자가 직접 외화획득의 이행을 하는 경우 : 수입통관일 또는 공급일부터 2년

나. 다른 사람으로부터 외화획득용 원료 · 기재 또는 그 원료 · 기재로 제조된 물품등을 양수한 자가 외화획득의 이행을 하는 경우 : 양수일부터 1년

다. 외화획득을 위한 물품등을 생산하거나 비축하는 데에 2년 이상의 기간

이 걸리는 경우 : 생산하거나 비축하는 데에 걸리는 기간에 상당하는 기간

라. 수출이 완료된 기계류의 하자 및 유지 보수를 위한 외화획득용 원료·기재인 경우: 하자 및 유지 보수 완료일부터 2년

(3) 외화획득 이행기간의 연장

외화획득 이행의무자는 이행기간 내에 외화획득의 이행을 할 수 없다고 인정되면 산업통상자원부장관이 정하는 서류를 갖추어 산업통상자원부장관에게 그 기간의 연장을 신청하여야 한다(영 제27조 ②항). 즉 외화획득의 이행기간을 연장하려는 자는 그 기간 종료일 전에 관할 특별시장·광역시장·도지사 또는 특별자치도지사(이하 "시·도지사")에게 외화획득 이행기간 연장신청을 하면(규정 제39조 ②항), 시·도지사는 다음 각 호의 어느 하나에 해당하는 경우 1년의 범위 내에서 외화획득 이행기간을 연장할 수 있다(규정 제40조 ③항).

가. 생산에 장기간이 소요되는 경우

나. 제품생산을 위탁한 경우 그 공장의 도산 등으로 인하여 제품 생산이 지연되는 경우

다. 외화획득 이행의무자의 책임 있는 사유가 없음에도 신용장 또는 수출계약이 취소된 경우

라. 외화획득이 완료된 물품의 하자보수용 원료 등으로서 장기간 보관이 불가피한 경우

마. 그 밖에 부득이한 사유로 외화획득 이행기간 내에 외화획득 이행이 불가능하다고 인정되는 경우

시·도지사가 외화획득 이행기간 연장을 승인한 때에는 그 사실을 신청자와 외화획득용 원료 등에 대한 사후 관리에 관한 권한(영 제28조)을 위임·위탁받은 기관·단체(이하 "외화획득용 원료 등의 사후 관리기관")의 장에게 알려야 한다(규정 제39조 ④항).

이러한 규정에도 불구하고 국산 원료·기재의 사용을 촉진하기 위하여 수

입을 제한하려는 농림수산물의 외화획득 이행기간 및 그 연장에 대하여는 해당 품목을 관장하는 중앙행정기관의 장이 정한다(규정 제40조).

4. 외화획득용 원료 · 기재의 사후 관리

1) 외화획득용 원료 · 기재의 사후 관리

산업통상자원부장관은 승인을 받아 수입한 외화획득용 원료 · 기재 및 그 원료 · 기재로 제조된 물품 등에 대하여는 외화획득 이행의무자의 외화획득 이행 여부를 사후 관리하여야 한다(영 제28조 ①항).

(1) 원료 등의 사후 관리의 대상

사후 관리기관의 장은 영 제24조에 따른 원료 등에 대하여 사후 관리를 하여야 한다. 다만, 다음의 어느 하나에 해당하는 경우에는 사후 관리를 하지 아니할 수 있다(규정 제41조).

가. 영 제29조제1호부터 제3호까지의 규정에 해당하는 경우

나. 영 제29조제4호에 따라 산업통상자원부장관이 사후 관리를 할 필요성이 없어진 것으로 인정하는 다음의 어느 하나에 해당하는 경우

㉮ 수입승인을 받아 수입한 품목이 수입승인 대상에서 제외되는 원료 등

㉯ 외화획득의 이행을 위하여 보세공장 및 보세창고 또는 자유무역지역에 반입되는 원료 등

(2) 원료 등의 사후 관리기관

외화획득용 원료의 사후 관리기관은 다음과 같다(규정 제42조).

가. 외화획득용 원료 중 농림수산물에 대한 사후 관리는 해당 품목을 관장하는 중앙행정기관의 장 또는 중앙행정기관의 장이 지정하는 기관의 장

나. 농림수산물 등을 제외한 원료 등의 사후 관리는 해당 외화획득 원료의 승인기관의 장

다. 자율관리기업으로 선정된 자가 수입(국내구매 또는 양수 포함)한 원료 등의 사후 관리는 해당 자율관리기업의 장

2) 자율관리기업

산업통상자원부장관은 산업통상자원부장관이 정하여 고시한 요건을 갖춘 자가 수입승인을 받아 수입한 외화획득용 원료·기재에 대하여는 수입승인을 받은 자가 사후 관리하도록 할 수 있다. 외화획득용 원료·기재를 양수한 자로서 산업통상자원부장관이 정하여 고시한 요건을 갖춘 자의 경우에도 또한 같다(영 제28조 ②항).

(1) 자율관리기업의 선정

자율적으로 사후 관리를 할 수 있는 기업의 선정 요건은 다음과 같다(규정 제43조 ①항).

가. 전년도 수출실적이 미화 50만 달러 상당액 이상인 업체,

나. 수출 유공으로 포상(훈·포장 및 대통령표창)을 받은 업체(84년도 이후 포상받은 업체만 해당) 또는 중견수출기업

다. 과거 2년간 미화 5천 달러 상당액 이상 외화획득 미이행으로 보고된 사실이 없는 업체

자율관리기업은 기술표준원장이 수시로 해당업체를 선정하며(규정 제43조 ②항), 자율관리기업으로 선정 받으려는 자는 다음의 서류를 첨부하여 기술표준원장에게 신청하여야 한다(규정 제43조 ③항).

가. 수출실적증명서

나. 외화획득용 원료의 승인기관의 장의 외화획득의무 성실이행확인서(과거 2년간 미화 5천 달러 상당액 이상 외화획득 미이행으로 보고된 사실이 없다는 사실 확인 내용 포함)

다. 자율관리규정

라. 원료 등을 용도 외에 사용하지 아니할 것임을 약속하는 각서

기술표준원장이 자율관리기업을 선정한 때에는 산업통상자원부장관, 세관장에게 그 사실을 알려야 하며, 자율관리기업으로 선정 받은 자는 자율관리규정에 따라 사후 관리를 하여야 한다. 그리고 자율관리기업은 매 반기 종료 다음 달 말일까지 대응 외화획득이행내역(별지 제28호 서식)을 기술표준원장에게 보고하여야 한다(규정 제43조 ④항부터 ⑥항).

(2) 자율관리기업의 선정 취소

기술표준원장은 자율관리기업으로 선정 받은 자가 다음의 어느 하나에 해당하는 경우에는 그 선정을 취소할 수 있다. 이때 취소된 기업은 취소한 날부터 3년 이내에는 재선정될 수 없다(규정 제43조 ⑦항).

가. 원료 등을 타 상사에 공급하고 공급이행내역을 알리지 아니하거나 승인 없이 원료 등을 사용목적 이외의 용도에 사용하거나 양도 또는 양수한 때

나. 파산 등으로 사후 관리가 불가능할 때

다. 법 또는 법에 의한 명령이나 처분을 위반한 때

3) 자율소요량계산서

(1) 기준소요량

기준 소요량은 다음 중 어느 하나의 방법에 따라 책정하며 「부가가치세법 시행령」 제69조 ①항, 「소득세법 시행령」 제144조 ①항 및 「법인세법 시행령」 제105조 ①항에 따른 생산수율을 감안하여 책정할 수 있다(규정 제54조 ①항).

가. 현장조사

나. 문헌조사

다. 실물 및 카다로그 조사

라. 신청자 제시자료에 의한 조사

마. 유사품의 소요량 적용

그리고 기준 소요량을 책정할 때에는 다음 사항 중 필요한 최소한의 사항만을 조사하여야 한다(규정 제54조 ②항).

가. 제조공정 및 공정도
나. 공정별 손모율·손모상태 및 그 발생원인
다. 원료 등의 배합비율

(2) 기준 소요량의 고시

외화획득용 물품 등의 생산을 관장하는 중앙행정기관의 장(산업통상자원부장관이 관장하는 품목 중 목재가구는 국립산림과학원장, 그 밖의 품목은 기술표준원장)은 소관 품목 중 사후 관리 대상 원료 등에 대하여 책정한 기준 소요량을 고시할 수 있다(규정 제55조 ①항).

사후 관리기관 또는 수출업체는 기준 소요량이 고시되지 않은 해당 품목이 계속적인 수출이 예상되는 등 기준 소요량의 고시가 필요하다고 판단되는 때에는 해당 품목에 대하여 기준 소요량 책정자료를 첨부하여 고시 기관에 기준 소요량 고시를 요청할 수 있으며 고시기관은 이를 가능한 한 고시하여야 한다. 다만, 기준 소요량이 빈번히 바뀌거나 농산물인 경우에는 그러하지 아니할 수 있다(규정 제55조 ②항).

수출 물품 등의 생산을 관장하는 중앙행정기관의 장(산업통상자원부장관이 관장하는 품목 중 목재가구는 국립산림과학원장, 그 밖의 품목에 대하여는 기술표준원장)은 기준 소요량을 고시하는 데에 필요한 자료를 해당 외화획득 행위를 하는 자에게 제출하게 할 수 있다(규정 제55조 ③항).

(3) 자율소요량계산서 작성

사후 관리 대상 품목을 외화획득용 원료 등으로 사용하거나 공급한 업체는 자율소요량계산서(별지 제20호의 서식)에 따라 해당 업체가 자율적으로 작성하여야 하며, 자율소요량계산서는 단위자율소요량 또는 기준 소요량에 외화획득용 물품 등의 수량을 곱한 물량으로 표시하며 단위자율소요량의 산출근거를 품목 및 규격별로 명확히 표시하여야 한다(규정 제56조 ①항 및 ②항). 그리고 기준 소요량이 고시된 품목이라 하더라도 수출계약서 등의 관련 서류에 소요원료의 품명·규격 및 수량 등이 표시된 경우에는 이에 따라 자율소요량계산서를 작성할 수 있다(규정 제56조 ③항).

(4) 세부절차 및 지도 · 감독

기준 소요량 고시기관이 업무수행을 위하여 필요한 세부지침을 정하려는 경우에는 미리 산업통상자원부장관과 협의하여야 하며, 해당 외화획득용 물품 등의 생산을 관장하는 중앙행정기관의 장이 분명하지 아니할 경우에는 산업통상자원부장관과 협의하여야 한다(규정 제57조 ①항 및 ②항).

기술표준원장은 자율소요량계산서의 작성 및 운용 등과 관련하여 다음 사항을 지도 · 감독할 수 있다. 이 경우 필요한 때에는 기준 소요량을 고시한 중앙행정기관의 장과 합동으로 지도 · 감독할 수 있다(규정 제58조).

가. 자율소요량계산서 작성업무에 대한 교육

나. 자율소요량계산서의 작성 및 운용실태 조사

다. 자율소요량계산서 제도와 관련한 제 규정 이행실태

4) 외화획득용 원료 등의 사후 관리

외화획득용 원료 등의 사후 관리는 외화획득 이행의무자별 및 품목별로 매 분기에 수입한 총량을 대상으로 행하되, 사후 관리의 방법 등에 관하여 필요한 사항은 산업통상자원부장관이 정하여 고시한다(영 제28조 ③항).

(1) 사후 관리 대상 원료의 분류

원료 등의 사후 관리는 다음의 경우를 제외하고는 외화획득 이행의무자별로 원료 등의 품목분류번호(HS 10단위)별로 분기마다 수입 및 구매한 총량을 대상으로 한다(규정 제44조).

가. 품목분류번호(HS 10단위)가 다르더라도 원료 등의 성질상 같은 품목이거나 유사한 품목은 품명단위별로 분기마다 수입 및 구매한 총량을 대상으로 관리한다.

나. 의류 및 가방 등의 부재료로 사용되는 지퍼는 품목분류번호(HS 10단위)별로 분기마다 수입 및 구매한 양의 총길이로 관리한다.

(2) 외화획득용 원료 등의 구매내역 신고

사후 관리대상 품목을 구매한 자는 분기 중에 구매한 원료 등의 건별내역을 품목 분류하여 별지 제15호 서식에 의한 외화획득용 원료구매내역 신고서에 작성하여 분기종료 후 다음 달 20일까지 외화획득용 원료 등의 사후 관리기관의 장에게 신고하여야 한다(규정 제45조).

(3) 사후 관리 카드정리

외화획득용 원료의 사후 관리기관의 장은 구매내역신고서 및 신고받은 공급이행신고서를 외화획득 이행의무자별로 수입신고수리일 또는 원료 등의 구매일 순으로 관리하여야 한다(규정 제46조 ①항). 그리고 외화획득용 원료의 사후 관리기관의 장은 수입 승인된 원료 등과 신고된 원료 등에 대하여 품목분류번호(HS 10단위)별로 분기마다 수입 또는 구매한 총량과 금액 등을 에 의한 외화획득용 원료 사후관리이행 정리카드(별지 제29호 서식)에 기재하여야 한다(규정 제46조 ②항).

(4) 외화획득 이행신고

수입제한품목을 수입한 외화획득 이행의무자는 외화획득을 이행하고 외화획득이행신고서(별지 제16호 서식)에 다음의 서류를 첨부하여 수출선적일 또는 외화입금일부터 3개월 이내에 외화획득용 원료 등의 사후 관리기관의 장에게 신고하여야 한다(규정 제47조 ①항).

가. 수출신고필증(또는 외화입금증명서) 원본

나. 자율소요량계산서

외화획득용 원료의 사후 관리기관의 장은 이러한 신고가 있을 때에는 지체 없이 외화획득 이행신고서에 표시된 원료 등의 양을 외화획득용 원료 사후 관리이행 정리카드(별지 제29호 서식)에서 차감하여 정리하고 해당 수출신고필증 원본(또는 외화입금증명서 원본)의 뒷면에 사후 관리 사실을 확인 표시하여야 한다(규정 제47조 ③항).

외화획득 이행신고자와 수출신고필증의 명의가 상이한 경우에는 내국신용장, 구매확인서, 수출대행계약서 또는 물품 등 구매계약서 등 거래관계를 입증하는 서류를 제출하여야 한다(규정 제47조 ②항).

(5) 공급이행 신고

사후 관리 대상 품목을 원료 등으로 공급한 자는 외화획득용 원료 공급 이행신고서 3부(공급자 외화획득용 원료의 사후 관리기관용, 인수자 외화획득용 원료의 사후 관리기관용 및 인수자용)에 인수자의 날인 또는 물품 등 수령증을 받아 다음의 서류를 첨부하여 공급일부터 3월 이내에 외화획득용 원료의 사후 관리기관의 장에게 신고하여야 한다. 다만, 공급자가 유통업자인 경우에는 나.호의 서류를 면제한다(규정 제48조 ①항).

가. 내국신용장 또는 구매확인서

나. 자율소요량계산서

외화획득용 원료 공급 이행신고를 받은 공급자 외화획득용 원료의 사후 관리기관의 장은 공급이행정리하고 내국신용장 등의 원본서류 뒷면에 사후 관리 사실을 확인 표시하여야 하며, 공급자 외화획득용 원료의 사후 관리기관의 장은 외화획득용 원료 공급이행신고서에 확인날인한 후 1부는 인수자 외화획득용 원료의 사후 관리기관의 장, 1부는 인수자에게 통보하여야 한다(규정 제48조 ②항 및 ③항).

원료 등을 보세공장에 반입한 자는 세관장이 발행한 반입확인서를 외화획득용 원료의 사후 관리기관의 장에게 제출하여야 하며, 반입확인서를 외화획득용 원료의 사후 관리기관의 장은 공급이행정리를 하여야 한다.

자율관리기업이 사후 관리 대상 기업에 원료 등을 공급한 경우에는 공급이행신고서 2부를 작성, 공급일부터 3월 이내에 1부는 인수자 외화획득용 원료의 사후 관리기관의 장에게, 1부는 인수자에게 통보하여야 한다. 다만, 자율관리기업에 공급하는 경우에는 인수자에게만 알린다(규정 제48조 ④항 및 ⑤항).

5) 외화획득용 원료 · 기재의 사후 관리 면제

산업통상자원부장관은 다음의 어느 하나에 해당하는 경우에는 사후 관리를 하지 아니할 수 있다(영 제29조).

가. 품목별 외화획득 이행 의무의 미이행률이 10퍼센트 이하인 경우

나. 외화획득 이행의무자의 분기별 미이행률이 10퍼센트 이하이고, 그 미이행 금액이 미화 2만 달러에 상당하는 금액 이하인 경우

다. 외화획득 이행의무자의 책임이 없는 사유로 외화획득의 이행을 하지 못한 경우로서 산업통상자원부장관이 인정하는 경우

라. 해당 품목이 수입승인 대상에서 제외됨으로써 그 수입에 대응하는 외화획득의 이행을 할 필요가 없는 경우 등 산업통상자원부장관이 사후관리를 할 필요성이 없어진 것으로 인정하는 경우

기술표준원장은 가(영 제29조 1호), 나(영 제29조 2호) 및 라(영 제29조 4호)의 경우에는 사후 관리를 자동 면제하며, 외화획득 이행의무자의 책임이 없는 사유로 외화획득의 이행을 하지 못한 경우로서 산업통상자원부장관이 인정하는 경우(영 제29조 3호)에 해당하는 경우에는 제재심사위원회의 심의를 거쳐 사후 관리를 면제할 수 있으며, 이러한 제재심사위원회의 구성 및 운영 등 필요한 사항은 기술표준원장이 정한다(규정 제53조 ②항 및 ③항).

6) 외화획득용 원료의 사후관리에 대한 지도감독

(1) 지도 · 감독

기술표준원장은 시 · 도지사, 외화획득용 원료의 사후 관리기관의 장 및 자율관리기업의 장에 대하여 다음 사항을 지도 감독을 하여야 한다(규정 제51조).

가. 사후관리업무담당자의 교육

나. 사후관리대장 정리실태

다. 공급이행신고서 통보실태

라. 미이행 보고실태

마. 그 밖에 제규정 이행실태

(2) 보고

외화획득용 원료의 사후 관리기관의 장은 원료 등을 수입 또는 구매한 후 외화획득 이행만기일까지 외화획득을 미이행한 자에 대하여 그 내역을 해당 만기일 경과 후 20일까지 미이행자에게 알려야 한다. 그러나 외화획득 미이행자에게 통보한 날부터 30일 이내에 외화획득 이행신고가 없는 경우 외화획득용 원료의 사후 관리기관의 장은 그 내역을 기술표준원장에게 보고하여야 하며, 외화획득용 원료의 사후 관리기관의 장은 이러한 정기보고 이외에 사후 관리 대상 업체의 파산 등으로 사후 관리가 불가능하다고 판단되는 경우에는 즉시 그 내역을 기술표준원장에게 보고하여야 한다(규정 제52조 ①항부터 ③항).

다만, 농림수산물의 경우 해당 기관장의 정하는 수입승인요령에 따라 수입 승인된 물품(규정 제34조)등은 해당 중앙행정기관의 장에게 보고하여야 하며, 사후 관리 대상 업체의 파산 등으로 사후 관리가 불가능하다고 판단되는 경우에도 해당 중앙행정기관의 장에게 보고하여야 한다(규정 제52조 ②항 및 ③항 단서).

(3) 제재

중앙행정기관의 장(제34조의 물품 등을 제외한 분은 기술표준원장)은 보고된 외화획득 미이행자에 대하여 대외무역법의 벌칙 규정에 따른 제재에 필요한 조치를 하여야 한다(규정 제53조 ①항). 즉, 3년 이하의 징역 또는 3천만원 이하의 벌금에 처한다(법 제54조).

5. 외화획득용 원료 · 기재의 목적을 벗어난 사용

외화획득용 원료 · 기재를 수입한 자는 그 수입한 원료 · 기재 또는 그 원료 · 기재로 제조된 물품 등을 부득이한 사유로 인하여 당초의 목적 외의 용도로 사용하려면 대통령령으로 정하는 바에 따라 산업통상자원부장관의 승인을 받아야 한다. 다만, 대통령령으로 정하는 원료·기재 또는 그 원료·기재로 제조된 물품 등에 대하여는 그러하지 아니하다(법 제17조 ①항). 여기서 말하는 "대통령령으로 정하는 원료·기재 또는 그 원료·기재로 제조된 물품 등"이란 다음의 어느 하나에 해당하는 물품 등을 말한다(영 제30조 ③항).

가. 해당 물품 등을 생산하는 데에 필요한 실제 수량 외에 생산 공정에서 생기는 평균 손모량(영 제25조 ②항)에 해당하는 외화획득용 원료·기재 또는 그 원료·기재로 생산한 물품 등

나. 해당 품목이 수입승인 대상에서 제외됨으로써 그 수입에 대응하는 외화획득의 이행을 할 필요가 없는(영 제29조 4호)에 해당하는 외화획득용 원료·기재

즉, 외화획득용 원료·기재를 수입하여 부득이한 사유로 인하여 당초의 목적 외의 용도로 사용하기 위해 산업통상자원부장관의 승인을 받은 경우는 외화획득 이행의무를 부담하지 않아도 된다는 것이다.

1) 외화획득용 원료·기재의 사용목적 변경승인

(1) 외화획득용 원료·기재의 사용목적 변경 사유

외화획득용 원료·기재 또는 그 원료·기재로 제조된 물품 등을 부득이한 사유로 인하여 당초의 목적 외의 용도로 사용하기 위하여 사용 목적 변경승인을 받으려는 자는 신청서에 산업통상자원부장관이 정하는 서류를 첨부하여 산업통상자원부장관에게 제출하여야 한다(영 제30조 ①항). 여기서 "부득이한 사유"란 다음 각 호의 어느 하나에 해당하는 경우를 말한다(영 제30조 ②항).

가. 우리나라나 교역상대국의 전쟁·사변, 천재지변 또는 제도 변경으로 인하여 외화획득의 이행을 할 수 없게 된 경우

나. 외화획득용 원료·기재로 생산된 물품 등으로서 그 물품 등을 생산하는 데에 고도의 기술이 필요하여 외화획득의 이행에 앞서 시험제품을 생산할 필요가 있는 경우

다. 외화획득 이행의무자의 책임이 없는 사유로 외화획득의 이행을 할 수 없게 된 경우

라. 그 밖에 산업통상자원부장관이 불가항력으로 외화획득의 이행을 할 수 없다고 인정한 경우

> ㉮ 화재나 천재지변으로 인하여 외화획득 이행이 불가능하게 된 경우
> ㉯ 기술혁신이나 유행의 경과로 새로운 제품이 개발되어 수입된 원료 등으로는 외화획득 이행물품 등의 생산에 사용할 수 없는 경우
> ㉰ 수입된 원료가 형질이 변화되어 외화획득 이행물품의 생산에 사용할 수 없게 된 경우
> ㉱ 그 밖에 수입 또는 구매한 자에게 책임을 돌릴 사유가 없이 외화획득을 이행할 수 없는 경우로서 사용목적 변경승인기관의 장이 인정하는 경우

(2) 외화획득용 원료 · 기재의 사용목적 변경신청과 승인

외화획득용 원료 등의 사용목적 변경승인을 받으려는 자는 외화획득용 원료 사용목적 변경승인 신청서(별지 제18호 서식) 4부에 다음 각각에 해당하는 서류를 첨부하여 외화획득 이행기간의 만기일 이전에 관할 시 · 도지사 또는 농림수산물을 관장하는 중앙행정기관의 장 또는 중앙행정기관의 장이 지정하는 기관의 장에게 신청을 하여야 한다(규정 제49조 ①항).

가. 사용목적 변경신청사유서

나. 변경하려는 물량을 확인할 수 있는 서류

다. 변경신청하려는 사유를 인정할 수 있는 서류

라. 그 밖에 사용목적 변경승인기관의 장이 필요하다고 인정하는 서류

그리고 사용목적 변경승인을 한 기관의 장은 승인서를 신청자 외화획득용 원료의 사후 관리기관의 장, 신청자의 관할세무서장에게 각각 알려야 한다(규정 제49조 ③항).

2) 외화획득용 원료 · 기재 등의 양도·양수

(1) 외화획득용 원료 · 기재 등의 양도 · 양수 승인

외화획득용으로 수입한 원료 · 기재 또는 그 원료 · 기재로 제조된 물품 등을 당초의 목적과 같은 용도로 사용하거나 수출하려는 자에게 양도(讓渡)하려는 때에는 양도하려는 자와 양수(讓受)하려는 자가 함께 산업통상자원부장관의 승인을 받아야 한다. 다만, 사후관리가 면제되는 외화획득용 원료 · 기재 또는 그 원료 · 기재로 제조된 물품(영 제29조) 등에 대하여는 그러하지 아니하다(법 제17조 ②항). 여기서 말하는 사후관리가 면제되는 외화획득용 원료 · 기재 또는 그 원료 · 기재로 제조된 물품 등이라 함은 다음 중의 어느 하나에 해당하는 외화획득용 원료 · 기재를 말한다(영 제30조 ⑤항).

가. 품목별 외화획득 이행 의무의 미이행률이 10퍼센트 이하인 경우

나. 외화획득 이행의무자의 분기별 미이행률이 10퍼센트 이하이고, 그 미이행 금액이 미화 2만 달러에 상당하는 금액 이하인 경우

다. 외화획득 이행의무자의 책임이 없는 사유로 외화획득의 이행을 하지 못한 경우로서 산업통상자원부장관이 인정하는 경우

라. 해당 품목이 수입승인 대상에서 제외됨으로써 그 수입에 대응하는 외화획득의 이행을 할 필요가 없는 경우 등 산업통상자원부장관이 사후관리를 할 필요성이 없어진 것으로 인정하는 경우

외화획득용 원료 · 기재 또는 그 원료 · 기재로 제조된 물품 등의 양도 · 양수 승인을 받으려는 자는 신청서에 산업통상자원부장관이 정하는 서류를 첨부하여 산업통상자원부장관에게 제출하여야 한다(영 제30조 ④항).

(2) 외화획득용 원료 · 기재 등의 양도 · 양수 신청

외화획득용 원료 등에 대한 양도 · 양수의 승인을 받으려는 자는 외화획득용 원료 등 양도승인 신청서(별지 제19호 서식) 3부에 다음의 서류를 첨부하여 양도인 또는 양수인의 외화획득용 원료 등의 사후 관리기관의 장 또는 농림수산

물을 관장하는 중앙행정기관의 장 또는 중앙행정기관의 장이 지정하는 기관의 장에게 신청하여야 한다(규정 제50조 ①항).

가. 양수 · 도계약서

나. 수입신고필증 또는 기초원재료 납세증명서

자율관리기업이 다른 자율관리기업에 양도하려는 경우에는 양도인의 외화획득용 원료의 사후 관리기관의 장에게 신청하여야 하며, 양도인 및 양수인의 외화획득용 원료의 사후 관리기관의 장은 승인한 원료 등을 외화획득용 원료 공급이행(규정 제48조)에 준하여 처리하여야 한다(규정 제50조 ②항 및 ③항).

6. 외화획득용 제품의 수입

1) 외화획득용 제품의 범위

외화획득용 제품이라 함은 수입한 후 생산과정을 거치지 아니하는 상태로 외화획득에 제공되는 물품 등을 말한다(영 제2조 8호). 그러므로 외화획득용 제품이란 수출을 전제로 수입하는 것이 아니라 수입한 후 국내에서 외화획득용으로 사용되는 것이므로 국내 거주 외국인 또는 외국관광객 또는 적법하게 주둔하고 있는 외국군인 등에게만 공급되도록 제한하고 있다.

외화획득용 제품의 범위는 다음과 같다(규정 제59조).

가. 주식회사 한국관광용품센타(이하 "관광용품센타")가 수입하는 식자재 및 부대용품

나. 「항만운송사업법」에 따라 수입 물품 공급업의 등록을 하고 세관장에 등록한 자(이하 "수입 물품 공급업자")가 수입하는 선용품

다. 군납업자가 수입하는 군납용 물품

2) 외화획득용 제품의 수입승인기관

외화획득용 제품(다만, 수출입공고에 의하여 제한되는 품목만 해당)의 승인기관

은 다음과 같다(규정 제60조).

가. 문화체육관광부장관: 관광용품 센타가 관광호텔 등에 공급하기 위하여 수입하는 물품 중 산업통상자원부장관의 수출입승인 대상 물품으로서 주방용품, 소모성기계, 기자재류 및 객실 또는 부대업장용 소모성 물품

나. 수출입공고에서 산업통상자원부장관이 지정·고시한 기관·단체(이하 "승인기관")의 장: 군납업자가 주한 국제연합군 그 밖에 외국군기관에 공급하는 군납용 물품

3) 관광호텔용 물품의 사후 관리

(1) 관광호텔용 물품

관광용품 센타가 수입한 식자재 및 부대용품(이하 "관광호텔용 물품")은 승인권자의 사후 관리를 받아야 하며, 승인권자가 사후 관리에 필요한 세부지침을 정하려는 경우에는 산업통상자원부장관과 협의하여야 한다(규정 제61조 ①항 및 ②항).

관광용품 센타는 관광호텔용 물품을 다음의 어느 하나에 해당하는 자에게만 공급할 수 있다(규정 제62조 ①항).

가. 관광숙박업 중 「관광진흥법」에 따라 등록된 호텔업 및 명의이용 허가를 득한 식음료업장

나. 문화체육관광부장관의 허가를 받아 설립된 외신기자클럽, 서울클럽 및 한국 언론회관 내 멤버스 클럽과 기자클럽

다. 외화획득 및 관광진흥에 기여도가 높은 관광시설 중 문화체육관광부장관의 추천에 의하여 산업통상자원부장관이 지정한 별표 7에 열거한 시설

라. 「청소년기본법」에 따라 문화체육관광부장관에 신고 된 서울올림픽 파크텔

마. 올림픽, 아시안게임 등 대규모 국제대회의 선수촌, 기자촌, 프레스센터 등 관련 시설로서 산업통상자원부장관의 협의를 거쳐 문화체육관광부장관이 기간을 정하여 지정하는 급식장(다만, 문화체육관광부장관이 정하는 기간 이후의 잔여물량은 관광용품센터 또는 판매대상업소에 같은 기간 종료

후부터 30일 이내에 양도하고 문화체육관광부장관에게 이를 보고하여야 한다)

바. 「관세법」에 따라 설영특허를 받은 외교관 면세매점

관광용품센타가 관광호텔용 물품을 공급하려는 경우에는 해당 구매자의 시설 규모 및 식자재 구입실적 등을 감안하여 적정량을 공급하여야 한다(규정 제62조 ②항).

(2) 관광호텔용 물품의 관리

관광용품 센타가 공급한 관광호텔용 물품 등은 다음과 같이 관리되어야 한다(규정 제63조 ①항부터 ⑤항).

가. 관광용품센타는 보관 중인 관광호텔용 물품에 대하여 연 2회 이상 정기 재고조사를 실시하여야 하며, 그 결과를 승인권자에게 보고하여야 한다.

나. 관광용품센타는 관광호텔용 물품의 운송, 보관 및 공급과정에서 파손 등으로 해당 물품의 용도에 사용하기 곤란한 물품은 손망실품대장에 기재하고 그 사실을 입증할 수 있는 서류 등을 첨부하여 보관하여야 한다.

다. 관광용품센타는 관광호텔용 물품의 수입, 재고 및 판매현황에 대한 대장을 비치하고 기록 · 보관하여야 하며 관광용품센타로부터 관광호텔용 물품을 구매한 자는 구매 및 소비현황에 대한 대장을 비치하고 기록 보관하여야 한다.

라. 관광용품센타는 분기별 관광호텔용 물품의 수입 및 판매현황을 작성하여 분기종료 후 10일 이내에 승인권자에게 보고하여야 한다.

마. 관광용품센타로부터 관광호텔용 물품을 구매한 자는 월별 구입 및 소비현황을 다음 달 10일까지 관광용품센타에 제출하여야 한다.

(3) 관광호텔용 물품의 용도외 사용금지 및 사후 관리에 따른 제재

관광용품센타로부터 관광호텔용 물품을 구매한 자는 해당 사업 이외의 용도에 사용하거나 유출하여서는 아니되며, 관광용품센타는 관광호텔용 물품을 용도 외에 사용하거나 유출한 자에 대하여는 문화체육관광부장관에게 이를

보고하여야 한다(규정 제64조 ①항 및 ②항).

승인권자는 관광호텔용 물품의 용도외 사용금지 조항(규정 제64조)에 위반한 자에 대하여는 제재(법 제54조 2호부터 4호)를 요청하거나 「관광진흥법」 제2장 제6절에 따른 행정처분을(또는 문화체육관광부장관에게 행정처분을 요청)하여야 한다(규정 제65조).

4) 선용품의 사후 관리

수입 물품 공급업자가 수입하는 선용품의 사후 관리는 관세청장이 행한다. 그리고 수입 물품 공급업자는 수입 선용품을 다음의 어느 하나에 해당하는 자 이외의 자에게 공급하거나 유출하여서는 아니된다(규정 제66조 ①항 및 ②항).

가. 국내항에 정박 중인 외항선박(원양어선을 포함)

나. 신조선박 및 수리선박

수입 물품 공급업자는 선용품의 수입, 재고 및 공급현황에 대한 대장을 비치하고 기록·보관하여야 하며, 수입 물품 공급업자는 선용품의 수입, 공급(외화 및 국내통화 구분) 및 재고현황을 작성하여 매분기 종료 후 10일 이내에 관세청장에게 제출하여야 한다(규정 제67조 ①항 및 ②항).

관세청장은 수입 선용품을 국내항에 정박 중인 외항선박(원양어선을 포함) 또는 신조선박 및 수리선박 이외의 자에게 공급함으로써 법 규정(규정 제66조 ②항)에 위반한 자에게는, 관광호텔용 물품의 용도외 사용의 경우와 마찬가지로, 3년 이하의 징역 또는 3천만원 이하의 벌금에 처하는 제재(법 제54조)를 요청하여야 한다(규정 제68조).

5) 군납용 물품의 사후 관리

군납업자는 군납용 물품으로 수입되는 물품을 군납외의 용도에 사용하거나 유출하여서는 아니되며, 수입되는 물품을 양도 또는 폐기하려면 미리 승인기관의 장의 승인을 받아야 한다(규정 제69조 ①항 및 ②항). 그리고 군납업자는 수입된 군납용 물품에 의한 군납계약 이행 후 15일 이내에 외화획득 상황을 군납대금회수증명서를 첨부하여 승인기관의 장에게 보고하여야 한다(규정 제69조 ③항).

승인기관의 장은 군납용 물품으로 수입되는 물품을 군납외의 용도에 사용하거나 유출하는 자에 대해서는 관광호텔용 물품의 용도외 사용의 경우 및 수입 선용품을 국내항에 정박 중인 외환선박(원양어선 포함) 또는 신조선박 및 수리선박 이외의 자에게 공급한 경우와 마찬가지로 3년 이하의 징역 또는 3천만원 이하의 벌금에 처하는 제재(법 제54조)를 요청한다(규정 제69조 ④항).

〈표 3-3〉 외화획득용 제품의 관리

구분	관광호텔용품	선용품	군납용품
사후관리	문화체육관광부장관	관세청장	산업통상자원부장관이 지정한 기관의 장
물품의 관리	연 2회 이상 정기재고조사		
	손망실품 대장 기재 및 보관		
	수입 및 판매현황 대장 분기종료 후 10일내 보고	수입 및 재고대장 분기 종료 후 10일내 보고	
	월별 구입 및 소비현황 다음 달 10일까지 보고		군납계약 이행 후 15일 내 외화획득 상황 보고
용도 외 사용 또는 유출	문화체육관광부장관에 보고	관세청장에 보고	산업통상자원부장관이 지정한 기관의 장에 보고
	3년 이하의 징역 또는 3천만원 이하의 벌금	좌동	좌동

7. 외화획득용 원료 또는 물품의 국내구매와 구매확인서

산업통상자원부장관은 외화획득용 원료 · 기재를 구매하려는 자가 「부가가치세법」에 따른 영(零)의 세율을 적용받기 위하여 확인을 신청하면 외화획득용 원료 · 기재를 구매하는 것임을 확인하는 서류(이하 "구매확인서")를 발급할 수 있으며(법 제18조 ①항), 구매확인서를 발급받은 자에 대하여는 외화획득용 원료 · 기재의 구매 여부를 사후 관리하여야 한다(법 제18조 ②항).

1) 구매확인서의 의미

"구매확인서"란 외화획득용 원료・기재를 구매하려는 경우 또는 구매한 경우 외국환은행의 장 또는 「전자무역 촉진에 관한 법률」 제6조에 따라 산업통상자원부장관이 지정한 전자무역기반사업자가 내국신용장에 준하여 발급하는 증서(구매한 경우에는 구매확인서 신청인이 세금계산서를 발급받아 「부가가치세법 시행규칙」 제9조의2에서 정한 기한 내에 신청하여 발급받은 증서에 한함)를 말한다(규정 제2조 18호). 그러므로 외화획득용 원료 등을 수입하지 않고 국내에서 조달하는 경우에는 일반적으로 무역금융 등을 사용할 수 있는 내국신용장제도를 이용한다. 그러나 내국신용장의 개설 한도가 부족하여 내국신용장 제도를 이용할 수 없는 경우에도 외화획득용 원료 등을 구매할 수 있어야 하는데, 이러한 경우에 사용하는 제도가 구매확인서제도이다.

구매확인서의 사용 용도는 다음과 같다.

가. 부가가치세 영세율의 적용

나. 수출실적의 인정

다. 외화획득용 원료를 사후 관리하는 경우 공급이행으로 인정

라. 관세환급

2) 구매확인서의 발급신청

(1) 구매확인서의 발급신청 서류

구매확인서를 발급받으려는 자는 구매확인신청서에 다음의 서류를 첨부하여 산업통상자원부장관에게 제출하여야 한다(영 제31조 ①항).

가. 구매자・공급자에 관한 서류

나. 외화획득용 원료・기재의 가격・수량 등에 관한 서류

다. 외화획득용 원료・기재라는 사실을 증명하는 서류로서 산업통상자원부장관이 정하여 고시하는 서류로서 다음 중의 어느 하나(규정 제36조 ②항).

㉮ 수출신용장

㉯ 수출계약서(품목·수량·가격 등에 합의하여 서명한 수출계약 입증서류)

㉰ 외화매입(예치)증명서(외화획득 이행 관련 대금임이 관계 서류에 의해 확인되는 경우만 해당)

㉱ 내국신용장

㉲ 구매확인서

㉳ 수출신고필증(외화획득용 원료·기재를 구매한 자가 신청한 경우에만 해당)

㉴ 외화획득에 제공되는 물품 등을 생산하기 위한 경우임을 입증할 수 있는 서류

여기서 '구매자 · 공급자에 관한 서류' 및 '외화획득용 원료 · 기재의 가격 · 수량 등에 관한 서류'는 구매확인서를 발급받으려는 자가 외화획득용 원료 · 기재 구매확인신청서(별지 제13호 서식)를 「전자무역 촉진에 관한 법률」 제12조에서 정하는 바에 따른 전자무역문서로 작성하여 외국환은행의 장 또는 전자무역기반사업자에게 제출하는 경우 첨부한 것으로 본다(규정 제36조 ①항).

또 '외화획득에 제공되는 물품 등을 생산하기 위한 경우'라는 것은 외화획득의 범위를 의미하는 것으로, 수출, 주한 외국군에 대한 물품 매도, 관광, 용역 및 건설의 해외진출, 산업통상자원부장관의 고시 기준에 해당하는 국내에서의 물품의 매도 등을 가리킨다.

(2) 구매확인서의 발급신청

국내에서 외화획득용 원료 · 기재를 구매하려는 자 또는 구매한 자는 외국환은행의 장 또는 전자무역기반사업자에게 구매확인서의 발급을 신청할 수 있다(규정 제37조 ①항). 구매확인서를 발급받으려는 자는 발급신청 서류(규정 제36조 ②항)를 첨부한 구매확인신청서를 「전자무역 촉진에 관한 법률」 제12조에서 정하는 바에 따른 전자무역문서로 작성하여 외국환은행의 장 또는 전자무역기반사업자에게 제출(구매한 자는 구매확인신청서에 세금계산서 번호, 작성일자, 공급가액 등을 기재하여 「부가가치세법 시행규칙」 제9조의 2에서 정한 기한 내에 구매확

인서를 발급받으려고 신청한 경우에 한함)하여야 한다(규정 제37조 ②항).

여기서 '국내에서 외화획득용 원료·기재를 구매하려는 자'라는 것은 국내에서 물품을 구매하기 전에 구매확인서의 발급을 신청하는 구매확인서의 사전 발급신청을 의미하며, '국내에서 외화획득용 원료·기재를 구매한 자'는 국내에서 물품을 이미 구매한 후 구매확인서의 발급을 신청하는 구매확인서의 사후 발급신청을 가리킨다.

(3) 구매확인서의 발급신청 대행

구매확인서를 발급받으려는 자가 전산설비를 갖추지 못하였거나 기타 부득이한 사유로 전자문서를 작성하지 못하는 때에는 전자무역기반사업자에게 위탁하여 신청할 수 있다(규정 제38조).

3) 구매확인서의 발급 요건

산업통상자원부장관은 구매확인서의 발급 신청을 받은 경우 신청인이 구매하려는 원료·기재가 수출, 주한 국제연합군이나 그 밖의 외국군 기관에 대한 물품 등의 매도, 관광, 용역 및 건설의 해외 진출, 산업통상자원부장관이 정하여 고시하는 기준에 해당하는 국내에서의 물품 등의 매도 등 외화획득의 범위(영 제26조 ①항)에 해당하는지를 확인하여 발급 여부를 결정한 후 구매확인서를 발급하여야 한다(영 제31조 ②항).

여기서 '외화획득의 범위에 해당하는지를 확인한다'는 것은 외국환은행의 장이 구매확인서의 발급 신청자로부터 수출신용장, 수출계약서(품목·수량·가격 등에 합의하여 서명한 수출계약 입증서류), 외화매입(예치)증명서(외화획득 이행 관련 대금임이 관계 서류에 의해 확인되는 경우만 해당), 내국신용장, 구매확인서, 수출신고필증(외화획득용 원료·기재를 구매한 자가 신청한 경우에만 해당), 및 외화획득에 제공되는 물품 등을 생산하기 위한 경우임을 입증할 수 있는 서류 중의 어느 하나에 해당하는 서류를 확인하는 것을 말한다(규정 제37조 ⑥항).

4) 구매확인서의 발급

외국환은행의 장 또는 전자무역기반사업자는 외화획득용 원료 · 기재구매확인서(별지 제13-1호 서식)를 전자무역문서로 발급하고 신청한 자에게 발급사실을 알릴 때 승인번호, 개설 및 통지일자, 발신기관 전자서명 등 최소한의 사항만 알릴 수 있다(규정 제37조 ③항).

외국환은행의 장 또는 전자무역기반사업자는 이미 발급된 구매확인서에 의하여 2차 구매확인서를 발급할 수 있으며 외화획득용 원료 · 기재의 제조 · 가공 · 유통(완제품의 유통 포함)과정이 여러 단계인 경우에는 각 단계별로 순차로 발급할 수 있다(규정 제37조 ④항). 그리고 구매확인서를 발급한 후 신청 첨부 서류의 외화획득용 원료 · 기재의 내용 변경 등으로 이미 발급받은 구매확인서와 내용이 상이하여 재발급을 요청하는 경우에는 새로운 구매확인서를 발급할 수 있다(규정 제37조 ⑤항).

제6절 전략물자의 수출입

1. 전략물자의 수출입제도

1) 전략물자 수출입제도의 의미

코콤(COCOM)에 의한 대 공산권 수출통제에서 볼 수 있었던 것처럼 수출입 물품 중에서 그 물품의 수출입이 국제평화와 국가안보 등에 영향을 미치는 경우에는 국가가 그러한 물품의 수출입에 대하여 일반 물품의 수출입과는 다른 조치를 취하고 있다.

이처럼 전략물자에 대한 수출 통제제도를 마련하는 이유는 전자·기계 등 군수용으로 전용이 가능한 첨단산업 제품이나 기술이 국제평화를 위협하는 국가들에게 유출되지 않도록 하기 위한 것이며, 이러한 제도를 갖춤에 따라 선진국들로부터 첨단 기술 및 제품의 수입을 촉진할 수 있기 때문이다.

우리나라는 국제평화 유지와 국가안보를 위하여 이러한 전략물자의 수출입에 대하여 한·미간 '전략물자 및 기술 자료의 보호에 관한 양해각서'를 체결하고 전략물자 수출입공고제도를 채택함으로써 코콤의 수준에 준하는 통제를 하여 왔다.

공산권의 붕괴와 같은 국제정세의 변화에 코콤은 1994년에 해체되었다. 코콤이 해체된 이후에도 일부 비정상적이며 국제평화에 위협적인 정치체제를 유지하고 있는 국가들에 대한 전략물자의 수출을 통제하기 위하여, 한국을 포함한 30여 개국의 참여하에 1996년 바세나르협정(Wassenaar Arrangement, 1995)이 출범하였다.

2) 전략물자의 수출입허가 및 상황허가

(1) 전략물자의 수출입허가

산업통상자원부장관은 관계 행정기관의 장과 협의하여 대통령령으로 정하는 국제수출통제체제의 원칙에 따라 국제평화 및 안전유지와 국가안보를 위하여 수출허가 등 제한이 필요한 물품 등(대통령령으로 정하는 기술 포함)을 지정하여 고시하여야 하며, 이러한 지정·고시된 물품 등(이하 “전략물자”)을 수출하려는 자는 대통령령으로 정하는 바에 따라 산업통상자원부장관이나 관계 행정기관의 장의 허가를 받아야 한다. 여기서 수출의 의미는 다음과 같은 의미를 포함한다(법 제19조 ①항 및 ②항).

가. 국내에서 국외로의 이전

나. 국내 또는 국외에서 대한민국 국민(국내법에 따라 설립된 법인 포함)으로부터 외국인(외국의 법률에 따라 설립된 법인 포함)에게로의 이전

여기서 “대통령령으로 정하는 기술”이란 국제수출통제체제에서 정하는 물품의 제조·개발 또는 사용 등에 관한 기술로서 산업통상자원부장관이 관계 행정기관의 장과 협의하여 고시하는 기술을 말한다. 다만, 다음 중 어느 하나에 해당하는 기술은 제외한다(영 제32조의 2).

가. 일반에 공개된 기술

나. 기초과학연구에 관한 기술

다. 특허 출원에 필요한 최소한의 기술

라. 수출허가(법 제19조 ②항에 따라)를 받은 물품 등의 설치, 운용, 점검, 유지 및 보수에 필요한 최소한의 기술

대통령령으로 정하는 기술을 다음 중의 하나에 해당하는 방법으로 이전하는 경우(영 제32조의3)에는 대통령령으로 정하는 바에 따라 산업통상자원부장관이나 관계 행정기관의 장의 허가를 받아야 한다.

가. 전화, 팩스, 이메일 등 정보통신망을 통한 이전

나. 지시, 교육, 훈련, 실연(實演) 등 구두나 행위를 통한 이전
다. 종이, 필름, 자기디스크, 광디스크, 반도체메모리 등 기록매체나 컴퓨터 등 정보처리장치를 통한 이전

"대통령령으로 정하는 국제수출통제체제"란 다음을 말한다(영 제32조).
가. 바세나르체제(WA)
나. 핵공급국그룹(NSG)
다. 미사일기술통제체제(MTCR)
라. 오스트레일리아그룹(AG)
마. 화학무기의 개발·생산·비축·사용 금지 및 폐기에 관한 협약(CWC)
바. 세균무기(생물무기) 및 독소무기의 개발·생산·비축 금지 및 폐기에 관한 협약(BWC)
사. 무기거래조약(ATT)

그리고 산업통상자원부장관은 관계 행정기관의 장과 협의하여 전략물자 수출입 규정에 관한 요령을 고시하여야 하며(법 제26조 ①), 관세청장은 전략물자 등의 수출입 통관절차에 관한 사항을 고시하여야 한다(법 제26조 ②).

(2) 전략물자의 상황허가

전략물자에는 해당되지 아니하나 대량파괴무기와 그 운반수단인 미사일 및 재래식무기(이하 "대량파괴무기등")의 제조·개발·사용 또는 보관 등의 용도로 전용될 가능성이 높은 물품 등을 수출하려는 자는 그 물품 등의 수입자나 최종 사용자가 그 물품 등을 대량파괴무기 등의 제조·개발·사용 또는 보관 등의 용도로 전용할 의도가 있음을 알았거나 그 수출이 다음 중의 어느 하나에 해당되어 그러한 의도가 있다고 의심되면 대통령령으로 정하는 바에 따라 산업통상자원부장관이나 관계 행정기관의 장의 허가(이하 "상황허가")를 받아야 한다(법 제19조 ③항).

가. 수입자가 해당 물품 등의 최종 용도에 관하여 필요한 정보 제공을 기피

하는 경우

나. 수출하려는 물품 등이 최종 사용자의 사업 분야에 해당되지 아니하는 경우

다. 수출하려는 물품 등이 수입국가의 기술수준과 현저한 격차가 있는 경우

라. 최종 사용자가 해당 물품 등이 활용될 분야의 사업경력이 없는 경우

마. 최종 사용자가 해당 물품 등에 대한 전문적 지식이 없으면서도 그 물품 등의 수출을 요구하는 경우

바. 최종 사용자가 해당 물품 등에 대한 설치・보수 또는 교육훈련 서비스를 거부하는 경우

사. 해당 물품 등의 최종 수하인(受荷人)이 운송업자인 경우

아. 해당 물품 등에 대한 가격 조건이나 지불 조건이 통상적인 범위를 벗어나는 경우

자. 특별한 이유 없이 해당 물품 등의 납기일이 통상적인 기간을 벗어난 경우

차. 해당 물품 등의 수송경로가 통상적인 경로를 벗어난 경우

카. 해당 물품 등의 수입국 내 사용 또는 재수출 여부가 명백하지 아니한 경우

타. 해당 물품 등에 대한 정보나 목적지 등에 대하여 통상적인 범위를 벗어나는 보안을 요구하는 경우

파. 그 밖에 국제정세의 변화 또는 국가안전보장을 해치는 사유의 일시적 발생 등으로 산업통상자원부장관이나 관계 행정기관의 장이 한시적으로 수출허가를 받도록 정하여 고시하는 경우

(3) 보고・검사・자료 제출명령

산업통상자원부장관 또는 관계 행정기관의 장은 수출이 제한되거나 금지된 물품 등, 전략물자 또는 대량파괴무기등에 대한 수출허가나 상황허가를 받은 자 또는 수출허가나 상황허가를 받지 아니하고 수출하거나 수출하려고 한 자에게 다음의 사항에 관한 보고 또는 자료의 제출을 명할 수 있다(법 제48조 ①항).

가. 수입국
나. 수입자 · 최종사용자 또는 그의 위임을 받은 자 및 그 소재지, 사업 분야, 주요 거래자 및 사용 목적
다. 수입자와 최종사용자 또는 그의 위임을 받은 자를 확인하기 위한 수입국의 권한 있는 기관이 발급한 납세증명서 등 관련 자료 또는 대외 공표자료
라. 그 밖에 운송 수단, 환적국(換積國), 대금 결제방법 등 산업통상자원부장관이 정하여 고시하는 사항

산업통상자원부장관 또는 관계 행정기관의 장은 대외무역법의 시행을 위하여 필요하다고 인정하면 그 소속 공무원에게 수출이 제한되거나 금지된 물품 등, 전략물자 또는 대량파괴무기 등에 대한 수출허가나 상황허가를 받은 자 또는 수출허가나 상황허가를 받지 아니하고 수출하거나 수출하려고 한 자의 사무소, 영업소, 공장 또는 창고 등에서 장부 · 서류나 그 밖의 물건을 검사하게 할 수 있으며, 이러한 검사를 하는 공무원은 그 권한을 표시하는 증표를 지니고, 이를 관계인에게 내보여야 한다(법 제48조 ②항 및 ③항).

(4) 전략물자 수출허가 의무 위반자 등에 대한 교육명령

산업통상자원부장관 또는 관계 행정기관의 장은 다음의 어느 하나에 해당하는 자에게 대통령령으로 정하는 바에 따라 교육명령을 부과할 수 있다(법 제49조).

가. 수출허가 또는 상황허가를 받지 아니하고 수출하거나 수출신고한 자
나. 거짓이나 그 밖의 부정한 방법으로 수출허가 또는 상황허가를 받은 자
다. 경유 또는 환적 허가 및 중개허가를 받지 아니하고 경유 · 환적 · 중개한 자
다. 거짓이나 그 밖의 부정한 방법으로 경유 또는 환적 허가 및 중개허가를 받은 자

이러한 교육의 교육시간은 8시간 이내로 하며, 산업통상자원부장관 또는 관계 행정기관의 장은 전략물자관리원, 한국원자력통제기술원, 그 밖에 산업

통상자원부장관이 정하여 고시하는 기관에서 교육을 실시하도록 할 수 있다. 이러한 사항 외에 교육에 필요한 사항은 산업통상자원부장관이 관계 행정기관의 장과 협의하여 정한다(영 제48조 ①항부터 ③항).

2. 전략물자의 수출입허가와 상황허가의 신청 및 면제

1) 전략물자 수출입허가 및 상황허가의 신청

전략물자 또는 전략물자에는 해당되지 아니하나 대량파괴무기와 그 운반수안인 미사일 및 재래식무기(대량파괴무기등)의 제조・개발・사용 또는 보관 등의 용도로 전용(轉用)될 가능성이 높은 물품 등을 수출하려는 자는 전략물자수출허가신청서나 상황허가신청서에 다음의 서류를 첨부하여 산업통상자원부장관이나 관계 행정기관의 장에게 제출해야 한다(영 제33조 ①항).

가. 수출계약서, 수출가계약서(輸出假契約書) 또는 이에 준하는 서류
나. 수입국의 정부가 발행하는 수입목적확인서 또는 이에 준하는 서류
다. 수출하는 물품 등의 용도와 성능을 표시하는 서류
라. 수출하는 물품 등의 기술적 특성에 관한 서류
마. 수출하는 물품 등의 용도 등에 관한 최종 사용자의 서약서
바. 그 밖에 수출허가나 상황허가에 필요한 서류로서 산업통상자원부장관이 정하여 고시하는 서류

이러한 수출허가신청이나 상황허가신청을 받은 산업통상자원부장관 또는 관계 행정기관의 장은 15일 이내에 수출허가나 상황허가의 여부를 결정하고 그 결과를 신청인에게 알려야 한다. 다만, 수출허가나 상황허가를 신청한 물품 등에 대하여 별도의 기술 심사, 국내・국제 관계기관과의 협의 또는 현지조사가 필요한 경우에는 그 협의나 현지조사를 하는 데에 걸리는 기간은 본문에 따른 기간에 산입하지 아니한다(규정 제33조 ②항).

2) 전략물자 수출입허가 및 상황허가

산업통상자원부장관이나 관계 행정기관의 장은 수출허가 신청이나 상황허가 신청을 받으면 국제평화 및 안전유지와 국가안보 등 대통령령으로 정하는 기준에 따라 수출허가나 상황허가를 할 수 있다(법 제19조 ④항). 여기서 말하는 "대통령령으로 정하는 기준"이란 다음의 기준을 말한다(영 제34조).

가. 해당 물품등이 평화적 목적에 사용될 것

나. 해당 물품등의 수출이 국제평화 및 안전유지와 국가안보에 영향을 미치지 아니할 것

다. 해당 물품 등의 수입자와 최종 사용자 등이 거래에 적합한 자격을 가지고 있고 그 물품등의 사용 용도를 신뢰할 수 있을 것

라. 그 밖에 국제수출통제체제의 원칙 중 산업통상자원부장관이 정하여 고시하는 사항을 지킬 것

3) 전략물자의 수출허가와 상황허가의 면제 · 취소

(1) 전략물자의 수출허가와 상황허가의 면제

산업통상자원부장관 또는 관계 행정기관의 장은 재외공관에서 사용될 공용물품을 수출하는 경우 등 대통령령으로 정하는 경우에는 수출허가 또는 상황허가를 면제할 수 있다(법 제19조 ⑤항). 따라서 다음 중의 어느 하나에 해당하는 경우에는 전략물자의 수출허가 또는 상황허가를 면제하되, 수출자는 수출 후 7일 이내에 산업통상자원부장관 또는 관계 행정기관의 장에게 수출거래에 관한 보고서를 제출하여야 한다(영 제35조).

가. 재외공관, 해외에 파견된 우리나라 군대 또는 외교사절 등에 사용될 공용물품을 수출하는 경우

나. 선박 또는 항공기의 안전운항을 위하여 긴급 수리용으로 사용되는 기계, 기구 또는 부분품 등을 수출하는 경우

다. 그 밖에 수출허가 또는 상황허가의 면제가 필요하다고 인정하여 산업통상자원부장관이 관계 행정기관의 장과 협의하여 고시하는 경우

(2) 전략물자의 수출허가 또는 상황허가의 취소

산업통상자원부장관 또는 관계 행정기관의 장은 수출허가 또는 상황허가를 한 후 다음의 어느 하나에 해당하는 경우에는 수출허가 또는 상황허가를 취소할 수 있다(법 제19조 ⑥항).

가. 거짓 또는 부당한 방법으로 허가를 받은 사실이 발견된 경우

나. 전쟁, 테러 등 국가 간 안보 또는 대량파괴무기 이동·확산 우려 등과 같은 국제정세의 변화

3. 전략물자의 판정 및 수입목적확인서

1) 전략물자의 판정 신청

물품 등의 무역거래자는 대통령령으로 정하는 바에 따라 산업통상자원부장관이나 관계 행정기관의 장에게 전략물자 또는 상황허가 대상인 물품 등에 해당하는지에 대한 판정을 신청할 수 있다. 이 경우 산업통상자원부장관이나 관계 행정기관의 장은 전략물자관리원장(법 제29조) 또는 대통령령으로 정하는 관련 전문기관에 판정을 위임하거나 위탁할 수 있다(법 제20조 ②항).

이러한 규정에 따라 원자력안전위원회는 그 소관 물품등이 전략물자 또는 상황허가 대상인 물품등에 해당하는지에 대한 판정 및 통보 업무를 「원자력안전법」 제6조에 따른 한국원자력통제기술원에 위탁하고 있다(영 제37조).

해당 물품 등이 전략물자 또는 상황허가 대상인 물품 등에 해당하는지에 대하여 판정을 받으려는 자는 판정신청서에 다음의 서류를 첨부하여 산업통상자원부장관이나 관계 행정기관의 장에게 제출하여야 한다(영 제36조 ①항).

가. 물품 등의 용도와 성능을 표시하는 서류

나. 물품 등의 기술적 특성에 관한 서류

다. 그 밖에 전략물자 또는 상황허가 대상인 물품 등의 판정에 필요한 서류로서 산업통상자원부장관이 정하여 고시하는 서류

그러나 물품등의 무역거래자가 산업통상자원부장관이 고시하는 교육을 이수한 경우에는 다음에 해당하지 않는 물품등이 전략물자 또는 법 제19조 ③항제13호에 따른 상황허가 대상인 물품등에 해당하는지에 대한 판정을 자체적으로 판단하는 자가판정으로 할 수 있다. 이 경우 물품등의 무역거래자는 판정대상 물품의 성능과 용도 등 산업통상자원부장관이 고시하는 정보를 제28조에 따른 전략물자 수출입관리 정보시스템에 등록하여야 한다(법 제20조 ③항).

가. 기술(법 제25조에 따른 자율준수무역거래자 중 산업통상자원부장관이 고시하는 무역거래자가 기술을 수출하는 경우는 제외한다)

나. 그 밖에 산업통상자원부장관이 자가판정 대상이 아닌 것으로 고시하는 물품등

2) 전략물자의 판정

이러한 신청을 받은 산업통상자원부장관이나 관계 행정기관의 장은 15일 이내에 신청한 물품 등이 전략물자 또는 상황허가 대상인 물품 등에 해당하는지를 판정하여 신청인에게 알려야 한다. 다만, 판정을 신청한 물품 등에 대하여 별도의 기술 심사나 다른 관계 행정기관과의 협의가 필요한 경우 그 기술 심사나 협의를 하는 데에 필요한 기간은 본문에 따른 기간에 산입하지 아니한다(영 제36조 ②항). 이러한 판정의 유효기간은 2년으로 한다(영 제36조 ③항).

산업통상자원부장관은 전략물자 수출입통제업무를 효율적으로 수행하기 위하여 필요한 경우 전략물자로 판정된 물품 등에 대하여 그 명칭, 규격, 통제번호 등 해당 물품 등이 전략물자라는 사실을 확인할 수 있는 객관적 사항에 관한 것으로서 산업통상자원부장관이 정하여 고시하는 사항을 공고할 수 있다(영 제36조 ④항).

3) 전략물자 수입목적확인서의 발급

전략물자를 수입하려는 자는 대통령령으로 정하는 바에 따라 산업통상자원부장관이나 관계 행정기관의 장에게 수입목적 등의 확인을 내용으로 하는 수입목적확인서의 발급을 신청할 수 있다. 이 경우 산업통상자원부장관과 관계

행정기관의 장은 확인 신청 내용이 사실인지 확인한 후 수입목적확인서를 발급할 수 있다(법 제22조). 따라서 전략물자 수입목적확인서를 발급받으려는 자는 전략물자 수입목적확인서 발급신청서에 그 전략물자의 최종 사용자 및 사용목적을 증명할 수 있는 서류 등 전략물자의 수입 목적을 확인하는 데에 필요한 서류로서 산업통상자원부장관이나 관계 행정기관의 장이 정하여 고시하는 서류를 첨부하여 산업통상자원부장관이나 관계 행정기관의 장에게 제출하여야 한다(영 제40조 ①항).

이러한 전략물자 수입목적확인서의 발급 신청을 받은 산업통상자원부장관이나 관계 행정기관의 장은 7일 이내에 전략물자 수입목적확인서를 발급하여야 한다. 다만, 수입목적 확인을 신청한 물품 등에 대하여 별도의 기술 심사나 관계 행정기관과의 협의가 필요한 경우 그 기술 심사나 협의를 하는 데에 필요한 기간은 본문에 따른 기간에 산입하지 아니한다. 그리고 발급한 전략물자 수입목적확인서의 유효기간은 1년으로 한다(영 제40조 ②항 및 ③항).

4. 전략물자 등에 대한 이동중지조치

1) 전략물자 등에 대한 이동중지명령

산업통상자원부장관과 관계 행정기관의 장은 전략물자나 상황허가 대상인 물품 등(이하 "전략물자 등")이 허가를 받지 아니하고 수출되거나 거짓이나 그 밖의 부정한 방법으로 허가를 받아 수출되는 것(이하 "무허가수출등")을 막기 위하여 필요하면 적법한 수출이라는 사실이 확인될 때까지 전략물자 등의 이동중지명령을 할 수 있다(법 제23조 ①항).

2) 이동의 직접 중지조치

전략물자 등의 이동중지명령을 할 수 있음에도 불구하고 산업통상자원부장관과 관계 행정기관의 장은 전략물자 등의 무허가수출등을 막기 위하여 긴급하게 그 이동을 제한할 필요가 있으면 적법한 수출이라는 사실이 확인될 때까지 직접 그 이동을 중지시킬 수 있다(법 제23조 ②항).

3) 전략물자 등의 경유 또는 환적허가

전략물자 등을 국내 항만이나 공항을 경유하거나 국내에서 환적(換積)하려는 자로서 대통령령으로 정하는 자는 대통령령으로 정하는 바에 따라 산업통상자원부장관이나 관계 행정기관의 장의 허가를 받아야 한다(법 제23조 ③항). 산업통상자원부장관과 관계 행정기관의 장은 제3항에 따른 경유 또는 환적 허가의 신청을 받은 경우 국제평화, 안전유지 및 국가안보 등 대통령령으로 정하는 기준에 따라 허가할 수 있다(법 제23조 ④항). 여기서 "대통령령으로 정하는 자"란 다음 중의 어느 하나에 해당하는 자를 말한다(영 제40조 2의 ①항).

가. 대량파괴무기 등의 제조·개발·사용 또는 보관 등의 용도로 전용되거나 전용될 가능성이 있다고 인정되는 전략물자나 상황허가 대상인 물품등(이하 전략물자 등이라 한다)을 경유하거나 환적하려는 자

나. 산업통상자원부장관 또는 관계 행정기관의 장으로부터 경유 또는 환적 허가를 받아야 하는 것으로 통보받은 자

4) 전략물자등의 경유 또는 환적 허가의 기준

법 제23조 ④항에서 "국제평화, 안전유지 및 국가안보 등 대통령령으로 정하는 기준"이란 다음의 기준을 말한다.

가. 해당 전략물자등이 평화적 목적에 사용될 것

나. 해당 전략물자등의 경유 또는 환적이 국제평화 및 안전유지와 국가안보에 영향을 미치지 아니할 것

다. 해당 전략물자등의 수출자, 수입자, 최종 사용자 등이 거래에 적합한 자격을 가지고 있고 그 전략물자등의 사용 용도를 신뢰할 수 있을 것

라. 그 밖에 영 제32조에 따른 국제수출통제체제의 원칙 중 산업통상자원부장관이 정하여 고시하는 사항을 지킬 것

5) 이동중지조치의 방법과 범위

산업통상자원부장관 또는 관계 행정기관의 장은 이동중지조치나 경유 또는 환적의 허가를 하기가 적절하지 아니하면 다른 행정기관에 협조를 요청할 수 있다. 이 경우 협조를 요청받은 행정기관은 국내 또는 외국의 전략물자 등의 국가 간 무허가수출등을 막을 수 있도록 협조하여야 하며, 이동중지명령 및 이동중지조치의 기간과 방법은 전략물자 등의 국가 간 무허가수출등을 막기 위하여 필요한 최소한도에 그쳐야 한다. 그리고 이러한 이동중지조치를 하는 공무원은 그 권한을 표시하는 증표를 지니고 이를 관계인에게 내보여야 한다(법 제24조 ⑤항부터 ⑦항).

5. 서류의 보관

무역거래자는 다음의 서류를 5년간 보관하여야 한다(법 제24조의2).

가. 전략물자 또는 상황허가 대상인 물품 등에 해당하는지 판정을 신청한 경우에는 그 판정에 관한 서류

나. 전략물자 등을 수출·경유·환적·중개한 자의 경우 그 수출허가, 상황허가, 경유 또는 환적 허가, 중개허가에 관한 서류

다. 그 밖에 산업통상자원부장관이나 관계 행정기관의 장이 정하여 고시하는 서류

6. 전략물자의 중개

1) 전략물자의 중개허가 신청

국내에 거주하는 대한민국 국민(국내법에 따라 설립된 법인 포함)이 전략물자를 제3국에서 다른 제3국으로 이전하거나 매매하기 위한 중개를 하려면 대통령령으로 정하는 바에 따라 산업통상자원부장관이나 관계 행정기관의 장의

허가를 받아야 한다. 다만, 그 전략물자의 이전·매매가 수출국으로부터 국제수출통제체제의 원칙에 따른 수출허가를 받은 경우 등 대통령령으로 정하는 때에는 그러하지 아니하다(법 제24조 ①항). 따라서 전략물자 등을 중개하려는 자는 전략물자 등 중개허가신청서에 다음의 서류를 첨부하여 산업통상자원부장관이나 관계 행정기관의 장에게 제출하여야 한다(영 제41조 ①항).

가. 거래계약서, 거래가계약서(去來假契約書) 또는 이에 준하는 서류
나. 해당 중개에 관련된 수출자, 수입자, 중개자 등에 관한 서류
다. 중개하는 전략물자 등의 용도와 성능을 표시하는 서류
라. 중개하는 전략물자 등의 기술적 특성에 관한 서류
마. 중개하는 전략물자 등의 용도 등에 관한 최종 사용자의 서약서
바. 그 밖에 전략물자 등의 중개허가에 필요한 서류로서 산업통상자원부장관이 정하여 고시하는 서류

2) 전략물자의 중개허가

산업통상자원부장관과 관계 행정기관의 장은 전략물자를 제3국에서 다른 제3국으로 이전하거나 매매하기 위한 중개를 하려는 자로부터 중개허가의 신청을 받으면 국제평화 및 안전유지와 국가안보 등 대통령령으로 정하는 기준에 따라 중개허가를 할 수 있다(법 제24조 ②항). 따라서 중개허가 신청을 받은 산업통상자원부장관이나 관계 행정기관의 장은 15일 이내에 중개허가 여부를 결정하고 그 결과를 신청인에게 알려야 한다. 다만, 중개허가를 신청한 물품등에 대하여 별도의 기술 심사, 국내·국제 관계기관과의 협의 또는 현지조사가 필요한 경우 이를 위하여 걸리는 기간은 산입하지 아니한다(영 제41조 ②항).

전략물자의 중개를 허가하기 위해서는 대통령령으로 정하는 기준에 따라야 하는데, 이 "대통령령으로 정하는 기준"이란 다음의 기준을 말한다.

가. 해당 물품등이 평화적 목적에 사용될 것
나. 해당 물품등의 중개가 국제평화 및 안전유지와 국가안보에 영향을 미치지 아니할 것

다. 해당 물품등의 수출자, 수입자, 최종 사용자 등이 거래에 적합한 자격을 가지고 있고 그 물품등의 사용 용도를 신뢰할 수 있을 것

라. 그 밖에 제32조 각 호에 따른 국제수출통제체제의 원칙 중 산업통상자원부장관이 정하여 고시하는 사항을 지킬 것

3) 전략물자의 중개허가의 면제

전략물자의 이전·매매가 수출국으로부터 국제수출통제체제의 원칙에 따른 수출허가를 받은 경우 등 대통령령으로 정하는 때에는 산업통상자원부장관이나 관계 행정기관의 장의 허가를 받지 않아도 되는데, 따라서 전략물자의 중개허가를 면제할 수 있는 "국제수출통제체제의 원칙에 따른 수출허가를 받은 경우 등 대통령령으로 정하는 때"란 다음의 어느 하나에 해당하는 때를 말한다(영 제41조의 2).

가. 국제수출통제체제의 원칙에 따라 수출국으로부터 수출허가를 받은 때

나. 산업통상자원부장관이 고시하는 지역에서 중개에 따른 수출이나 수입이 이루어지는 때

7. 자율준수무역거래자

1) 자율준수무역거래자

산업통상자원부장관은 기업 또는 "대통령령으로 정하는 대학 및 연구기관"의 자율적인 전략물자 관리능력을 높이기 위하여 전략물자 여부에 대한 판정능력, 수입자 및 최종 사용자에 대한 분석능력 등 대통령령으로 정하는 능력을 갖춘 무역거래자를 자율준수무역거래자로 지정할 수 있다(법 제25조 ①항). 여기서 "대통령령으로 정하는 대학 및 연구기관"이란 다음 각 호의 어느 하나에 해당하는 대학 및 연구기관을 말한다(영 제43조 ①항).

가. 「고등교육법」 제2조에 따른 대학, 산업대학, 전문대학 및 기술대학

나. 「과학기술분야 정부출연연구기관 등의 설립・운영 및 육성에 관한 법률」에 따라 설립된 과학기술분야 정부출연연구기관

다. 「기초연구진흥 및 기술개발지원에 관한 법률」 제14조의2제1항에 따라 인정받은 기업부설연구소

라. 「산업기술연구조합 육성법」에 따른 산업기술연구조합

마. 국・공립 연구기관

바. 「특정연구기관 육성법」 제2조에 따른 특정연구기관

사. 「산업기술혁신 촉진법」 제42조에 따른 전문생산기술연구소

또 여기서 "대통령령으로 정하는 능력"이란 다음의 능력을 말한다(영 제43조 ②항).

가. 전략물자 해당 여부에 대한 판정능력

나. 수입자 및 최종 사용자에 대한 분석능력

다. 자율관리조직의 구축 및 운용 능력

2) 자율준수무역거래자의 신청 및 지정

자율준수무역거래자로 지정받으려는 자는 자율준수무역거래자 지정신청서에 다음의 서류를 첨부하여 산업통상자원부장관에게 제출하여야 한다(영 제43조 ②항).

가. 전략물자 해당 여부에 대한 판정능력, 수입자 및 최종 사용자에 대한 분석능력, 자율관리조직의 구축 및 운용 능력을 증명하는 서류

나. 자율적인 수출통제 업무 관리를 위한 업무규정 및 조직도

다. 그 밖에 자율준수무역거래자의 지정에 필요한 서류로서 산업통상자원부장관이 정하여 고시하는 서류

산업통상자원부장관은 기업 또는 "대통령령으로 정하는 대학 및 연구기관"의 자율적인 전략물자 관리능력을 높이기 위하여 전략물자 여부에 대한 판정능력, 수입자 및 최종 사용자에 대한 분석능력 등 대통령령으로 정하는 능력을 갖춘 무역거래자를 자율준수무역거래자로 지정할 수 있다(법 제25조 ①항). 이때, 산업통상자원부장관은 법 제25조제1항에 따라 자율준수무역거래자를 지

정하는 경우 제2항에 따른 능력을 갖춘 정도에 따라 자율준수무역거래자의 등급을 달리 정할 수 있다. 또 자율준수무역거래자 지정 신청을 받은 산업통상자원부장관은 40일 이내에 그 지정 여부를 신청인에게 알려야 한다. 그리고 자율준수무역거래자 지정을 위한 능력의 심사 및 등급 결정 등에 관한 세부사항은 산업통상자원부장관이 정하여 고시한다(영 제43조 ④항-⑥항).

3) 자율준수무역거래자의 자율관리 업무의 범위

(1) 자율관리 업무

산업통상자원부장관은 지정을 받은 자율준수무역거래자에게 대통령령으로 정하는 바에 따라 전략물자에 대한 수출통제업무의 일부를 자율적으로 관리하게 할 수 있다(법 제25조 ②항). 따라서 산업통상자원부장관은 자율준수무역거래자에게 전략물자의 수출허가에 관하여 다음의 수출통제 업무를 자율적으로 관리하게 할 수 있다(영 제44조 ①항).

가. 수출허가를 받은 물품 등의 최종 사용자에 관한 관리 업무
나. 수출허가를 받은 물품 등의 최종 용도에 관한 관리 업무
다. 그 밖에 전략물자 수출허가 제도를 효율적으로 운용하기 위하여 산업통상자원부장관이 정하여 고시하는 업무

산업통상자원부장관은 능력을 갖춘 정도에 따라 자율준수무역거래자의 등급을 달리 정한 경우에는 등급에 따라 수출통제업무의 자율적인 관리 내용을 달리 정할 수 있다(영 제44조 ②항).

(2) 자율준수무역거래자의 보고

자율준수무역거래자는 자율적으로 관리하는 전략물자의 수출실적 등을 대통령령으로 정하는 바에 따라 산업통상자원부장관에게 보고하여야 한다(법 제25조 ③항). 따라서 자율준수무역거래자는 다음 사항별로 해당 기간 내에 그 현황이나 실적을 산업통상자원부장관에게 보고하여야 한다(영 제45조).

가. 전략물자 수출허가의 반기별(半期別) 실적 : 다음 반기의 1개월 이내
나. 대통령령으로 정하는 능력(영 제43조 ②항 각 호)에 관한 연간 현황 : 다음 해의 1개월 이내

4) 자율준수무역거래자의 지정 취소

산업통상자원부장관은 다음의 어느 하나에 해당하는 경우에는 자율준수무역거래자의 지정을 취소할 수 있다(법 제25조 ④항).

가. 대통령령으로 정하는 능력(영 제43조 제1항 각 호)을 유지하지 못하는 경우
나. 고의나 중대한 과실로 전략물자 수출허가를 받지 아니하고 전략물자를 수출한 경우
다. 고의나 중대한 과실로 상황허가를 받지 아니하고 상황허가 대상인 물품 등을 수출한 경우
라. 고의나 중대한 과실로 전략물자 판정에 관한 서류(법 제20조 ③항)의 보관 의무(5년)를 이행하지 아니한 경우
마. 고의나 중대한 과실로 중개허가를 받지 아니하고 전략물자를 중개한 경우
바. 보고의무를 이행하지 아니한 경우

〈표 3-4〉 전략물자 등의 각종 신청서 처리

구분	기한	처리권자
전략물자 수출허가신청	신청일로부터 15일 이내	산업통상자원부장관 또는 관계 행정기관의 장
상황허가신청	상동	
전략물자판정신청	상동	
수출허가 또는 상황허가 면제품의 수출보고	수출 후 7일 이내	산업통상자원부장관 또는 관계 행정기관의 장
전략물자 수입 확인서 발급 신청	신청일로부터 7일 이내	산업통상자원부장관 또는 관계 행정기관의 장
중개허가신청	신청일로부터 15일 이내	산업통상자원부장관 또는 관계 행정기관의 장
자율준수무역거래자 지정신청	신청일로부터 40일 이내	산업통상자원부장관

8. 전략물자 등의 수출입 통제

1) 전략물자관리원

(1) 전략물자 수출입관리 정보시스템의 구축·운영

산업통상자원부장관은 다음의 업무를 수행하기 위하여 관계 행정기관의 장 및 전략물자관리원과 공동으로 전략물자 수출입관리 정보시스템을 구축·운영할 수 있다(법 제28조).

가. 수출허가, 상황허가, 전략물자의 판정, 수입목적확인서의 발급 등에 관한 업무

나. 전략물자의 수출입통제에 필요한 정보의 수집·분석 및 관리 업무

(2) 전략물자관리원의 설립

전략물자의 수출입 업무와 관리 업무를 효율적으로 지원하기 위하여 전략물자관리원을 설립한다. 전략물자관리원은 법인으로 하며, 전략물자관리원은 정관으로 정하는 바에 따라 임원과 직원을 둔다. 그리고 전략물자관리원은 그 주된 사무소의 소재지에서 설립등기를 함으로써 성립한다(법 제29조 ①항부터 ④항).

(3) 전략물자관리원의 업무

전략물자관리원은 정부의 전략물자 관리정책에 따라 다음의 업무를 수행한다(법 제29조 ⑤항).

가. 전략물자 판정 업무

나. 전략물자 수출입관리 정보시스템의 운영 업무

다. 전략물자의 수출업자에 대한 교육 업무

라. 그 밖에 대통령령으로 정하는 업무(영 제46조)

㉮ 전략물자 수출입관리에 관한 조사·연구 및 홍보 지원 업무
㉯ 전략물자 수출입통제와 관련된 국제협력 지원 업무
㉰ 전략물자 자율준수무역거래자의 지정 및 관리에 대한 지원 업무
㉱ 전략물자의 판정 및 통보에 관하여 산업통상자원부장관이 위탁하는 업무

전략물자관리원의 장은 산업통상자원부장관의 승인을 받아 전략물자관리원의 업무에 관하여 관리원을 이용하는 자에게 일정한 수수료를 징수할 수 있으며, 정부는 전략물자관리원의 설립·운영에 필요한 경비를 예산의 범위에서 출연하거나 지원할 수 있다. 그리고 전략물자관리원에 관하여 이 법에서 정한 것 외에는 「민법」 중 재단법인에 관한 규정을 준용한다(법 제29조 ⑥항부터 ⑧항).

2) 전략물자 수출입통제 협의회

(1) 전략물자 수출입통제 협의회의 구성

산업통상자원부장관과 관계 행정기관의 장은 전략물자등의 수출입통제와 관련된 부처간 협의를 위하여 공동으로 전략물자 수출입통제 협의회(이하 "협의회")를 구성할 수 있으며, 협의회의 회의는 관계 행정기관의 소관 업무별로 그 소관 관계 행정기관의 장이 주재한다(법 제30조 ①항 및 ②항). 의회의 구성원인 각 행정기관의 장은 전략물자등의 수출입통제에 필요하면 대통령령으로 정하는 정보수사기관의 장 또는 관세청장에게 조사·지원을 요청할 수 있다(법 제30조 ③항). 정보수사기관의 장 또는 관세청장은 전략물자등의 무허가수출등 행위를 인지한 경우에는 협의회의 각 행정기관의 장에게 통보하는 등 필요한 조치를 취할 수 있다(법 제30조 ④항).

(2) 전략물자 수출입통제 협의회의 운영

"수출입통제협의회"의 위원장은 다음의 사항별로 소관 행정기관의 장이 되고, 협의회의 위원장은 소관 사항별로 참석 행정기관의 범위를 정하여 협의회

를 소집한다(영 제47조 ①항).

가. **과학기술정보통신부**: 과학기술 및 정보통신기술 중 전략물자등 관련 기술의 수출입통제에 관한 사항

나. **외교부**: 외교에 영향을 주는 사항 및 전략물자등의 수출입통제와 관련된 국제규범에 관한 사항

다. **통일부**: 「남북교류협력에 관한 법률」에 따른 반출·반입 승인 대상 품목 중 전략물자등에 관한 사항 및 남북 교류·협력에 영향을 미치는 사항

라. **국방부**: 「방위사업법」에 따른 방위산업물자·국방과학기술의 수출입통제에 관한 사항 및 국가안보에 영향을 미치는 사항

마. **산업통상자원부**: 「대외무역법」에 따른 전략물자등(원자력 전용 품목은 제외)의 수출입통제에 관한 사항 및 통상교섭에 영향을 주는 사항

바. **원자력안전위원회**: 원자력안전위원회와 산업통상자원부장관이 공동으로 정하여 고시하는 전략물자등 중 원자력 전용 품목의 수출입통제에 관한 사항

사. **관세청**: 전략물자등 통관 및 통관과정 중 전략물자등 불법수출입에 관한 사항

아. **정보수사기관**(법 제30조제3항에 따른 정보수사기관을 말한다): 국내외 전략물자등 관련 정보협력, 국가안보에 영향을 미치는 전략물자등 수출입, 불법수출입에 관한 사항

협의회의 위원은 소집되는 행정기관의 고위공무원단에 속하는 공무원으로서 전략물자의 수출입통제 관련 업무를 담당하는 자로 하며, 협의회를 효율적으로 운영하기 위하여 필요하면 실무협의회를 둘 수 있다. 따라서 협의회와 실무협의회의 운영에 필요한 사항은 관계 행정기관의 장이 협의하여 정한다(영 제47조 ②항부터 ④항).

협의회는 협의회의 안건에 관하여 필요하면 대통령령으로 정하는 정보수사기관의 장에게 조사·지원을 요청할 수 있는데(법 제30조 ③항), 여기서 "대통령령으로 정하는 정보수사기관"이란 다음의 기관을 말한다(영 제47조 ⑤항).

가. 국가정보원
나. 검찰청
다. 경찰청
라. 해양경찰청
마. 군사안보지원사령부

(3) 비밀 준수 의무

대외무역법에 따른 전략물자의 수출입 통제와 관련된 공무원, 전략물자관리원의 임직원과 전략물자에 해당하는지의 판정 업무와 관련된 자는 전략물자 수출입 통제업무의 수행과정에서 알게 된 영업상의 비밀을 그 업체의 동의 없이 외부에 누설하여서는 아니 된다(법 제27조).

3) 전략물자의 수출입 제한과 전략물자기술자문단

(1) 전략물자의 수출입 제한

산업통상자원부장관 또는 관계 행정기관의 장은 다음 중의 어느 하나에 해당하는 자에게 3년 이내의 범위에서 일정 기간 동안 전략물자의 전부 또는 일부의 수출이나 수입을 제한할 수 있다(법 제31조 ①항).

가. 전략물자 수출허가를 받지 아니하고 전략물자를 수출하거나 수출신고한 자
나. 상황허가를 받지 아니하고 상황허가 대상인 물품 등을 수출하거나 수출신고한 자
다. 전략물자의 수출이나 수입에 관한 국제수출통제체제의 원칙을 위반한 자로서 대통령령으로 정하는 자

관계 행정기관의 장은 위의 전략물자의 수출입 제한사유에 해당하는 자가 있음을 알게 되면 즉시 산업통상자원부장관에게 통보하여야 하며, 산업통상자원부장관 또는 관계 행정기관의 장은 전략물자의 수출입을 제한한 자와 외

국 정부가 자국의 법령에 따라 전략물자의 수출입을 제한한 자의 명단과 제한 내용을 공고할 수 있다(법 제31조 ②항 및 ③항).

(2) 전략물자기술자문단

산업통상자원부장관은 다음 사항에 관한 자문을 하기 위하여 전략물자기술자문단을 구성하여 운영할 수 있다(영 제49조 ①항).

가. 해당 물품 등이 대량파괴무기 등의 제조, 개발, 사용 또는 보관 등의 용도로 전용될 가능성에 관한 사항
나. 국제수출통제체제의 통제대상 물품 등에 대한 평가 · 분석에 관한 사항
다. 전략물자 해당 여부의 판정에 관한 사항

전략물자기술자문단의 구성 · 운영 등에 필요한 사항은 산업통상자원부장관이 정하여 고시한다(영 제49조 ②항).

제7절 플랜트의 수출입

1. 플랜트수출의 개념

플랜트수출이란 단순한 물품의 수출뿐만 아니라 물품인 기계·설비·장치 등과 이들을 설치해서 작동시킬 수 있는 설계·시공·기술·용역 등이 포함된 복합적인 수출을 의미한다. 따라서 이러한 플랜트 수출은 산업설비를 외국에 수출하는 것을 의미한다.

이러한 플랜트수출은 일반수출과는 달리 거래 규모가 매우 크고 지식 집약적이며 관련 산업에 대한 파급효과가 크기 때문에 국가적인 차원에서 경쟁력을 확보하기 위한 시책을 펴고 있는 것이 일반적이다. 플랜트수출의 계약과정은 플랜트의 규모 및 특성에 따라 상이하지만 간략하게 요약하여 설명하자면 국제경쟁 입찰을 통한 응찰, 낙찰, 계약교섭, 계약체결의 순으로 진행된다. 플랜트수출이 가지고 있는 특징 중의 하나는 물품뿐만 아니라 거기에 수반되는 용역 또한 수출된다는 것이다. 그러므로 원칙적으로 물품의 수출에 대하여 규정하고 있는 대외무역법에서는 플랜트수출에 대하여 별도의 규정을 마련하고 있는 것이다.

2. 플랜트수출

대외무역법상에서는 일정규모 이상의 산업설비 수출과 일괄수주방식에 의한 수출을 플랜트수출로 규정하고 있다. 그리고 산업통상자원부장관은 다음 중의 어느 하나에 해당하는 수출, 즉 플랜트수출을 하려는 자가 신청하는 경우에는 대통령령으로 정하는 바에 따라 그 플랜트수출을 승인할 수 있다. 승인한 사항을 변경할 때에도 또한 같다(법 제32조 ①항).

가. 농업 · 임업 · 어업 · 광업 · 제조업, 전기 · 가스 · 수도사업, 운송 · 창고업 및 방송 · 통신업을 경영하기 위하여 설치하는 기재 · 장치 및 대통령령으로 정하는 설비 중 산업통상자원부장관이 정하는 일정 규모 이상의 산업설비의 수출

나. 산업설비 · 기술용역 및 시공을 포괄적으로 행하는 수출(일괄수주방식에 의한 수출)

1) 일정 규모 이상의 산업설비 수출

일정 규모 이상의 산업설비 수출이란 농업 · 임업 · 어업 · 광업 · 제조업, 전기 · 가스 · 수도사업, 운송 · 창고업 및 방송 · 통신업을 경영하기 위하여 설치하는 기재 · 장치 및 대통령령으로 정하는 설비 중 산업통상자원부장관이 정하는 일정 규모 이상의 산업설비의 수출(법 제32조 ①항 1호)을 의미한다. 여기서 "대통령령으로 정하는 설비"란 다음 각 호의 설비를 말한다. 다만, 해외건설공사와 함께 일괄수주방식에 의하여 수출하는 설비는 제외한다(영 제51조).

가. 발전설비

나. 담수 설비 및 용수처리설비

다. 해양설비 및 수상구조설비

라. 석유 처리설비 및 석유화학설비

마. 정유설비 및 송유설비

바. 저장탱크 및 저장기지설비

사. 냉동 및 냉장설비

아. 제철 · 제강설비 및 철강재구조설비

자. 공해방지설비

차. 공기조화설비

카. 신에너지 및 재생에너지 설비

타. 정치식(定置式) 운반하역설비 및 정치식 건설용 설비

파. 시험연구설비

하. 그 밖에 산업 활동을 위하여 필요한 설비

또 "대통령령으로 정하는 설비 중 산업통상자원부장관이 정하는 일정규모 이상의 산업설비"란 FOB가격으로 미화 50만 달러 상당액 이상인 산업설비를 말한다(규정 제70조).

2) 일괄수주 방식에 의한 수출

일괄수주방식에 의한 수출이란 산업설비·기술용역 및 시공을 포괄적으로 행하는 수출을 의미한다(법 제32조 ①항 2호). 여기서 "시공"이란 다음과 같은 공사를 수행하는 것을 말한다(영 제52조 ①항).

가. 토목공사

나. 건축공사

다. 플랜트 설치공사. 다만, 플랜트 수출자나 수출용 기자재를 설계·제작하는 자가 제작한 기계 및 장치를 직접 설치하는 공사는 제외한다.

플랜트 수출자나 수출용 기자재를 설계·제작하는 자가 제작한 기계 및 장치를 본인이 직접 설치하는 공사는 플랜트 설치공사로 보지 않음으로써 플랜트수출 대상에서 제외한다는 규정에도 불구하고, 해외건설촉진법 시행령에 따른 해외공사실적을 인정받으려는 경우에만 산업통상자원부장관은 플랜트 수출자나 수출용 기자재를 설계·제작하는 자가 제작한 기계 및 장치를 직접 설치하는 공사를 플랜트 설치공사로 인정할 수 있다(영 제52조 ②항).

3. 플랜트수출의 승인

1) 플랜트수출 신청 및 승인

플랜트수출을 하려는 자가 플랜트수출을 신청하는 경우에는 산업통상자원부장관은 대통령령으로 정하는 바에 따라 그 플랜트수출을 승인할 수 있다. 승인한 사항을 변경할 때에도 또한 같다(법 제32조 ①항). 따라서 플랜트수출의 승인을 받으려는 자는 신청서에 산업통상자원부장관이 정하는 서류를 첨부하여 산업통상자원부장관에게 제출하여야 한다. 변경승인을 받으려는 경우에도 또한 같다(영 제50조). 그러므로 플랜트수출의 승인을 받으려는 자는 산업설비수출승인(신청)서(별지 제21호)에 수출의 경우에는 수출신용장, 수출계약서 또는 주문서, 공급자와 수출자가 다른 경우에는 수출대행계약서, 그리고 수출입 공고 등에서 규정한 요건을 충족하는 서류(규정 제10조 ①항 1호, 3호 및 4호) 및 통합공고(법 제12조 ②항)에 의하여 허가, 추천 등을 요하는 경우에는 그 허가 등을 받은 사실을 증명하는 서류를 첨부하여 산업통상자원부장관에게 신청하여야 한다(규정 제71조 ①항).

2) 플랜트수출의 승인 또는 변경 승인

산업통상자원부장관은 플랜트수출의 승인 또는 변경승인을 하기 위하여 필요하면 플랜트수출의 타당성에 관하여 관계 행정기관의 장의 의견을 들어야 한다. 이 경우 의견을 제시할 것을 요구받은 관계 행정기관의 장은 정당한 사유가 없으면 지체 없이 산업통상자원부장관에게 의견을 제시하여야 한다(법 제32조 ②항).

플랜트수출승인의 변경승인을 받으려는 자는 산업설비수출승인사항 변경승인(신청)서(별지 제22호)에 다음의 서류를 첨부하여 산업통상자원부장관에게 신청하여야 한다(규정 제72조 ②항).

가. 수출승인서 사본

나. 변경사유서

산업통상자원부장관은 플랜트수출승인 또는 변경승인 신청이 있는 경우 접수일부터 5일 이내에 이를 처리하여야 한다. 다만, 다른 기관과의 협의가 필요한 경우 그 협의기간은 처리기간에 산입하지 아니한다(규정 제71조 ③항).

산업통상자원부장관은 제1항에 따른 플랜트수출의 승인 또는 변경승인을 한 경우에는 이를 관계 행정기관의 장에게 지체 없이 알려야 한다(법 제32조 ⑤항).

3) 일괄수주 방식에 의한 플랜트수출의 승인 또는 변경승인

산업통상자원부장관이 일괄수주방식에 의한 수출에 대하여 승인 또는 변경승인하려는 때에는 미리 국토교통부장관의 동의를 받아야 한다(법 제32조 ③항). 산업통상자원부장관은 일괄수주방식에 의한 수출에 대하여 승인 또는 변경승인을 하기 위하여 미리 국토교통부장관의 동의를 받으려는 경우에는 해당 플랜트수출의 개요와 다음 사항을 명시한 서류를 송부하여야 한다(영 제53조 ①항).

가. 건설용역 및 시공 수행자의 성명(법인인 경우에는 그 명칭과 대표자의 성명) 및 주소

나. 건설용역 및 시공 사업계획

동의 요청을 받은 국토교통부장관은 특별한 사유가 없으면 동의요청을 받은 날부터 10일 이내에 동의 여부를 산업통상자원부장관에게 알려야 한다(영 제53조 ②항).

4. 플랜트수출 촉진

1) 플랜트수출 촉진사업 추진

산업통상자원부장관은 플랜트수출을 촉진하기 위하여 그에 관한 제도개선, 시장조사, 정보교류, 수주 지원, 수주질서 유지, 전문인력의 양성, 금융지원, 우수기업의 육성 및 협동화사업을 추진할 수 있다. 이 경우 산업통상자원부장관은 플랜트수출 관련 기관 또는 단체를 지정하여 이들 사업을 수행하게 할 수 있다(법 제32조 ⑥항).

2) 플랜트수출 관련 기관의 지정

산업통상자원부장관은 플랜트수출에 관한 시장조사 등의 사업을 촉진하기 위한 사업을 담당할 관련 기관 또는 단체(이하 "플랜트수출촉진기관")를 지정하려면 다음의 사항을 종합적으로 검토하여야 한다(영 제54조 ①항).

가. 플랜트 수출자에 대한 대표성

나. 시장조사 등 사업계획

산업통상자원부장관은 지정된 플랜트수출 촉진기관에 대하여 플랜트수출의 시장조사 등 사업의 촉진과 관련하여 다음의 사항을 보고하게 할 수 있다(영 제54조 ②항).

가. 플랜트수출 동향

나. 플랜트수출에 관한 시장조사, 정보교류, 수주, 협동화사업의 촉진실적 등 촉진활동에 관한 사항

다. 그 밖에 플랜트수출에 관하여 산업통상자원부장관이 요청하는 사항

이러한 플랜트수출 촉진 업무를 담당하는 플랜트수출 촉진기관은 한국기계산업진흥회 및 한국플랜트산업협회로 한다(규정 제72조).

제8절 정부간 수출계약

1. 정부간 수출계약의 보증 및 원칙

정부는 국내 기업의 원활한 정부간 수출계약을 지원하기 위하여 대통령령으로 정하는 보증·보험기관으로 하여금 국내 기업의 외국 정부에 대한 정부간 수출계약 이행 등을 위한 보증사업을 하게 할 수 있다(법 제32조의2 ①항). 그리고 정부는 정부간 수출계약과 관련하여 어떠한 경우에도 경제적 이익을 갖지 아니하고, 보증채무 등 경제적 책임 및 손실을 부담하지 아니한다(법 제32조의2 ②항).

"대통령령으로 정하는 보증·보험기관"이란 국내에서 수출·수입 등 대외거래에 대한 보증 또는 보험 업무를 10년 이상 영위하고 있는 자 중 산업통상자원부장관이 다음 사항을 평가하여 지정하는 기관을 말한다(영 제54조의 2).

가. 보증사업의 수행에 필요한 재정능력

나. 수출·수입 등 대외거래의 당사자에 대한 신용정보의 수집·분석 및 평가에 관한 능력

다. 수출·수입 등 대외거래에서 발생한 채권에 대한 관리체계

2. 정부간 수출계약의 전담기관

1) 정부간 수출계약 전담기관의 업무

"정부간 수출계약 전담기관"이란 「대한무역투자진흥공사법」에 따른 대한무역

투자진흥공사(이하 "전담기관")를 말하며(법 제32조의3 ①항), 전담기관은 정부간 수출계약과 관련하여 다음과 같은 업무를 수행한다(법 제32조의3 ②항).

가. 정부간 수출계약에서 당사자 지위 수행

나. 외국 정부의 구매요구 사항을 이행할 국내 기업의 추천

다. 그 밖에 정부간 수출계약 업무의 수행을 위하여 산업통상자원부장관이 필요하다고 인정하는 업무

2) 정부간 수출계약 전담기관의 권한과 책임

전담기관의 권한과 책임은 다음과 같다(법 제32조의3 ③항).

가. 전담기관은 정부간 수출계약이 체결된 경우 국내 기업으로 하여금 보증·보험의 제공 등 대통령령으로 정하는 계약 이행 보증 조치를 취하도록 하여야 한다.

나. 전담기관은 국내 기업의 계약 이행 상황을 확인하기 위하여 필요한 경우에는 국내 기업에 대하여 관련 자료의 제출을 요구할 수 있다.

다. 그 밖에 전담기관의 권한과 책임에 관하여는 대통령령으로 정한다.

전담기관의 장은 정부간 수출계약 관련 업무를 수행하기 위하여 필요한 경우에는 관계 행정기관 및 관련 단체에 대하여 공무원 또는 임직원의 파견 근무를 요청할 수 있다. 다만, 공무원의 파견을 요청할 때에는 미리 주무부장관과 협의하여야 한다(법 제32조의3 ④항).

"보증·보험의 제공 등 대통령령으로 정하는 계약 이행 보증 조치"란 다음의 것을 말한다. 다만, 외국 정부와 국내 기업이 합의한 경우에는 다음 각 호에 규정된 계약 이행 보증 조치의 일부를 생략할 수 있다(영 제4조의 3).

가. 정부간 수출계약의 내용에 따른 선수금의 반환, 계약 내용의 이행, 하자의 보수 등에 대하여 「금융실명거래 및 비밀보장에 관한 법률」 제2조제1호에 따른 금융회사등으로부터 보증을 받아 제공하는 것

나. 외국 정부에 대한 정부간 수출계약 이행 등에 대하여 법 제32조의2제1항에 따른 보증·보험기관으로부터 보증을 받아 제공하는 것

3. 정부간 수출계약 심의위원회

1) 정부간 수출계약 심의위원회의 구성

정부간 수출계약의 체결, 변경, 해지 등 대통령령으로 정하는 사항을 심의·의결하기 위하여 전담기관에 정부간 수출계약 심의위원회(이하 "위원회")를 둔다(법 제32조의4 ①항).

위원회는 위원장 1명을 포함한 7명 이상 15명 이내의 위원으로 구성하고, 위원장은 대한무역투자진흥공사 사장이 되며, 위원회의 구성 및 운영에 필요한 사항은 대통령령으로 정한다(법 제32조의4 ②항 및 ③항).

위원회의 위원은 다음의 사람이 된다.

가. 산업통상자원부 및 조달청의 고위공무원단에 속하는 공무원 중 소속 기관의 장이 지명하는 사람 각 1명

나. 전담기관의 임원 중 전담기관의 장이 지명하는 사람 2명

다. 정부간 수출계약의 해당 물품등과 관련이 있다고 위원회의 위원장이 인정하는 중앙행정기관의 고위공무원단에 속하는 공무원 중에서 소속 기관의 장이 지명하는 사람

라. 제54조의2에 따른 보증·보험기관의 임원 중 해당 기관의 장의 추천으로 위원회의 위원장이 지명하는 사람

마. 정부간 수출계약과 관련된 분야에 학식과 경험이 풍부한 사람 중 7명 이내의 범위에서 위원장이 위촉하는 사람

위원의 임기는 2년으로 하되, 연임할 수 있다. 위원장은 위원회의 회의를 소집하고, 그 의장이 된다. 위원장이 부득이한 사유로 그 직무를 수행할 수 없을 때에는 위원장이 미리 지명한 위원이 그 직무를 대행한다. 위원회의 회의는 재적위원 과반수의 출석으로 개의(開議)하고, 출석위원 3분의 2 이상의 찬성으로 의결한다. 위원회는 국내 기업의 이행능력 평가를 효율적으로 수행하기 위하여 소위원회를 구성·운영할 수 있다. 상기 규정 사항 외에 위원회

의 구성 및 운영에 필요한 사항은 위원회의 의결을 거쳐 위원장이 정한다.

2) 정부간 수출계약 심의위원회의 심의

"정부간 수출계약의 체결, 변경, 해지 등 대통령령으로 정하는 사항"이란 다음을 말한다(영 제54조의 5).

가. 외국 정부와 체결하려는 정부간 수출계약의 수용 여부, 국내 기업의 이행능력 평가, 법 제32조의3제3항제1호에 따라 국내 기업으로 하여금 조치하도록 할 계약 이행 보증 내용의 적정성 등에 관한 사항

나. 계약기간 · 계약금액 등 정부간 수출계약의 변경에 관한 사항. 다만, 다음 각 목의 사항으로서 위원회에서 정하는 경미한 사항은 제외한다.

> ① 물품등의 인도 횟수, 인도 장소의 변경
> ② 부품 · 사양의 변경
> ③ 대금의 지급방법 및 지급횟수의 변경
> ④ 그 밖에 ①부터 ③까지의 사항에 준하는 사항

다. 법 제32조의5제2항에 따라 국내 기업이 조치를 한 계약 이행 보증 세부 사항의 적정성에 관한 사항

라. 국내 기업의 정부간 수출계약에 따른 물품등의 공급 의무 불이행, 인가 · 허가 · 면허 등의 취소 · 정지 등으로 인한 계약 이행능력의 상실, 부정한 방법에 의한 계약의 체결, 그 밖의 원인으로 인한 정부간 수출계약의 해지 또는 해제에 관한 사항

마. 그 밖에 위원회의 위원장이 정부간 수출계약과 관련하여 위원회의 심의 · 의결에 부치는 사항

위원회는 심의에 필요한 경우 국내 기업 및 관계 기관 등에 자료 등의 제출을 요구할 수 있으며, 위원회는 다음 각 호의 사항에 해당하는 경우에는 회의록, 계약서 등 관련 서류를 공개하지 아니할 수 있다(법 제32조의4 ④항 및 ⑤항).

가. 공개될 경우 정부간 수출계약의 체결, 이행, 변경, 해지 등이 크게 곤란하여질 우려가 있거나 위원회 심의의 공정성을 크게 저해할 우려가 있다고 인정되는 사항

나. 그 밖에 이에 준하는 사유로서 공개하기에 적당하지 아니하다고 위원회가 결정한 사항

4. 국내기업의 책임

국내 기업은 정부간 수출계약이 체결된 경우 그 계약 내용을 성실히 이행하여야 한다. 또 국내 기업은 보증·보험의 제공 등 대통령령으로 정하는 계약 이행 보증 조치를 취하여야 하며, 국내 기업은 전담기관 또는 심의위원회의 자료제출 요구가 있을 경우 특별한 사정이 없으면 이에 따라야 한다. 그러나 국내 기업이 계약 이행 보증조치를 취하지 아니하거나 또는 자료제출 요구를 위반할 경우 전담기관은 그 사실을 외국 정부에 통보할 수 있고, 위원회는 해당 기업의 정부간 수출계약에 대한 심의를 거부할 수 있다(법 제32조의5 ①항에서 ④항).

제4장 원산지의 표시

제1절 상품무역과 원산지 규정

1. 원산지의 개념

물품의 원산지라 함은 수입 물품을 생산 또는 제조한 국가를 가리키는데, 원산지를 결정하는 기준에 의하여 결정된 원산국을 수출입 물품에 표시하도록 한 제도가 원산지 표시 제도이다. 원산지 또는 원산지 표시 제도는 수출입에 대한 제재수단으로서의 경제적인 효과를 가지고 있지는 못한다는 한계가 있지만, 원산지라는 개념 자체가 소비자의 선호도와 물품의 가격 및 가치에 대한 판단의 기준으로 사용되기도 하기 때문에 무척 중요한 개념이다. 따라서 이러한 원산지와 관련된 제도는 그 자체만으로는 국제 무역에 있어서 무역규제수단으로 사용되기가 어렵다고 하더라도 덤핑방지제도 또는 상계관세제도와 같은 여타 무역제재수단과 함께 사용되면 무역제재의 효과를 확실하게 제고시키는 효과를 발휘하기도 한다. 특히 전 세계적으로 광범위하게 확산되고 있는 자유무역지대(FTA) 체제하에서는 원산지제도의 중요성이 점점 더 부각되고 있다. 특히 FTA체제하에서는 FTA회원국 상호간의 특혜관세의 수혜와 비회원국 물품의 우회 수출입 여부를 판정하여 FTA제도의 효율을 극대화하는 것이 필요하기 때문에 품목별 원산지를 정확하게 판정하는 것이 매우 중요하다.

우리나라의 경우는 국제경제에서 소비시장인 동시에 수출기지로서의 지위를 차지하고 있으며, 최근의 수입개방의 확대로 말미암아 소비시장으로서 국제적인 주목을 받고 있기도 하다. 따라서 1992년 대외무역법의 개정에서 원산지 표시제도 및 원산지 증명제도에 대한 법률적인 근거를 마련하게 되었다.

여기서 원산지 표시제도라 함은 최종 소비자가 일반적으로 알 수 있는 방법으로 원산지를 표시하는 것을 말하며, 원산지 증명제도는 수입에 규제가 부과된 물품 또는 대외무역정책의 수행을 위하여 필요한 경우 관련된 물품 및 원산지 표시가 잘못된 물품 등을 확인하기 위한 제도를 의미한다.

이러한 원산지와 관련된 규정을 운용하기 위하여 필요한 경우 산업통상자원부장관은 관계 행정기관의 장 및 해당 사안과 관련된 공무원, 전문가 등과 협의하거나 의견을 들을 수 있으며, 원산지와 관련된 규정을 적용할 때에 해당 사안과 관련된 행정기관의 장, 무역거래자·판매업자 및 단순한 가공활동을 수행한 자, 그 밖의 이해관계인은 산업통상자원부장관에게 의견을 제출할 수 있다(규정 제74조 ①항 및 ②항).

2. 원산지 제도의 국제적인 흐름

원산지 표시 등과 관련된 제도들이 국가마다 상이하기 때문에 이로 인하여 국가간 자유로운 무역활동이 제한을 받게 되는 경우가 발생하고 해외투자에 장애가 발생하기도 하기 때문에, 원산지를 결정하는 기준을 국제적으로 통일하기 위한 노력이 국제기구를 중심으로 전개되고 있으나, 현재까지는 각 국가가 원산지 규정을 제정할 때 참고가 되는 기본원칙을 제시하고 있는 수준에 그치고 있다. 특히 원산지 결정기준과 관련해서는 현재 국제적으로 통일된 기준이 없기 때문에 각 국가별로 서로 다른 기준을 적용하고 있다. 세계무역기구(WTO) 체제하에 '원산지 규정에 관한 협정'이 있으며, 세계관세기구(WCO)에서 제정한 '교토협약' 특별부속서 K가 있으나, 이러한 국제적인 규범들은 원산지 판정과 관련된 품목별 기준은 제시하지 못하고 있기 때문에 구체성이 부족하며 따라서 기본 원칙을 제시하는 선언적 의미에 그치고 있다고 하겠다.

GATT 제9조에서는 각 체약국은 타 체약국 영역의 물품에 관한 원산지표시 요건에 관하여 제3국의 동종 물품에 허용하는 대우보다 불리하지 않게 하여야 하며, 체약국은 원산지 증명에 관한 법규를 제정 또는 시행하는 경우에 수출국의 무역과 산업에 곤란과 불편을 주는 조치를 최소화하여야 하며, 또한 원산지의 허위의 표시 또는 오해의 우려가 있는 표시로부터 소비자를 보호하기 위하여 적절한 조치를 취해야 한다고 규정함으로써 각국의 원산지 관련 규정이 무역규제조치로서 사용되지 않도록 요구하고 있다.

FTA체제하에서 운용되고 있는 원산지 규정은 대부분 원산지에 따라 관세를 달리 적용하기 위한 특혜 목적 원산지 규정의 형태를 띠고 있다. 그러므로 각 국가의 경제·무역정책에 따라 특정국으로부터의 수입에 대하여 특혜를 부여하는 경우가 확산되고 있으며, FTA와 같은 지역주의적인 현상에 따른 역내 국가간의 특혜 확산은 각 국가가 원산지 규정을 더욱 엄격하고 빈번하게 적용시키게 되는 결과를 낳고 있다.

3. 원산지 제도의 의의 및 종류

1) 원산지 제도의 의의

수출입 물품에 대하여 원산지 표시가 규정을 준수하여 표시하였는지를 확인함으로써 적절한 관세의 부과가 이루어지도록 하고, 소비자에게 물품에 대하여 판단할 수 있는 공정한 기준을 제시하며, 수입 물품과 경쟁하고 있는 국내 생산자를 보호하기 위하여 원산지 제도를 적용하고 있다. 이러한 원산지 제도는 원산지 표시제도, 원산지 판정제도, 그리고 원산지 확인제도로 구분하여 볼 수 있다.

첫째, 원산지 표시제도는 수출입 물품의 원산지 국가를 해당 상품에 한글·한문 또는 영문으로, 최종 구매자가 쉽게 판독할 수 있는 활자체로, 식별하기 쉬운 위치에, 표시된 원산지가 쉽게 지워지거나 떨어지지 아니하는 방법으로 표시하도록 하여 최종 소비자가 해당 물품의 원산지를 정확하게 알고 구입할 수 있도록 하는 것이다.

둘째, 원산지 판정제도는 해당 상품의 원산지가 어디인지를 정확하게 결정하는 것이다. 이를 위하여 완전생산기준과 실질적 변형기준 그리고 직접운송

원칙이 사용되고 있으며, FTA체제 하에서는 역내가공원칙과 충분가공원칙을 도입하고 있으며, 누적기준과 최소기준 등을 적용하고 있다.

셋째, 원산지 확인제도는 FTA 등의 특혜협정에 의한 특혜관세의 적용, 덤핑방지관세 등과 같은 수입규제조치에 따른 무역규제 물품의 확인 및 원산지 표시 위반 여부 등을 확인하기 위하여 해당 물품의 원산지 국가 또는 선적한 국가의 정부 또는 이들이 인정하는 기관으로부터 원산지 증명서 등 관계 자료를 제출받아 확인하는 것이다.

2) 원산지 제도의 종류

원산지 규정은 운용 목적에 따라 두 가지로 구분할 수 있으며, 또 운용 방법에 따라 두 가지로 구분하여 볼 수 있다.

첫째, 운용 목적에 따른 구분으로, 특혜 목적 원산지 규정과 비특혜 목적 원산지 규정으로 나누어 볼 수 있다. 특혜 관세 대상국과 비특혜 관세 대상국으로 구분하기 위한 것이 특혜 목적 원산지 규정이며, 그 외 국민 보건 안전 등을 이유로 한 특정 국가로부터의 수입제한과 덤핑방지관세의 부과와 같은 무역제재 조치의 발동 및 수입국의 통계상의 필요 등의 목적을 위하여 운용하는 것이 비특혜 목적 원산지 규정이다.

둘째, 운용방법에 따른 구분으로 원산지 표시제도와 원산지 증명제도로 구분할 수 있다.

제2절 원산지 표시제도

1. 수출입 물품의 원산지 표시

1) 원산지표시대상물품의 지정

산업통상자원부장관이 공정한 거래 질서의 확립과 생산자 및 소비자 보호를 위하여 원산지를 표시하여야 하는 대상으로 공고한 물품 등(이하 "원산지표시대상물품")을 수출하거나 수입하려는 자는 그 물품 등에 대하여 원산지를 표시하여야 한다(법 제33조 ①항). 이 때, 산업통상자원부장관은 원산지표시대상물품을 공고하려면 해당 물품을 관장하는 관계 행정기관의 장과 미리 협의하여야 한다(영 제55조 ①항). 그리고 원산지표시대상물품은 별표 8에 게기된 수입 물품이며 원산지표시대상물품은 해당 물품에 원산지를 표시하여야 한다(규정 제75조 ①항).

원산지의 표시방법 · 확인, 그 밖에 표시에 필요한 사항은 대통령령으로 정하며, 무역거래자 또는 물품 등의 판매업자는 다음 중의 어느 하나에 해당하는 행위를 하여서는 아니 된다. 다만, 다.에 해당하는 행위의 경우에는 무역거래자의 경우만 해당된다(법 제33조 ③항 및 ④항).

가. 원산지를 거짓으로 표시하거나 원산지를 오인(誤認)하게 하는 표시를 하는 행위

나. 원산지의 표시를 손상하거나 변경하는 행위

다. 원산지표시대상물품에 대하여 원산지 표시를 하지 아니하는 행위

라. 위 가.에서 다.까지의 규정에 위반되는 원산지표시대상물품을 국내에서 거래하는 행위

산업통상자원부장관 또는 시·도지사는 수출입 물품 등의 원산지 표시에 관한 규정을 위반하였는지 확인하기 위하여 필요하다고 인정하면 수입한 물품 등과 대통령령으로 정하는 관련 서류를 검사할 수 있다(법 제33조 ⑤항).

2) 수입물품의 원산지 표시

(1) 원산지의 표시의 일반적인 방법

원산지표시대상물품을 수입하려는 자는 다음의 방법에 따라 해당 물품에 원산지를 표시하여야 한다(영 제56조 ①항).

가. 한글·한문 또는 영문으로 표시할 것

나. 최종 구매자가 쉽게 판독할 수 있는 활자체로 표시할 것

다. 식별하기 쉬운 위치에 표시할 것

라. 표시된 원산지가 쉽게 지워지거나 떨어지지 아니하는 방법으로 표시할 것

그러나 해당 물품에 원산지를 표시하는 것이 곤란하거나 원산지를 표시할 필요가 없다고 인정하여 산업통상자원부장관이 정하여 고시하는 기준에 해당하는 경우에는 산업통상자원부장관이 정하여 고시하는 바에 따라 원산지를 표시하거나 원산지 표시를 생략할 수 있다.

위에서 언급된 원산지 표시방법 이외에 수입 물품의 원산지 표시방법에 관하여 필요한 사항은 산업통상자원부장관이 정하여 고시한다. 다만, 수입물품을 관장하는 중앙행정기관의 장은 소비자를 보호하기 위하여 필요한 경우에는 산업통상자원부장관과 협의하여 해당 물품의 원산지 표시에 관한 세부적인 사항을 따로 정하여 고시할 수 있다(영 제56조 ②항 및 ③항).

(2) 원산지의 표시의 일반적인 방법

수입 물품의 원산지는 다음 중의 어느 하나에 해당되는 방식으로 한글, 한자 또는 영문으로 표시할 수 있다(규정 제76조 ①항).

가. “원산지: 국명” 또는 “국명 산(産)”

나. “Made in 국명” 또는 “Product of 국명”

다. “Made by 물품 제조자의 회사명, 주소, 국명”

라. “Country of Origin : 국명”

마. 영 제61조의 원산지와 동일한 경우로서 국제상거래관행상 타당한 것으로 관세청장이 인정하는 방식

수입 물품의 원산지는 최종구매자가 해당 물품의 원산지를 용이하게 판독할 수 있는 크기의 활자체로 표시하여야 하며, 최종구매자가 정상적인 물품구매과정에서 원산지표시를 발견할 수 있도록 식별하기 용이한 곳에 표시하여야 한다(규정 제76조 ②항 및 ③항).

표시된 원산지는 쉽게 지워지지 않으며 물품(또는 포장·용기)에서 쉽게 떨어지지 않아야 하며, 수입 물품의 원산지는 제조단계에서 인쇄(printing), 등사(stenciling), 낙인(branding), 주조(molding), 식각(etching), 박음질(stitching) 또는 이와 유사한 방식으로 원산지를 표시하는 것을 원칙으로 한다. 다만, 물품의 특성상 위와 같은 방식으로 표시하는 것이 부적합 또는 곤란하거나 물품을 훼손할 우려가 있는 경우에는 날인(stamping), 라벨(label), 스티커(sticker), 꼬리표(tag)를 사용하여 표시할 수 있다(규정 제76조 ④항 및 ⑤항).

최종구매자가 수입 물품의 원산지를 오인할 우려가 없는 경우에는 다음과 같이 통상적으로 널리 사용되고 있는 국가명이나 지역명 등을 사용하여 원산지를 표시할 수 있다(규정 제76조 ⑥항).

가. United States of America를 USA로

나. Switzerland를 Swiss로

다. Netherlands를 Holland로

라. United kingdom을 UK 또는 GB로

마. UK의 England, Scotland, Wales, Northern Ireland

바. 기타 관세청장이 산업통상자원부장관과 협의하여 타당하다고 인정하는 국가나 지역명

그리고 「품질경영 및 공산품안전관리법」, 「식품위생법」 등 다른 법령에서 원산지표시방법 등을 정하고 있는 경우에는 이를 적용할 수 있다(규정 제76조 ⑦항).

(3) 원산지의 표시의 예외적인 방법

수입 물품의 크기가 작아 위의 방식으로 해당 물품의 원산지를 표시할 수 없을 경우에는 국명만을 표시할 수 있고, 또한 최종구매자가 수입물품의 원산지를 오인할 우려가 없도록 표시하는 전제하에 상기 원산지표시와 병기하여 물품별 제조공정상의 다양한 특성을 반영할 수 있도록 다음의 예시에 따라 보조표시를 할 수 있다(규정 제76조의 2).

가. "Designed in 국명", "Fashioned in 국명", "Moded in 국명", "stlyed in 국명" , "Licensed by 국명", "Finished in 국명"....

나. 기타 관세청장이 제1호에 준하여 타당하다고 인정한 보조표시 방식

수출국에서의 주요 부분품의 단순 결합물품. 원재료의 단순 혼합물품, 중고물품으로 원산지를 특정하기 어려운 물품은 다음과 같이 원산지를 표시할 수 있다.

가. 단순 조립물품 : "Organized in 국명(부분품별 원산지 나열)"

나. 단순 혼합물품 : "Mixed in 국명(원재료별 원산지 나열)"

다. 중고물품 : "Imported from 국명"

(4) 수입 물품 원산지 표시방법의 세부사항

관세청장은 산업통상자원부장관과의 사전협의를 거쳐 대외무역 관리규정상의 원산지 표시방법에 따라 물품의 특성을 감안한 세부적인 표시방법을 정할 수 있으며 이러한 수입 물품의 원산지 표시방법에 관한 세부사항을 정할 경우 이를 고시하여야 한다(규정 제81조 ①항 및 ②항).

3) 원산지 오인 우려 수입물품의 원산지 표시

공정한 거래 질서의 확립과 생산자 및 소비자 보호를 위하여 원산지표시대

상물품을 수출하거나 수입하려는 자는 그 물품 등에 대하여 원산지를 표시하여야 하는데, 이때 무역거래자 또는 물품 등의 판매업자는 원산지를 거짓으로 표시하거나 원산지를 오인(誤認)하게 하는 표시를 하는 행위를 하여서는 아니 된다(법 제33조 ④항 1호).

이러한 원산지오인 우려 표시물품은 원산지표시대상물품이 다음 중의 어느 하나에 해당되는 물품을 말한다(규정 제77조 ①항).

가. 주문자 상표부착(OEM)방식에 의해 생산된 수입 물품의 원산지와 주문자가 위치한 국명이 상이하여 최종구매자가 해당 물품의 원산지를 오인할 우려가 있는 물품

나. 물품 또는 포장·용기에 현저하게 표시되어 있는 상호·상표·지역·국가 또는 언어명이 수입 물품의 원산지와 상이하여 최종구매자가 해당 물품의 원산지를 오인할 우려가 있는 물품

원산지 오인우려 표시 수입 물품은 해당 물품 또는 포장·용기의 전면에 원산지를 표시하여야 하며, 물품의 특성상 전후면의 구별이 어렵거나 전면에 표시하기 어려운 경우 등에는 원산지 오인을 초래하는 표시와 가까운 곳에 표시하여야 한다. 다만, 해당물품에 원산지가 적합하게 표시되어 있고, 최종판매단계에서 진열된 물품 등을 통하여 최종구매자가 원산지 확인이 가능하며, 국제 상거래 관행상 통용되는 방법으로 원산지를 표시하는 경우 세관장은 산업통상자원부장관과 협의하여 포장·용기에 표시된 원산지가 원산지 오인을 초래하는 표시와 가깝지 않은 곳에 있어도 원산지 오인이 없는 것으로 볼 수 있다(규정 제77조 ②항).

뿐만 아니라 원산지 오인우려 표시 수입 물품을 판매하는 자는 판매 또는 진열시 소비자가 알아볼 수 있도록 상품에 표시된 원산지와는 별도로 스티커, 푯말 등을 이용하여 원산지를 표시하여야 한다(규정 제77조 ③항).

4) 수입 후 단순가공과 원산지 표시

수입된 원산지표시대상물품에 대하여 대통령령으로 정하는 단순한 가공활동을 거침으로써 해당 물품 등의 원산지 표시를 손상하거나 변형한 자는 그 단순 가공한 물품 등에 당초의 원산지를 표시하여야 한다. 이 경우 다른 법령에서 단순한 가공활동을 거친 수입 물품 등에 대하여 다른 기준을 규정하고 있으면 그 기준에 따른다(법 제33조 ②항).

여기서 말하는 단순한 가공활동이란 판매목적의 물품포장 활동, 상품성 유지를 위한 단순한 작업 활동 등 물품의 본질적 특성을 부여하기에 부족한 가공활동을 말하며, 그 가공활동의 구체적인 범위는 관계 중앙행정기관의 장과 협의하여 산업통상자원부장관이 정하여 고시한다(영 제55조 ②항).

수입 후 단순한 가공활동을 수행한 물품 등의 원산지 표시는 다음 중의 어느 하나의 방법에 따라 원산지를 표시하여야 한다(규정 제78조 ①항).

가. 원산지표시대상물품이 수입된 후, 최종구매자가 구매하기 이전에 국내에서 단순 제조·가공처리되어 수입 물품의 원산지가 은폐·제거되거나 은폐·제거될 우려가 있는 물품의 경우에는 제조·가공업자(수입자가 제조업자인 경우 포함)는 완성 가공품에 수입 물품의 원산지가 분명하게 나타나도록 원산지를 표시하여야 한다.

나. 원산지표시대상물품이 대형 포장 형태로 수입된 후에 최종구매자가 구매하기 이전에 국내에서 소매단위로 재포장되어 판매되는 물품인 경우에는 재포장 판매업자(수입자가 판매업자인 경우 포함)는 재포장 용기에 수입 물품의 원산지가 분명하게 나타나도록 원산지를 표시하여야 한다. 재포장되지 않고 낱개 또는 산물로 판매되는 경우에도 물품 또는 판매용기·판매장소에 스티커 부착, 푯말부착 등의 방법으로 수입품의 원산지를 표시하여야 한다.

다. 원산지표시대상물품이 수입된 후에 최종구매자가 구매하기 이전에 다른 물품과 결합되어 판매되는 경우에는 제조·가공업자(수입자가 제조업자인 경우 포함)는 수입된 해당 물품의 원산지가 분명하게 나타나도록 "(해당 물품명)의 원산지: 국명"의 형태로 원산지를 표시하여야 한다.

다만, 위 규정에서 달리 규정하지 아니한 사항에 대하여는 수입 물품의 원산지표시대상물품(규정 제75조), 수입 물품 원산지 표시의 일반원칙(규정 제76조), 원산지 오인 우려 수입 물품의 원산지 표시(규정 제77조), 수입 세트물품의 원산지 표시(규정 제79조), 수입용기의 원산지 표시(규정 제80조), 수입 물품 원산지 표시방법의 세부사항(규정 제81조)까지의 규정을 준용한다(규정 제78조 ①항 단서).

수입 후 단순한 가공활동을 수행한 물품에 해당되는 경우에는 세관장이 수입자에게 수입 통관 후 법령에 따른 원산지 표시를 준수하도록 명할 수 있으며, 이러한 물품을 수입하는 자가 같은 물품을 제3자(중간 구매업자 또는 판매자 등)에게 양도(제3자가 재양도하는 경우 포함)하는 경우에는 양수인에게 서면으로 법령에 따른 원산지 표시의무를 준수하여야 할 것을 알려야 한다(규정 제78조 ②항 및 ③항).

5) 수입세트 물품 및 수입용기의 원산지 표시

수입 세트물품의 경우 해당 세트물품을 구성하는 개별 물품들의 원산지가 동일하고 최종 구매자에게 세트물품으로 판매되는 경우에는 개별 물품에 원산지를 표시하지 아니하고 그 물품의 포장・용기에 원산지를 표시할 수 있다. 그러나 세트물품을 구성하는 개별 물품들의 원산지가 2개국 이상인 경우에는 개별 물품에 각각의 원산지를 표시하고, 세트물품의 포장・용기에는 개별 물품들의 원산지를 모두 나열・표시(예: Made in China, Taiwan, ・・・・)하여야 한다(규정 제79조 ①항 및 ②항).

관세율표에 따라 용기로 별도 분류되어 수입되는 물품의 경우에는 용기에 "(용기명)의 원산지 : (국명)"에 상응하는 표시(예: "Bottle made in 국명")를 하여야 하나, 1회 사용으로 폐기되는 용기의 경우에는 최소 판매단위의 포장에 용기의 원산지를 표시할 수 있으며, 실수요자가 이들 물품을 수입하는 경우에는 용기의 원산지를 표시하지 않아도 무방하다(제80조 ①항 및 ②항).

6) 수출물품의 원산지 표시

수출 물품에 대하여 원산지를 표시하는 경우에는 수입품인 원산지표시 대상 물품에 원산지를 표시하도록 정한 방법에 따라 원산지를 표시하되, 그 물품에 대한 수입국의 원산지 표시규정이 이와 다르게 표시하도록 되어 있으면 그 규정에 따라 원산지를 표시할 수 있다. 다만, 수입한 물품에 대하여 국내에서 단순한 가공활동을 거쳐 수출하는 경우에는 우리나라를 원산지로 표시하여서는 아니 된다(영 제56조 ⑤항).

2. 원산지 표시의 면제

물품 또는 포장·용기에 원산지를 표시하여야 하는 수입 물품이 다음 중의 어느 하나에 해당되는 경우에는 원산지를 표시하지 아니할 수 있다(규정 제82조 ①항).

가. 외화획득용 원료 및 시설기재로 수입되는 물품

나. 개인에게 무상 송부된 탁송품, 별송품 또는 여행자 휴대품

다. 수입 후 실질적 변형을 일으키는 제조공정에 투입되는 부품 및 원재료로서 실수요자가 직접 수입하는 경우(실수요자를 위하여 수입을 대행하는 경우 포함)

라. 판매 또는 임대목적에 제공되지 않는 물품으로서 실수요자가 직접 수입하는 경우. 다만, 제조에 사용할 목적으로 수입되는 제조용 시설 및 기자재(부분품 및 예비용 부품 포함)는 수입을 대행하는 경우 인정.

마. 연구개발용품으로서 실수요자가 수입하는 경우(실수요자를 위하여 수입 대행하는 경우 포함)

바. 견본품(진열·판매용이 아닌 것에 한함) 및 수입된 물품의 하자보수용 물품

사. 보세운송, 환적 등에 의하여 우리나라를 단순히 경유하는 통과 화물

아. 재수출조건부 면세 대상 물품 등 일시 수입 물품

자. 우리나라에서 수출된 후 재수입되는 물품

차. 외교관 면세 대상 물품

카. 개인이 자가소비용으로 수입하는 물품으로서 세관장이 타당하다고 인정하는 물품
타. 그 밖에 관세청장이 산업통상자원부장관과 협의하여 타당하다고 인정하는 물품

세관장은 이러한 원산지 표시가 면제되는 물품에 대하여 외화획득 이행 여부, 목적 외 사용 등 원산지표시 면제의 적합여부를 사후 확인할 수 있다(규정 제82조 ②항).

3. 원산지 표시의 확인 및 검사

산업통상자원부장관은 수출입 물품 등의 원산지의 표시 규정(법 제33조 ①항부터 ④항)을 위반하였는지 확인하기 위하여 필요하다고 인정하면 수입한 물품 등과 대통령령으로 정하는 관련 서류를 검사할 수 있다(법 제33조 ⑤항). 또한 산업통상자원부장관은 원산지 표시대상 물품을 수입하는 자에 대하여 해당 물품이 통관할 때 수출입 물품의 원산지 표시방법(영 제56조①항부터 ③항)에 관한 규정에 따른 원산지의 표시방법 및 표시 여부 등을 확인할 수 있다. 이 경우 확인방법과 확인절차 등에 관하여는 산업통상자원부장관이 정하여 고시 한다(영 제57조 ④항).

1) 원산지 표시 방법의 사전 확인 및 이의제기

원산지 표시방법에 따라 원산지를 표시하여야 하는 자는 해당 물품이 수입되기 전에 문서로 그 물품의 적절한 원산지 표시방법에 관한 확인을 산업통상자원부장관에게 요청할 수 있으며, 이러한 확인 요청에 대한 산업통상자원부장관의 원산지 표시방법의 확인에 관하여 이의가 있는 자는 확인 결과를 통보받은 날부터 30일 이내에 서면으로 산업통상자원부장관에게 이의를 제기할 수 있다. 그리고 원산지 표시방법에 대한 확인 요청과 확인 결과에 대한 이의

제기에 필요한 사항은 산업통상자원부장관이 정하여 고시한다(영 제57조 ①항부터 ③항).

즉, 관세청장은 적정한 원산지 표시방법에 관한 확인을 요청받은 경우에는 신청을 접수한 날부터 30일 이내에 해당 물품의 적정한 표시방법을 확인하여 요청인에게 알려야 한다. 그러나 관세청장의 원산지 표시방법에 관한 통보 내용에 대하여 이의가 제기된 경우에는, 이러한 이의제기를 접수한 관세청장은 접수한 날부터 30일 이내에 이의제기에 대하여 결정을 하고 이를 요청인에게 알려야 한다. 그리고 관세청장은 원산지 표시 확인 및 이의제기에 필요한 사항을 산업통상자원부장관과 협의하여 별도로 정할 수 있다(규정 제84조 ①항부터 ③항).

2) 원산지표시의 서류검사

산업통상자원부장관은 수출입 물품 등의 원산지의 표시 규정(법 제33조 ①항부터 ④항)을 위반하였는지 확인하기 위하여 필요하다고 인정하면 수입한 물품 등과 대통령령으로 정하는 관련 서류를 검사할 수 있는데(법 제33조 ⑤항), 이때 "대통령령으로 정하는 관련 서류"란 다음에 해당하는 서류를 말한다.

가. 수입한 물품 등의 무역거래자 및 판매업자의 정보에 관한 서류

나. 수입한 물품 등의 가격, 수량, 품질 및 제조 또는 가공 공정에 관한 서류

다. 그 밖에 원산지의 표시에 대한 위반 여부를 확인하기 위하여 산업통상자원부장관이 필요하다고 인정하는 서류

원산지 표시대상 물품(별표 8의 물품)을 수입하려는 자는 해당 물품의 통관시 원산지 표시 여부에 대하여 세관장의 확인을 받아야 하며, 세관장은 수출·수입되는 물품이 원산지 표시(규정 제75조부터 제81조) 규정에 위반되는 것으로 인정되는 경우에는 원산지의 표시·정정·말소 등 적절한 조치를 지시할 수 있다. 그리고 관계 행정기관의 장, 시·도지사는 수입신고 후 통관된 물품이 원산지 표시(규정 제75조부터 제81조) 규정에 위반되는 것으로 인정되는 경우에는 원산지의 표시·정정·말소 등 적절한 조치를 지시할 수 있다(규정 제83조 ①항부터 ③항).

3) 원산지표시 위반물품에 대한 시정조치 및 과징금

(1) 원산지표시 위반물품에 대한 시정조치

산업통상자원부장관 또는 시·도지사는 원산지 표시방법을 위반하거나, 수입 후 단순한 가공활동을 통하여 원산지 표시를 손상 또는 변형하는 행위, 원산지 거짓표시 또는 오인표시를 하는 행위, 원산지 표시대상 물품에 원산지를 표시하지 아니하는 행위, 그리고 이러한 규정에 위반되는 원산지표시대상물품을 국내에서 거래하는 행위와 같은 위반 행위가 있으면 그 행위자에게 판매중지, 원상복구, 원산지 표시 등 대통령령으로 정하는 시정조치를 명하거나 또는 3억원 이하의 과징금을 부과할 수 있다(법 제33조의2 ①항 및 ②항). 이때 시정조치의 내용은 다음과 같다(영 제58조 ①항).

가. 원산지표시의 원상 복구, 정정, 말소 또는 원산지표시명령

나. 위반물품의 거래 또는 판매 행위의 중지

이러한 시정조치 명령은 다음의 사항을 명시한 서면으로 하여야 한다(영 제58조 ②항).

가. 위반행위의 내용

나. 시정조치 명령의 사유 및 내용

다. 시정기한

(2) 원산지표시 위반물품에 대한 과징금

과징금을 부과하는 위반 행위의 종류와 정도에 따른 과징금의 금액과 그 밖에 필요한 사항은 대통령령으로 정하며, 산업통상자원부장관은 과징금을 내야 하는 자가 납부기한까지 내지 아니하면 국세 체납처분의 예에 따라 징수한다. 그리고 산업통상자원부장관 또는 시·도지사는 과징금 부과처분이 확정된 자에 대해서는 대통령령으로 정하는 바에 따라 그 위반자 및 위반자의 소재지와 물품 등의 명칭, 품목, 위반내용 등 처분과 관련된 사항을 공표할 수 있다(법 제33조의2 ③항부터 ⑤항).

산업통상자원부장관 또는 시·도지사는 과징금을 부과하려면 그 위반행위의 종류와 과징금의 금액을 명시하여 과징금을 낼 것을 서면으로 알려야 하며, 이러한 통보를 받은 자는 납부 통지일부터 20일 이내에 과징금을 산업통상자원부장관 또는 시·도지사가 정하는 수납기관에 내야 한다. 다만, 천재지변이나 그 밖의 부득이한 사유로 납부기한까지 과징금을 낼 수 없는 경우에는 그 사유가 없어진 날부터 7일 이내에 내야 한다. 과징금을 받은 수납기관은 과징금을 낸 자에게 영수증을 발급하여야 하며, 과징금의 수납기관은 과징금을 받으면 지체 없이 그 사실을 산업통상자원부장관 또는 시·도지사에게 알려야 한다(영 제59조 ①항부터 ④항).

(3) 과징금 납부기한의 연장 및 분할납부

산업통상자원부장관 또는 시·도지사는 법 제33조의2 ②항에 따라 과징금을 부과받은 자(이하 "과징금납부의무자")가 내야 할 과징금의 금액이 1억원 이상인 경우로서 다음 중의 어느 하나에 해당하는 사유로 인하여 과징금의 전액을 한꺼번에 내기 어렵다고 인정되는 경우에는 그 납부기한을 연장하거나 분할납부하게 할 수 있다. 이 경우 필요하다고 인정하는 때에는 담보를 제공하게 할 수 있다(영 제59조의2 ①항).

가. 재해나 천재지변, 화재 등으로 재산에 현저한 손실을 입은 경우
나. 경제 여건이나 사업 여건의 악화로 사업이 중대한 위기에 있는 경우
다. 과징금을 한꺼번에 내면 자금사정에 현저한 어려움이 예상되는 경우
라. 그 밖에 가.부터 다.까지의 규정에 준하는 사유가 있는 경우

과징금 납부기한의 연장 또는 분할 납부를 하려는 자는 그 납부기한의 10일 전까지 납부기한의 연장 또는 분할납부의 사유를 증명하는 서류를 첨부하여 산업통상자원부장관 또는 시·도지사에게 신청하여야 한다(영 제59조의2 ②항). 이러한 경우 납부기한의 연장은 그 납부기한의 다음 날부터 1년을 초과할 수 없으며, 분할 납부를 하게 하는 경우 각 분할된 납부기한 간의 간격은 4개월을 초과할 수 없으며, 분할 횟수는 3회를 초과할 수 없다(영 제59조의2 ③항 및 ④항).

(4) 연기된 납부기한 또는 허용된 분할납부의 취소

산업통상자원부장관 또는 시·도지사는 다음 중의 어느 하나에 해당하는 경우에는 납부기한이 연장되거나 분할납부가 허용된 과징금납부의무자에 대하여 그 납부기한의 연장 또는 분할납부 결정을 취소하고 한꺼번에 징수할 수 있다(영 제59조의2 ⑤항).

가. 분할납부가 결정된 과징금을 그 납부기한까지 내지 아니한 경우

나. 담보의 제공에 관한 산업통상자원부장관 또는 시·도지사의 명령을 이행하지 아니한 경우

다. 강제집행, 경매의 개시, 파산선고, 법인의 해산, 국세 또는 지방세의 체납처분을 받은 때 등 과징금의 전부 또는 잔여분을 징수할 수 없다고 인정되는 경우

(5) 위반행위의 종류와 과징금의 금액

과징금을 부과하는 위반행위의 종류와 위반 정도에 따른 과징금의 금액은 별표 2와 같다. 그리고 산업통상자원부장관 또는 시·도지사는 해당 무역거래자 등의 수출입 규모, 위반 정도 및 위반 횟수 등을 고려하여 과징금 금액의 2분의 1의 범위에서 가중하거나 경감할 수 있다. 다만, 가중하는 경우에도 과징금의 총액은 3억원을 넘을 수 없다(영 제60조 ①항 및 ②항).

(6) 원산지 표시의무 위반자의 공표

과징금 부과처분이 확정된 자에 대해서는 그 위반자 및 위반자의 소재지와 물품 등의 명칭, 품목, 위반내용 등 처분과 관련된 사항을 공표할 수 있는데, 공표의 대상자는 과징금 부과처분이 확정된 자로서 다음 중의 어느 하나에 해당하는 자로 한다(영 제60조의2 ①항).

가. 별표 2 각 호의 구분에 따른 해당 위반물품 등의 수출입 신고 금액(판매업자의 경우에는 판매한 물품등과 판매하지 아니한 물품 등을 구분하여 판매한 물품 등의 매출가액과 판매하지 아니한 물품 등의 매입가액을 합한 금액을 말하며, 이하 "원산지 표시 위반물품 등의 가액"이라 한다)이 10억원(「관세법」 별

표에 따른 품목 중 제1류부터 제24류까지의 품목 및 소금의 경우에는 5억원을 말한다) 이상인 자

나. 「관세법」 별표에 따른 품목 중 제1류부터 제24류까지의 품목 및 소금에 대한 별표 2의 3호 또는 4호에 해당하는 원산지 표시 위반물품 등의 가액 중 다음 각 목의 위반행위로 인한 가액을 합산한 금액이 5천만원 이상인 자

㉮ 원산지를 국내산으로 거짓 표시하거나 원산지를 국내산으로 오인하게 하는 표시를 하는 행위
㉯ 원산지 표시를 국내산으로 변경하는 행위

다. 다음의 요건을 모두 갖춘 자

㉮ 과징금 부과처분을 받은 날부터 과거 2년 이내의 기간(초일 산입) 동안 과징금 부과처분을 받은 횟수가 3회 이상일 것
㉯ 과징금 부과처분 중 확정된 처분이 3회 이상일 것
㉰ 나목에 따른 확정된 과징금 부과처분의 사유가 된 원산지 표시 위반물품 등의 가액을 합산한 금액이 5천만원 이상일 것

라. 「관세법」 별표에 따른 품목 중 제1류부터 제24류까지의 품목 및 소금에 대한 원산지 표시의무를 위반한 경우로서 다음의 요건을 모두 갖춘 자

㉮ 과징금 부과처분을 받은 날부터 과거 2년 이내의 기간(초일 산입) 동안 과징금 부과처분을 받은 횟수가 3회 이상일 것
㉯ 과징금 부과처분 중 확정된 처분이 3회 이상일 것

산업통상자원부장관 또는 시·도지사는 이러한 공표 대상자에 대해서는 다음의 사항을 산업통상자원부 또는 시·도의 홈페이지에 공표하여야 한다(영 제60조의2 ②항).

가. "대외무역법에 따른 원산지 표시의무 위반사실의 공표"라는 표제
나. 위반자의 성명 또는 명칭(법인의 경우에는 대표자 성명 포함) 및 주소(법인의 경우 주된 영업소의 주소와 원산지 표시의무 위반행위를 한 사업장 주소)
다. 원산지 표시 위반물품 등의 종류, 명칭 및 위반내용
라. 원산지 표시 위반행위에 대한 처분권자, 처분일, 처분 내용

제3절 원산지의 판정

1. 원산지 판정의 의의

관세 상의 특혜를 목적으로 특정국의 지위를 이용하기 위하여 우회 수출입되거나 또는 FTA체약국 사이의 관세 상의 특혜를 이용하기 위하여 우회 수출입되는 경우가 있기 때문에, 각 국가들은 자국의 경제통상정책의 적절한 수립과 운용을 위하여 정확한 원산지의 판정이 필수적이다. 뿐만 아니라 대외무역 규제조치를 시행하고 있는 경우에 이러한 조치의 실효성을 제고시키기 위해서도 원산지 규정의 적용과 원산지의 정확한 판정은 그 중요성이 날로 높아지고 있다.

특히 FTA체제 하에서는 동 협정에 따른 협정세율 적용대상 물품이 체약국 역내에서 생산되어 역내의 무역업자 사이에 거래가 이루어지고, 체약국간에 직접 운송되는 경우에 만 협정세율을 적용하는 것으로 규정하고 있다. 즉 FTA에서 원산지 규정은 역내산 물품과 역외산 물품을 자등 대우하는 기준이 됨으로써 관세인하 조치의 실효성을 확보하는 중요한 제도이며, 역외산 물품에 대해서는 무역장벽의 역할을 하여 무역전환효과를 만들에 내며, 역내산 물품에 대해서는 협정세율의 적용을 통하여 교역 및 투자를 증대시키는 무역창출의 효과를 만들어 내는 중요한 수단이라고 하겠다.

2. 원산지 판정

산업통상자원부장관은 필요하다고 인정하면 수출 또는 수입 물품 등의 원산지 판정을 할 수 있으며, 원산지 판정의 기준은 대통령령으로 정하는 바에 따라 산업통상자원부장관이 정하여 공고한다(법 제34조 ①항 및 ②항). 산업통상자원부장관은 원산지 판정을 위하여 필요한 경우 해당 사안과 관련된 행정기관의 장, 무역거래자 및 그 밖의 이해관계인에게 자료의 제출을 요청할 수 있다(규정 제88조).

1) 원산지 사전판정

무역거래자 또는 물품 등의 판매업자 등은 수출 또는 수입 물품 등의 원산지 판정을 산업통상자원부장관에게 요청할 수 있으며, 이러한 요청을 받은 경우에 산업통상자원부장관은 해당 물품 등의 원산지 판정을 하여서 요청한 사람에게 알려야 한다(법 제34조 ③항 및 ④항).

(1) 원산지 사전판정의 신청

수출 또는 수입 물품의 원산지 판정을 받으려는 자는 대상 물품의 관세·통계통합품목분류표(「관세법 시행령」 제98조에 따른 관세·통계통합품목분류표)상의 품목번호·품목명(모델명 포함), 요청 사유, 요청자가 주장하는 원산지 등을 명시한 요청서에 견본 1개와 그 밖에 원산지 판정에 필요한 자료를 첨부하여 산업통상자원부장관에게 제출하여야 한다. 다만, 물품의 성질상 견본을 제출하기 곤란하거나 견본이 없어도 그 물품의 원산지 판정에 지장이 없다고 인정되는 경우에는 견본의 제출을 생략할 수 있다(영 제62조 ①항).

산업통상자원부장관은 제1항에 따라 제출된 요청서 등이 미비하여 수출 또는 수입 물품의 원산지를 판정하기 곤란한 경우에는 기간을 정하여 자료의 보정(補正)을 요구할 수 있으며, 그 기간 내에 보정하지 아니하면 요청서 등을 되돌려 보낼 수 있다(영 제62조 ②항).

(2) 원산지의 사전판정

산업통상자원부장관은 원산지 판정의 요청을 받은 경우에는 60일 이내에 원산지 판정을 하여 그 결과를 요청한 사람에게 문서로 알려야 한다. 다만, 그 판정과 관련된 자료수집 등을 위하여 필요한 기간은 이에 산입하지 아니한다. 그리고 원산지 판정의 결과가 요청인의 주장과 다른 경우에는 판정의 근거 등을 적어야 한다. 원산지 판정의 요청 방법과 그 밖에 판정에 필요한 사항은 산업통상자원부장관이 정하여 고시한다(영 제62조 ③항부터 ⑤항). 이러한 원산지 사전 판정과 관련된 산업통상자원부장관의 권한은 관세청장에게 위탁되어 있다(영 제91조 ⑥항 2호). 산업통상자원부장관은 이러한 원산지 판정을 위하여 필요한 경우 해당 사안과 관련된 행정기관의 장, 무역거래자 및 그 밖의 이해관계인에게 자료의 제출을 요청할 수 있다(규정 제88조).

2) 원산지 사전판정에 대한 이의제기

산업통상자원부장관으로부터 원산지 사전판정의 통보를 받은 자가 원산지 판정에 불복하는 경우에는 통보를 받은 날부터 30일 이내에 산업통상자원부장관에게 이의를 제기할 수 있다(법 제34조 ⑤항). 대외무역법령 등의 규정에 따라 세관장 또는 시·도지사의 원산지에 관한 결정 또는 확인에 대하여 이의를 제기하려는 자는 해당 처분청을 거쳐 산업통상자원부장관에게 이의제기를 신청할 수 있다. 산업통상자원부장관은 원산지판정 또는 원산지 사전판정에 대하여 이의를 제기 받은 경우에는 이의 제기를 받은 날부터 150일 이내에 이의 제기에 대한 결정을 알려야 한다(법 제34조 ⑥항).

원산지 판정 또는 원산지 사전판정에 이의를 제기하려는 자는 대상 물품의 관세·통계통합품목분류표상의 품목번호·품목명(모델명 포함), 이의제기 사유, 신청자가 주장하는 원산지 등을 명시한 이의신청서에 원산지 판정에 필요한 자료를 첨부하여 산업통상자원부장관에게 제출하여야 하며, 산업통상자원부장관은 제출된 신청서 등이 미비하여 이의제기에 대한 결정을 하기 곤란한 경우에는 기간을 정하여 자료의 보정을 요구할 수 있으며, 그 기간 내에 보정하지 아니하면 신청서 등을 되돌려 보낼 수 있다(영 제63조 ①항 및 ②항). 산업통상자원부장관이 요구한 자료의 보정기간은 이의제기 결정기간에 산입하지 아니한다(규정 제90조).

산업통상자원부장관은 이의제기에 대한 결정을 하기 위하여 관계 전문가에게 자문하거나 이해관계자 등의 의견을 들을 수 있으며, 원산지 판정에 대한 이의제기 절차 등에 관하여 필요한 세부적인 사항은 산업통상자원부장관이 정한다(영 제63조 ③항 및 ④항).

〈표 4-1〉 원산지표시방법과 원산지판정의 사전확인 비교

<table>
<tr><th>구 분</th><th>처리기한</th><th>처리권자</th><th>이의제기 기한</th><th>이의제기
처리기한</th><th>비 고</th></tr>
<tr><td>원산지표시방법
사전확인</td><td>접수일부터
30일내 통보</td><td>산업통상자원부장관
(관세청장)</td><td rowspan="2">통보
수령일부터
30일내</td><td>접수일부터
30일내</td><td></td></tr>
<tr><td>원산지판정
사전확인</td><td>접수일부터
60일내 통보</td><td>산업통상자원부장관
(관세청장)</td><td>접수일부터
150일내</td><td>처분청 접수
7일내 송부</td></tr>
</table>

3. 원산지판정기준

1) 수입 물품에 대한 원산지 판정 기준

원산지 판정의 기준은 대통령령으로 정하는 바에 따라 산업통상자원부장관이 정하여 공고하여야 하며(법 제34조 ②항), 수입 물품에 대한 원산지 판정은 다음 중의 어느 하나의 기준에 따라야 한다(영 제61조 ①항).

가. 수입 물품의 전부가 하나의 국가에서 채취되거나 생산된 물품(이하 "완전생산물품")인 경우에는 그 국가를 그 물품의 원산지로 해야 한다. 이 경우 다음에 해당되는 물품을 완전생산물품으로 본다(규정 제85조 ①항).

㉮ 해당국 영역에서 생산한 광산물, 농산물 및 식물성 생산물
㉯ 해당국 영역에서 번식, 사육한 산 동물과 이들로부터 채취한 물품
㉰ 해당국 영역에서 수렵, 어로로 채포한 물품
㉱ 해당국 선박에 의하여 해당국 이외 국가의 영해나 배타적 경제수역이 아닌 곳에서 채포(採捕)한 어획물, 그 밖의 물품
㉲ 해당국에서 제조, 가공공정 중에 발생한 잔여물
㉳ 해당국 또는 해당국의 선박에서 ㉮호부터 ㉲호까지의 물품을 원재료로 하여 제조·가공한 물품

나. 수입 물품의 생산·제조·가공 과정에 둘 이상의 국가가 관련된 경우에는 최종적으로 실질적 변형을 가하여 그 물품에 본질적 특성을 부여하는 활동(이하 "실질적 변형")을 한 국가를 그 물품의 원산지로 해야 한다. 여기서 말하는 "실질적 변형"이란 해당국에서의 제조·가공과정을 통하여 원재료의 세번과 상이한 세번(HS 6단위 기준)의 제품을 생산하는 것을 말한다(규정 제85조 ②항).

다. 수입 물품의 생산·제조·가공 과정에 둘 이상의 국가가 관련된 경우 단순한 가공활동을 하는 국가를 원산지로 하지 아니한다. 여기서 말하는 "단순한 가공활동"은 다음과 같은 활동을 의미한다(규정 제85조 ⑧항).

㉮ 운송 또는 보관 목적으로 물품을 양호한 상태로 보존하기 위해 행하는 가공활동
㉯ 선적 또는 운송을 용이하게 하기 위한 가공활동
㉰ 판매목적으로 물품의 포장 등과 관련된 활동
㉱ 제조·가공결과 HS 6단위가 변경되는 경우라도 다음 중의 어느 하나에 해당되는 가공과 이들이 결합되는 가공은 단순한 가공활동의 범위에 포함된다.
① 통풍
② 건조 또는 단순가열(볶거나 굽는 것을 포함한다)

③ 냉동, 냉장

④ 손상부위의 제거, 이물질 제거, 세척

⑤ 기름칠, 녹방지 또는 보호를 위한 도색, 도장

⑥ 거르기 또는 선별(sifting or screening)

⑦ 정리(sorting), 분류 또는 등급선정(classifying, or grading)

⑧ 시험 또는 측정

⑨ 표시나 라벨의 수정 또는 선명화

⑩ 가수, 희석, 흡습, 가염, 가당, 전리(ionizing)

⑪ 각피(husking), 탈각(shelling or unshelling), 씨제거 및 신선 또는 냉장육류의 냉동, 단순 절단 및 단순 혼합

⑫ 별표 9에서 정한 HS 01류의 가축을 수입하여 해당국에서 도축하는 경우 같은 별표에서 정한 품목별 사육기간 미만의 기간 동안 해당국에서 사육한 가축의 도축(slaughtering)

⑬ 펴기(spreading out), 압착(crushing)

⑭ 가목부터 파목까지의 규정에 준하는 가공으로서 산업통상자원부장관이 별도로 판정하는 단순한 가공활동

이러한 완전생산물품, 실질적 변형, 단순한 가공활동의 기준 등 원산지 판정 기준에 관한 구체적인 사항은 관계 중앙행정기관의 장과 협의하여 산업통상자원부장관이 정하여 고시한다(영 제61조 ②항).

해당국에서의 제조·가공과정을 통하여 원재료의 세번과 상이한 세번(HS 6단위 기준)의 제품을 생산하는 것을 실질적 변형이라고 함에도 불구하고, 통상산업자원부장관은 관세율표상에 해당 물품과 그 원재료의 세번이 구분되어 있지 아니함으로 인하여 제조·가공 과정을 통하여 그 물품의 본질적 특성을 부여하는 활동을 가하더라도 세번(HS 6단위 기준)이 변경되지 아니하는 경우에는 관계기관의 의견을 들은 후 실질적 변형 여부를 판단할 수 있다(규정 제85조 ③항).

2) 부가가치 및 주요 부품 또는 주요 공정 기준

원산지의 판정과 관련된 실질적 변형에 관한 규정에도 불구하고 산업통상자원부장관이 별표 9에서 별도로 정하는 물품에 대하여는 부가가치, 주요 부품 또는 주요 공정 등에 의하여 해당 물품의 원산지를 판정한다. 이때, 부가가치의 비율은 해당 물품의 제조·생산에 사용된 원료 및 구성품의 원산지별 가격누계가 해당 물품의 수입가격(FOB가격 기준)에서 점하는 비율로 한다(규정 제85조 ④항 및 ⑤항).

이러한 주요 부품에 대하여는 다음의 국가를 원산지로 본다(규정 제85조 ⑥항).

가. 해당 주요 부품의 원료 및 구성품의 부가가치 생산에 최대로 기여한 국가가 해당 완제품의 부가가치비율 기준 상위 2개국 중 어느 하나에 해당하는 경우는 해당 국가

나. 해당 주요 부품의 원료 및 구성품의 부가가치 생산에 최대로 기여한 국가가 해당 완제품의 부가가치비율 기준 상위 2개국 중 어느 하나에 해당하지 아니하는 경우는 해당 완제품을 최종적으로 제조한 국가

부가가치의 비율을 산정하는 경우 해당 물품의 제조·생산에 사용된 원료 및 구성품의 가격은 다음의 어느 하나에서 정하는 가격으로 한다(규정 제85조 ⑦항).

가. 해당 제조·생산국에서 외국으로부터 수입 조달한 원료 및 구성품의 가격은 각기 수입 단위별 FOB가격

나. 해당 제조·생산국에서 국내적으로 공급된 원료 및 구성품의 가격은 각기 구매 단위별 공장도가격

3) 수입 원료를 사용한 국내생산 물품 등의 원산지 판정 기준

산업통상자원부장관은 공정한 거래질서의 확립과 생산자 및 소비자 보호를 위하여 필요하다고 인정하면 수입 원료를 사용하여 국내에서 생산되어 국내에서 유통되거나 판매되는 물품 등(이하 "국내생산물품 등")에 대한 원산지 판정에 관한 기준을 관계 중앙행정기관의 장과 협의하여 정할 수 있다. 다만, 다른

법령에서 국내생산물품 등에 대하여 다른 기준을 규정하고 있는 경우에는 그러하지 아니하다. 산업통상자원부장관은 수입 원료를 사용한 국내생산물품 등에 대한 원산지 판정에 관한 기준을 정하면 이를 공고하여야 한다(법 제35조 ①항 및 ②항).

(1) 수입 원료를 사용한 국내생산 물품 등의 원산지 판정 기준 적용 대상

수입 원료를 사용한 국내생산물품 등의 원산지 판정 기준 적용 대상물품은 별표 8에 의한 수입 물품 원산지표시대상물품 중 국내수입 후 제85조제8항의 단순한 가공활동을 한 물품과 1류~24류(농수산물 · 식품), 30류(의료용품), 33류(향료 · 화장품), 48류(지와 판지), 49류(서적 · 신문 · 인쇄물), 50류~58류(섬유), 70류(유리), 72류(철강), 87류(8701~8708의 일반차량), 89류(선박)에 해당되지 않는 물품이다(규정 제86조 ①항).

(2) 수입 원료를 사용한 국내생산 물품 중 우리나라가 원산지인 물품

다음의 어느 하나에 해당하는 경우 우리나라를 원산지로 하는 물품으로 본다(규정 제86조 ②항).

가. 우리나라에서 제조 · 가공과정을 통해 수입 원료의 세번과 상이한 세번(HS 6단위 기준)의 물품을 생산하거나 세번 HS 4단위에 해당하는 물품의 세번이 HS 6단위에서 전혀 분류되지 아니한 물품으로, 해당 물품의 총 제조원가 중 수입 원료의 수입가격(CIF가격 기준)을 공제한 금액이 총 제조원가의 51퍼센트 이상인 경우

나. 우리나라에서 단순한 가공활동이 아닌 제조 · 가공과정을 통해 세번 변경이 안 된 물품을 최종적으로 생산하고, 해당 물품의 총 제조원가 중 수입 원료의 수입가격(CIF가격 기준)을 공제한 금액이 총 제조원가의 85퍼센트 이상인 경우

다. 천일염은 외국산 원재료가 사용되지 않고 제조되어야 우리나라를 원산지로 본다(규정 제86조 ③항).

(3) 수입 원료를 사용한 국내생산 물품 중 우리나라가 원산지가 아닌 물품의 원산지 표시

수입 원료를 사용한 국내생산물품 중 원산지 규정을 충족하지 아니하여 우리나라가 원산지가 아닌 물품의 원산지 표시는 다음의 방법에 따라 표시할 수 있다(규정 제86조 ⑤항).

가. 우리나라를 "가공국" 또는 "조립국" 등으로 표시하되 원료 또는 부품의 원산지를 동일한 크기와 방법으로 병행하여 표시

나. 원료나 부품이 1개국의 생산품인 경우에는 "원료(또는 부품)의 원산지 : 국명"을 표시

다. 원료나 부품이 2개국 이상(우리나라를 포함한다)에서 생산된 경우에는 완성품의 제조원가의 재료비에서 차지하는 구성비율이 높은 순으로 2개 이상의 원산지를 각각의 구성 비율과 함께 표시(예: "원료 (또는 부품)의 원산지 : 국명(○%), 국명(○%)")

4) 원산지 판정 기준의 특례

원산지 판정 기준의 특례에 대해서는 다음과 같이 규정하고 있다(규정 제87조 ①항부터 ③항).

가. 기계・기구・장치 또는 차량에 사용되는 부속품・예비부분품 및 공구로서 기계 등과 함께 수입되어 동시에 판매되고 그 종류 및 수량으로 보아 정상적인 부속품, 예비부분품 및 공구라고 인정되는 물품의 원산지는 해당 기계・기구・장치 또는 차량의 원산지와 동일한 것으로 본다.

나. 포장용품의 원산지는 해당 포장된 내용품의 원산지와 동일한 것으로 본다. 다만, 법령에 따라 포장용품과 내용품을 각각 별개로 구분하여 수입신고하도록 규정된 경우에는 포장용품의 원산지는 내용품의 원산지와 구분하여 결정한다.

다. 촬영된 영화용 필름은 그 영화제작자가 속하는 나라를 원산지로 한다.

5) 수출물품의 원산지 판정

수출 물품에 대한 원산지 판정은 완전생산물품, 실질적 변형, 단순한 가공 활동의 기준 등 원산지 판정 기준을 준용하여 판정하되, 그 물품에 대한 원산지 판정기준이 수입국의 원산지 판정기준과 다른 경우에는 수입국의 원산지 판정기준에 따라 원산지를 판정할 수 있다(영 제61조 ③항).

4. 원산지 증명서

1) 수입 물품의 원산지 증명서

산업통상자원부장관은 원산지를 확인하기 위하여 필요하다고 인정하면 물품 등을 수입하려는 자에게 그 물품 등의 원산지 국가 또는 물품 등을 선적(船積)한 국가의 정부 등이 발행하는 원산지증명서를 제출하도록 할 수 있으며(법 제36조 ①항), 원산지를 확인하여야 할 물품을 수입하는 자는 수입신고 전까지 원산지증명서 등 관계 자료를 제출하고 확인을 받아야 한다. 따라서 수입 시 원산지증명서를 제출하여야 하는 경우는 다음과 같다(규정 제91조 ①항 및 ②항).

가. 통합공고에 의하여 특정지역으로부터 수입이 제한되는 물품

나. 원산지 허위표시, 오인·혼동표시 등을 확인하기 위하여 세관장이 필요하다고 인정하는 물품

다. 그 밖에 법령에 따라 원산지 확인이 필요한 물품

수입 시 원산지 증명서 등 관계 자료를 제출받은 세관장은 해당 자료의 발행기관에 이의 확인을 요청할 수 있으며, 관계 자료를 제출한 자는 자료제출기관에 제출한 자료를 영업상 비밀로 보호하여 줄 것을 요청할 수 있다(규정 제91조 ③항 및 ⑤항). 그리고 관세청장은 원산지 확인에 필요한 사항을 산업통상자원부장관과 협의하여 별도로 정할 수 있다(규정 제91조 ④항).

2) 수입 물품의 원산지 증명서 제출

산업통상자원부장관은 산업통상자원부장관이 정하여 고시하는 지역으로부터 산업통상자원부장관이 정하여 고시하는 물품을 수입하려는 자에게 다음과 같은 기관에서 발행하는 원산지증명서를 그 물품을 수입할 때에 제출하도록 할 수 있다(영 제65조 ①항).

가. 그 물품의 원산지 국가

나. 그 물품을 선적(船積)한 국가의 정부

다. 원산지 국가 또는 선적한 국가의 정부가 인정하는 기관

3) 원산지증명서 등의 제출면제

원산지를 확인하여야 할 물품을 수입하는 자는 수입신고 전까지 원산지 증명서 등 관계 자료를 제출하고 확인을 받아야 함에도 불구하고 다음 중의 어느 하나에 해당하는 물품은 원산지증명서 등의 제출을 면제한다(규정 제92조).

가. 과세가격이 15만원 이하인 물품

나. 우편물(「관세법」 제258조 ②항에 해당하는 것은 제외)

다. 개인에게 무상 송부된 탁송품, 별송품 또는 여행자의 휴대품

라. 재수출조건부 면세 대상 물품 등 일시 수입 물품

마. 보세운송, 환적 등에 의하여 우리나라를 단순히 경유하는 통과화물

바. 물품의 종류, 성질, 형상 또는 그 상표, 생산국명, 제조자 등에 의하여 원산지가 인정되는 물품

사. 그 밖에 관세청장이 산업통상자원부장관과 협의하여 타당하다고 인정하는 물품

4) 수출 물품의 원산지 증명서 발급

헌법에 따라 체결·공포된 조약과 일반적으로 승인된 국제법규를 이행하기 위하여 또는 교역상대국 무역거래자의 요청으로 수출 물품의 원산지증명서를

발급받으려는 자는 산업통상자원부장관에게 원산지증명서의 발급을 신청하여야 한다. 이 경우 수수료를 내야 한다(법 제37조 ①항). 따라서 수출 물품의 원산지증명서의 발급기준은 헌법에 따라 체결·공포된 조약이나 협정과 일반적으로 승인된 국제법규 또는 상대 수입국에서 정한 원산지증명서 발급기준으로 한다(영 제66조 ①항).

수출 물품의 원산지증명서를 발급받으려는 자는 수출물품 원산지 증명서 발급신청서에 다음의 서류를 첨부하여 산업통상자원부장관에게 제출하여야 한다(영 제66조 ②항).

가. 구매자·공급자에 관한 서류
나. 수출 물품의 가격·수량 등에 관한 서류
다. 그 밖에 수출물품의 원산지를 증명하는 데에 필요한 서류로서 산업통상자원부장관이 정하여 공고하는 서류

산업통상자원부장관은 수출물품 원산지 증명서 발급 신청을 받은 경우 원산지증명서 발급기준에 적합한지를 조사·확인하여 발급 여부를 결정한 후 수출 물품의 원산지증명서를 발급하여야 하며, 발급된 원산지증명서의 유효기간은 1년으로 한다. 다만, 헌법에 따라 체결·공포된 조약이나 협정과 일반적으로 승인된 국제법규에서 그 유효기간을 다르게 정하고 있는 경우에는 그 유효기간으로 한다(영 제66조 ③항 및 ④항). 이 외에 수출 물품의 원산지증명서의 발급 등에 필요한 세부사항은 산업통상자원부장관이 정하여 고시한다(영 제66조 ⑤항).

5) 원산지 확인에 있어서의 직접운송원칙

수입 물품의 원산지는 그 물품이 원산지 국가 이외의 국가(이하 “비원산국”)를 경유하지 아니하고 원산지 국가로부터 직접 우리나라로 운송 반입된 물품에만 해당 물품의 원산지를 인정한다. 다만, 다음 중의 어느 하나에 해당하는 경우에는 해당 물품이 비원산국의 보세구역 등에서 세관 감시 하에 환적 또는 일시장치 등이 이루어지고, 이들 이외의 다른 행위가 없었음이 인정되는 경우

에만 이를 우리나라로 직접 운송된 물품으로 본다(규정 제93조 ①항).

가. 지리적 또는 운송 상의 이유로 비원산국에서 환적 또는 일시장치가 이루어진 물품의 경우

나. 박람회, 전시회 그 밖에 이에 준하는 행사에 전시하기 위하여 비원산국으로 수출하였던 물품으로서 해당 물품의 전시목적에 사용 후 우리나라로 수출한 물품의 경우

해당 물품이 비원산국의 보세구역 등에서 세관 감시 하에 환적 또는 일시장치 등이 이루어지고, 이들 이외의 다른 행위가 없었음이 인정되는 물품의 경우에는 관세청장이 정하는 서류를 원산지증명서와 함께 수입신고 전까지 세관장에게 제출하여야 한다(규정 제93조 ②항).

5. 외국산 물품을 국산 물품 등으로 가장하는 행위의 금지

누구든지 원산지증명서를 위조 또는 변조하거나 거짓된 내용으로 원산지증명서를 발급받거나 물품 등에 원산지를 거짓으로 표시하는 등의 방법으로 외국에서 생산된 물품 등(외국에서 생산되어 국내에서 대통령령으로 정하는 단순한 가공활동을 거친 물품 등도 포함)의 원산지가 우리나라인 것처럼 가장(假裝)하여 그 물품 등을 수출하거나 외국에서 판매하여서는 아니 된다(법 제38조).

외국산 물품을 국산 물품 등으로 가장하는 행위의 금지의무를 위반한 자에 해당하는 자는 5년 이하의 징역 또는 1억원 이하의 벌금에 처한다. 이 경우 징역과 벌금은 병과(倂科)할 수 있다(법 제53조의2 4호).

제5장 수입수량 제한조치

1. 수입수량 제한조치의 의미

산업통상자원부장관은 특정 물품의 수입 증가로 인하여 같은 종류의 물품 또는 직접적인 경쟁 관계에 있는 물품을 생산하는 국내 산업이 심각한 피해를 입고 있거나 입을 우려(이하 “심각한 피해 등”)가 있음이 「불공정무역행위 조사 및 산업피해구제에 관한 법률」 제27조에 따른 무역위원회(이하 “무역위원회”)의 조사를 통하여 확인되고 심각한 피해 등을 구제하기 위한 조치가 건의된 경우로서 그 국내 산업을 보호할 필요가 있다고 인정되면 그 물품의 국내 산업에 대한 심각한 피해 등을 방지하거나 치유하고 조정을 촉진하기 위하여 필요한 범위에서 물품의 수입수량을 제한하는 조치(이하 “수입수량제한조치”)를 시행할 수 있다(법 제39조 ①항).

2. 수입수량 제한조치의 시행과 보상협상

산업통상자원부장관은 무역위원회의 건의, 해당 국내산업 보호의 필요성, 국제통상 관계, 수입수량제한조치의 시행에 따른 보상수준 및 국민경제에 미치는 영향 등을 검토하여 수입수량제한조치의 시행 여부와 내용을 결정하며, 정부는 이러한 수입수량제한조치를 시행하려면 이해 당사국과 수입수량제한조치의 부정적 효과에 대한 적절한 무역보상에 관하여 협의할 수 있다(법 제39조 ②항 및 ③항).

산업통상자원부장관은 수입수량제한조치의 대상 물품, 수량, 적용기간 등을 공고하여야 하며, 수입수량 제한조치의 시행 여부를 결정하기 위하여 필요하다고 인정하면 관계 행정기관의 장 및 이해관계인 등에게 관련 자료의 제출 등 필요한 협조를 요청할 수 있다(법 제39조 ⑥항 및 ⑦항).

3. 수입수량 제한조치의 대상물품 · 적용기간 및 연장

1) 수입수량제한조치의 적용기간

산업통상자원부장관은 수입수량제한조치의 대상 물품, 수량, 적용기간 등을 공고하여야 하며, 수입수량제한조치의 적용 기간은 4년을 넘어서는 아니 된다. 이러한 수입수량제한조치는 조치 시행일 이후 수입되는 물품에만 적용한다(법 제39조 ④항부터 ⑥항).

2) 수입수량제한조치에 대한 연장

산업통상자원부장관은 무역위원회의 건의가 있고 필요하다고 인정하면 수입수량제한조치의 내용을 변경하거나 적용기간을 연장할 수 있다. 이 경우 변경되는 조치 내용 및 연장되는 적용기간 이내에 변경되는 조치 내용은 최초의 조치 내용보다 완화되어야 한다. 이러한 수입수량제한조치의 적용기간을 연장하는 때에는 수입수량제한조치의 적용기간과 긴급관세 또는 잠정긴급관세의 부과기간 및 그 연장기간을 전부 합산한 기간이 8년을 넘어서는 아니 된다(법 제40조 ①항 및 ②항).

산업통상자원부장관은 시행 중인 수입수량 제한조치에 대하여 무역위원회가 그 조치 내용의 변경이나 적용기간의 연장을 건의하면 그 건의가 접수된 날부터 1개월 이내(연장의 경우 수입수량 제한조치의 적용기간이 끝나는 날 이전)에 그 조치의 변경이나 조치 기간의 연장 여부를 결정하고 그 내용을 무역위원회에 통보하여야 한다(영 제69조).

4. 수입수량 제한조치의 기준 수량

산업통상자원부장관이 수입수량을 제한하는 경우 그 제한수량은 최근의 대표적인 3년 간의 수입량을 연평균수입량으로 환산한 수량(이하 "기준 수량") 이상으로 하여야 한다. 이 경우 최근의 대표적인 연도를 정할 때에는 통상적인 수입량과 비교하여 수입량이 급증하거나 급감한 연도는 제외한다. 그러나 산업통상자원부장관은 기준수량 이상으로 수입수량 제한조치를 하는 경우 해당 산업의 심각한 피해를 방지하거나 구제하기 어렵다고 명백하게 인정되는 경우에는 기준수량 미만으로 수입수량을 제한할 수 있다. 그리고 산업통상자원부장관은 제한되는 수입수량을 각 국가별로 할당할 수 있다(영 제68조 ①항부터 ③항).

5. 수입수량 제한조치의 예외

산업통상자원부장관은 수입수량제한조치의 대상이었거나 「관세법」 제65조에 따른 긴급관세 또는 같은 법 제66조에 따른 잠정 긴급관세의 대상이었던 물품에 대하여는 그 수입수량제한조치의 적용기간, 긴급관세의 부과기간 또는 잠정긴급관세의 부과기간이 끝난 날부터 그 적용 기간 또는 부과기간에 해당하는 기간(적용기간 또는 부과기간이 2년 미만인 경우에는 2년)이 지나기 전까지는 다시 수입수량제한조치를 시행할 수 없다. 다만, 다음의 요건을 모두 충족하는 경우에는 180일 이내의 수입수량제한조치를 시행할 수 있다(법 제39조 ⑧항).

가. 해당 물품에 대한 수입수량 제한조치가 시행되거나 긴급관세 또는 잠정긴급관세가 부과된 후 1년이 지날 것

나. 수입수량 제한조치를 다시 시행하는 날부터 소급하여 5년 안에 그 물품에 대한 수입수량 제한조치의 시행 또는 긴급관세의 부과가 2회 이내일 것

제6장
수출입의 질서 유지와 행정벌

제1절 수출입 질서유지

1. 가격조작 금지

무역거래자는 외화도피의 목적으로 물품 등의 수출 또는 수입 가격을 조작(造作)하여서는 아니 된다(법 제43조). 수출입 물품의 가격조작을 금지하는 이유는 이러한 가격조작을 통하여 무역거래자가 관세를 포탈하거나 또는 외화를 도피하게 할 우려가 있기 때문이다. 즉 무역거래자가 외국의 거래 당사자와 공모하여 수입 가격을 실제 가격보다 낮추어 수입하는 경우에는 관세를 실제보다 적게 납부하여 관세를 포탈할 수 있으며, 수입 가격을 실제 가격보다 높게 책정하여 수입하는 경우에는 더 많이 지급한 수입대금의 차액만큼을 외국으로 도피시킬 우려가 있기 때문이다.

2. 무역 분쟁의 해결

1) 무역거래자간 무역 분쟁의 신속한 해결

무역거래자는 그 상호 간이나 교역상대국의 무역거래자와 물품 등의 수출・수입과 관련하여 분쟁이 발생한 경우에는 정당한 사유 없이 그 분쟁의 해결을 지연시켜서는 아니 된다(법 제44조 ①항).

산업통상자원부장관은 무역거래자간 무역 분쟁이 발생한 경우 무역거래자에게 분쟁의 해결에 관한 의견을 진술하게 하거나 그 분쟁과 관련되는 서류의 제출을 요구할 수 있으며, 서류를 제출받거나 의견을 들은 후에 필요하다고 인정하면 그 분쟁에 관하여 사실 조사를 할 수 있다(법 제44조 ②항 및 ③항). 또 산업통상자원부장관은 무역거래자간 무역 분쟁을 신속하고 공정하게 처리하는 것이 필요하다고 인정하거나 무역 분쟁 당사자의 신청을 받으면 대통령령으로 정하는 바에 따라 분쟁을 조정하거나 분쟁의 해결을 위한 중재(仲裁) 계약의 체결을 권고할 수 있다(법 제44조 ④항).

2) 무역 분쟁의 통지

대한민국재외공관의 장이 교역상대국의 무역거래자 및 무역 분쟁해결기관의 장으로부터 무역 분쟁 사실의 신고를 받거나 업무를 수행하면서 무역 분쟁 사실을 알게 된 경우에는 지체 없이 그 사실을 산업통상자원부장관에게 알려야 한다. 대한무역투자진흥공사, 수출입조합, 그 밖에 수출·수입과 관련된 기관의 경우에도 또한 같다. 그리고 산업통상자원부장관은 이러한 무역 분쟁 사실의 통지를 받은 경우 그 분쟁을 신속하게 해결하기 위하여 필요하다고 인정할 때에는 조정(調停) 또는 알선을 할 수 있다(영 제75조 ①항 및 ②항).

제2절 조정에 의한 수출입 질서 유지

1. 분쟁의 조정

1) 선적 전 검사와 관련한 분쟁 조정

수입국 정부와의 계약 체결 또는 수입국 정부의 위임을 받아 기업이 수출하는 물품 등에 대하여 국내에서 선적 전에 검사를 실시하는 기관(이하 "선적 전 검사기관")은 '세계무역기구 선적 전 검사에 관한 협정'을 지켜야 한다. 이 경우 선적 전 검사기관은 선적 전 검사가 기업의 수출에 대한 무역장벽으로 작용하도록 하여서는 아니 된다(법 제45조 ①항). 그러나 선적 전 검사기관이 선적 전 검사를 하면서 '세계무역기구 선적 전 검사에 관한 협정' 제2조를 위반하여 수출 이행에 장애를 초래하였을 때에 그 선적 전 검사는 무역장벽으로 작용한 것으로 본다(영 제76조).

산업통상자원부장관은 선적 전 검사와 관련하여 수출자와 선적 전 검사기관 간에 분쟁이 발생하였을 경우에는 그 해결을 위하여 필요한 조정(調整)을 할 수 있으며, 분쟁에 관한 중재(仲裁)를 담당할 수 있도록 대통령령으로 정하는 바에 따라 독립적인 중재기관을 설치할 수 있다(법 제45조 ②항 및 ③항). 이러한 따른 중재기관은 「중재법」 제40조에 따라 산업통상자원부장관이 지정하는 사단법인(이하 "대한상사중재원")으로 하며, 중재에 대하여는 「중재법」을 적용한다(영 제85조 ①항 및 ②항).

2) 분쟁조정 신청

(1) 조정의 신청

무역거래 또는 선적 전 검사와 관련한 분쟁이 발생한 경우 당사자의 일방 또는 쌍방은 무역 분쟁 당사자의 신청(법 제44조 ④항)이나 산업통상자원부장관의 분쟁 해결을 위하여 필요한 조정을 할 수 있는 권한(법 제45조 ②항)에 따라 산업통상자원부장관에게 분쟁의 조정을 신청할 수 있으며, 산업통상자원부장관은 조정을 위하여 관계 전문가에게 자문하거나 이해관계자 등의 의견을 들을 수 있다(영 제80조 ①항 및 ③항).

(2) 조정신청의 접수 및 통지

조정을 신청하려는 자(이하 "신청인"이라 한다)는 조정비용의 예납과 함께 다음의 사항을 기재한 조정신청서 5부를 대한상사중재원장(이하 "중재원장"이라 한다)에게 제출하여야 한다(규정 제98조 ①항).

가. 당사자의 성명 및 주소(다만, 법인인 경우는 법인의 명칭 및 주소와 그 대표자의 성명 및 주소를 병기)

나. 조정을 구하는 취지 및 이유

다. 그 밖에 분쟁조정을 위한 참고자료

중재원장은 조정의 신청을 접수한 경우에는 이를 당사자에게 서면으로 알린다. 접수된 사항의 추가 또는 변경하려는 경우에도 또한 같다. 다만, 경미한 사항은 그러하지 아니하다(규정 제98조 ②항).

(3) 답변 및 반대신청

조정신청통지를 받은 조정의 피신청인은 3일 이내에 대한상사중재원에 서면으로 이에 대한 의견을 제출할 수 있다(규정 제99조).

피신청인은 조정신청 통지를 받은 날부터 3일 이내에 반대신청을 할 수 있다. 다만, 반대신청이 정상적인 조정절차를 방해한다고 인정되는 경우 중재원장은 직권으로 이를 허가하지 아니할 수 있으며, 피신청인의 반대신청은 신청인의 조정신청과 병합하여 심리한다(규정 제100조 ①항 및 ②항). 그리고 반대신청의 경우에 '조정신청의 접수 및 통지, 답변'의 규정을 준용한다.

3) 조정안의 작성 및 통지

산업통상자원부장관은 조정신청을 받은 때에는 30일 이내에 조정안을 작성하여 당사자에게 제시하여야 하며, 이러한 조정안에는 다음과 같은 사항이 포함되어야 한다(영 제81조 ①항 및 ②항).

가. 조정 사건의 표시
나. 조정의 일시 및 장소
다. 당사자의 성명 또는 명칭
라. 조정안의 주요 내용

산업통상자원부장관은 조정 신청에 따라 조정안이 작성된 경우에는 당사자에게 알려야 하며, 조정안을 통지받은 분쟁 당사자는 7일 이내에 조정안에 대한 수락 여부를 서면으로 산업통상자원부장관에게 알려야 한다(영 제82조 ①항 및 ②항).

4) 조정의 종료

산업통상자원부장관은 다음 중의 어느 하나에 해당하는 경우에는 해당 조정 사건을 끝낼 수 있으며, 조정이 끝난 경우에는 당사자에게 알려야 한다(법 제83조 ①항 및 ②항).

가. 당사자 간에 합의가 이루어지거나 조정안이 수락된 경우
나. 조정신청인이나 당사자가 조정신청을 철회한 경우
다. 당사자가 조정안을 거부한 경우
라. 당사자 간에 합의가 성립될 가능성이 없다고 인정되는 경우나 그 밖에 조정할 필요가 없다고 판단되는 경우

5) 조정비용

산업통상자원부장관은 이 법에 따른 조정과 관련하여 당사자에게 조정비용을 부담하도록 할 수 있으며, 조정비용은 신청요금, 경비 및 수당으로 구분하며, 조정비용의 금액, 예납절차(豫納節次) 등에 관하여 필요한 사항은 산업통상자원부장관이 정하여 고시한다(법 제84조 ①항 및 ②항).

(1) 조정비용기준

당사자의 신청에 의한 경우 조정위원 및 간사의 소요경비, 증인 또는 감정인의 소요경비, 검사 또는 조사경비, 통역 또는 번역경비 등 조정에 소요되는 일체의 경비는 해당 당사자가 부담한다. 다만 그 경비가 중재원장의 요청에 의한 것일 경우에는 당사자간에 따로 정함이 없는 경우 신청인이 부담한다(규정 제101조 ②항). 조정비용 기준은 다음 [별표 12]와 같다.

분쟁조정비용(별표 12)

구분	수수료
조정 사건 당	50,000원
조정위원 수당 조정안 작성 수당	100,000원 50,000원

(2) 예납방법

조정신청을 하려는 신청인은 조정비용을 중재원에 예납하여야 하며, 예납액이 부족한 경우 중재원장은 신청인에게 추가예납을 요청할 수 있다. 그리고 당사자가 조정비용의 예납요청을 받은 날부터 3일 이내에 이를 이행하지 않는 때에는 중재원장은 조정절차를 정지하거나 끝낼 수 있다. 다만, 일방의 당사자가 다른 당사자가 지급하여야 할 조정비용을 지급한 경우에는 그러하지 아니하다.

중재원장은 조정이 끝난 때에는 예납된 조정비용을 정산하고 잔액이 있는 경우는 이를 당사자에게 반환하여야 한다(규정 102조 ①항부터 ④항).

2. 조정명령

1) 조정명령

산업통상자원부장관은 다음 중의 어느 하나에 해당하는 경우에는 무역거래자에게 수출하는 물품 등의 가격, 수량, 품질, 그 밖에 거래조건 또는 그 대상지역 등에 관하여 필요한 조정(調整)을 명할 수 있다(법 제46조 ①항).

가. 헌법에 따라 체결·공포된 조약과 일반적으로 승인된 국제법규에 따른 의무 이행을 위하여 필요한 경우

나. 우리나라 또는 교역상대국의 관련 법령에 위반되는 경우

다. 그 밖에 물품 등의 수출의 공정한 경쟁을 교란할 우려가 있거나 대외신용을 손상하는 행위를 방지하기 위한 것으로서 다음 중의 하나에 해당하는 경우

> ㉮ 물품 등의 수출과 관련하여 부당하게 다른 무역거래자를 제외하는 경우
>
> ㉯ 물품 등의 수출과 관련하여 부당하게 다른 무역거래자의 상대방에 대하여 다른 무역거래자와 거래하지 아니하도록 유인하거나 강제하는 경우
>
> ㉰ 물품 등의 수출과 관련하여 부당하게 다른 무역거래자의 해외에서의 사업활동을 방해하는 경우

산업통상자원부장관은 이러한 조정을 명하는 경우에는 다음과 같은 사항을 고려하여야 한다(법 제46조 ②항).

가. 수출기반의 안정, 새로운 상품의 개발 또는 새로운 해외시장의 개척에 기여할 것

나. 다른 무역거래자의 권익을 부당하게 침해하거나 차별하지 아니할 것

다. 물품 등의 수출·수입의 질서 유지를 위한 목적에 필요한 정도를 넘지 아니할 것

이러한 조정을 명하는 절차 등에 필요한 사항은 대통령령으로 정하며, 산업통상자원부장관은 조정을 명하는 경우에 필요하다고 인정하면 수출입 승인(법 제11조 ②항)을 하지 아니하거나 관계 기관의 장에게 승인에 관련된 절차를 중지하게 할 수 있다(법 제46조 ③항 및 ④항).

2) 조정명령의 기준

산업통상자원부장관은 필요하다고 인정하면 물품 등의 수출의 공정한 경쟁을 교란할 우려가 있거나 대외 신용을 손상하는 행위를 방지하기 위한(법 제46조 ①항 3호) 조정을 명할 수 있는 경우에 대한 기준을 정하여 고시할 수 있다. 이 경우 산업통상자원부장관은 미리 해당 품목을 관장하는 관계 중앙행정기관의 장의 의견을 들어야 한다(영 제87조).

여기서 '조정을 명할 수 있는 경우에 대한 기준'이란 다음의 경우를 말한다(규정 제103조).

가. "부당하게 다른 무역거래자를 제외하는 경우"란 물품 등을 수출할 때에 정당한 이유 없이 그 수출에 소요되는 비용보다 낮은 가격으로 수출함으로써 다른 무역거래자를 제외시킬 우려가 있는 경우를 말한다.

나. "부당하게 다른 무역거래자의 상대방에 대해 다른 무역거래자와 거래하지 않도록 유인하거나 강제하는 경우"란 정상적인 거래관행에 비추어 부당한 이익을 제공 또는 제공할 제의를 하여 다른 무역거래자의 상대방을 자기와 거래하도록 유인하는 행위를 말한다.

다. "부당하게 다른 무역거래자의 해외에서의 사업 활동을 방해하는 경우"란 다음의 경우를 말한다.

㉮ 기술, 영업정보의 부당사용 : 다른 무역거래자의 기술 또는 영업정보를 부당하게 이용하여 다른 무역거래자의 해외에서의 사업 활동을 곤란하게 할 정도로 방해하는 행위

㉯ 인력의 부당유인 · 채용 : 다른 무역거래자의 인력을 부당하게 유

인·채용하여 다른 무역거래자의 해외에서의 사업활동을 곤란하게 할 정도로 방해하는 행위

3) 조정명령

(1) 조정명령의 공고

산업통상자원부장관은 조정을 명하기 위하여 관계 전문가에게 자문하거나 이해관계자 등의 의견을 들을 수 있으며, 조정을 명하는 경우 기업의 영업비밀 보호를 침해할 우려 등의 특별한 사유가 없으면 조정을 명하는 이유, 대상, 내용 등을 공고하여야 한다(법 제88조 ①항 및 ②항).

(2) 독점규제 및 공정거래에 관한 법률과의 관계

산업통상자원부장관의 조정명령의 이행에 대하여는 「독점규제 및 공정거래에 관한 법률」을 적용하지 아니하지만, 산업통상자원부장관은 조정명령이 「독점규제 및 공정거래에 관한 법률」 제2조 1호에 따른 사업자 간의 국내 시장에서의 경쟁을 제한하는 것이면 공정거래위원회와 미리 협의하여야 한다(법 제50조 ①항 및 ②항).

(3) 국가보안법과의 관계

대외무역법에 따른 물품 등의 수출·수입행위에 대하여는 그 행위가 업무수행 상 정당하다고 인정되는 범위에서 「국가보안법」을 적용하지 아니한다(법 제51조).

제3절 행정벌

1. 대외무역법 상의 행정벌

대외무역법에서 규정하고 있는 벌칙은 행정벌에 해당하는 것인데, 이는 행정법상의 의무 위반에 대한 제재로서 과하는 일정한 행정벌을 의미한다. 이러한 행정벌은 행정 형벌과 행정 질서벌로 구분할 수 있다. 행정 형벌은 형법에 근거하여 부과하는 것으로 징역 · 금고 · 자격정지 · 벌금 · 몰수 등을 과할 수 있으며, 형정 질서벌로는 과태료 처분 또는 지정 취소 등이 있다.

2. 행정 형벌

대외무역법에 의하여 징역 · 금고 · 자격정지 · 벌금 · 몰수 등을 과하는 행정형벌은 형사소송법에 의하여 집행하게 된다.

1) 7년 이하의 징역 또는 수출 · 중개하는 물품 가격의 5배 이하의 벌금

전략물자의 국제적 확산을 꾀할 목적으로 다음 중의 어느 하나에 해당하는 위반행위를 한 자는 7년 이하의 징역 또는 수출 · 경유 · 환적 · 중개하는 물품 등의 가격의 5배에 해당하는 금액 이하의 벌금에 처한다(법 제53조 ①항).

가. 전략물자 수출허가를 받지 아니하고 전략물자를 수출한 자

나. 상황허가를 받지 아니하고 상황허가 대상인 물품 등을 수출한 자

다. 경유 또는 환적 허가를 받지 아니하고 전략물자 등을 경유 또는 환적한 자

라. 전략물자 중개허가를 받지 아니하고 전략물자를 중개한 자

2) 5년 이하의 징역 또는 수출 · 수입 · 경유 · 환적 · 중개하는 물품가격의 3배 이하의 벌금

다음 중의 어느 하나에 해당하는 자는 5년 이하의 징역 또는 수출 · 수입하는 물품 등의 가격의 3배에 해당하는 금액 이하의 벌금에 처한다(법 제53조 ②항).

가. 수출 또는 수입의 제한이나 금지조치를 위반한 자
나. 전략물자 수출허가를 받지 아니하고 전략물자를 수출한 자
다. 거짓이나 그 밖의 부정한 방법으로 전략물자 수출허가를 받은 자
라. 상황허가를 받지 아니하고 상황허가 대상인 물품 등을 수출한 자
마. 거짓이나 그 밖의 부정한 방법으로 상황허가를 받은 자
바. 경유 또는 환적 허가를 받지 아니하고 전략물자 등을 경유 또는 환적한 자
사. 거짓이나 그 밖의 부정한 방법으로 경유 또는 환적 허가를 받은 자
아. 전략물자 중개허가를 받지 아니하고 전략물자를 중개한 자
자. 거짓이나 그 밖의 부정한 방법으로 전략물자 중개허가를 받은 자
차. 가격조작 금지 의무를 위반하여 물품 등의 수출과 수입의 가격을 조작한 자
카. 조정명령을 위반한 자

3) 5년 이하의 징역 또는 1억원 이하의 벌금

다음 중의 어느 하나에 해당하는 자는 5년 이하의 징역 또는 1억원 이하의 벌금에 처한다. 이 경우 징역과 벌금은 병과(倂科)할 수 있다(법 제53조의2).

가. 이동중지 명령은 위반한 자
나. 수출입 물품 등의 원산지 표시를 위반한 무역거래자 또는 물품 등의 판매업자
다. 원산지표시 대상물품에 대하여 원산지 표시를 하지 아니한 무역거래자
라. 원산지 표시 방법 위반에 따른 시정조치 명령을 위반한 자
마. 외국산 물품 등의 국산 물품 등으로의 가장 금지 의무를 위반한 자

4) 3년 이하의 징역 또는 3천만원 이하의 벌금

다음 중의 어느 하나에 해당하는 자는 3년 이하의 징역 또는 3천만원 이하의 벌금에 처한다(법 제54조).

가. 무역에 관한 조약의 이행을 위하여 필요한 자료의 비밀유지 의무를 위반하여 직무상 습득한 기업정보를 타인에게 제공 또는 누설하거나 사용 목적 외의 용도로 사용한 자

나. 수출입 승인 대상물품 또는 변경승인 대상물품을 수출입하면서 승인 또는 변경승인을 받지 아니하고 수출 또는 수입 승인 대상 물품 등을 수출하거나 수입한 자

다. 수출입 승인 대상물품 또는 변경승인 대상물품을 수출입하면서 거짓이나 그 밖의 부정한 방법으로 승인 또는 변경승인을 받거나 그 승인 또는 변경승인을 면제받고 물품 등을 수출하거나 수입한 자

라. 원료·기재를 수입한 자와 수입을 위탁한 자가 외화획득을 하여야 하나 수입에 대응하는 외화획득을 하지 아니한 자

마. 수입한 외화획득용 원료·기재를 목적을 벗어난 사용을 하는 경우에 사용 승인을 받지 아니하고 목적 외의 용도로 원료·기재 또는 그 원료·기재로 제조된 물품 등을 사용한 자

바. 수입한 외화획득용 원료·기재 또는 그 원료·기재로 제조된 물품 등을 당초의 목적과 같은 용도로 사용하거나 수출하려는 자에게 양도하려는 때에 승인을 받지 아니하고 원료·기재 또는 그 원료·기재로 제조된 물품 등을 양도한 자

사. 전략물자 수출입통제업무의 수행과정에서 알게 된 영업상 비밀에 대하여 비밀 준수 의무를 위반한 자

아. 거짓이나 그 밖의 부정한 방법으로 플랜트 수출의 승인 또는 변경 승인을 받은 자

5) 미수범

다음 중의 하나에 해당하는 미수범은 각각 해당하는 본죄에 준하여 처벌한다(법 제55조).

가. 7년 이하의 징역 또는 수출·경유·환적·중개하는 물품 가격의 5배 이하의 벌금

> 전략물자의 국제적 확산을 꾀할 목적으로 수출허가를 받지 아니하고 전략물자를 수출한 자, 상황허가를 받지 아니하고 상황허가 대상인 물품 등을 수출한 자, 경유 또는 환적 허가를 받지 아니하고 전략물자 등을 경유 또는 환적한 자, 중개허가를 받지 아니하고 전략물자를 중개한 자(제53조 ①항)

나. 3년 이하의 징역 또는 3천만원 이하의 벌금

> 수출허가를 받지 아니하고 전략물자를 수출한 자, 상황허가를 받지 아니하고 상황허가대상인 물품 등을 수출한 자, 중개허가를 받지 아니하고 전략물자를 중개한 자(제53조 ②항 2호·4호·6호)

다. 5년 이하의 징역 또는 1억원 이하의 벌금(법 제53조의2 1호의2 2호·4호)

> ㉮ 수출입 물품 등의 원산지 표시를 위반한 무역거래자 또는 물품 등의 판매업자
> ㉯ 원산지표시 대상물품에 대하여 원산지 표시를 하지 아니한 무역거래자
> ㉰ 외국산 물품 등의 국산 물품 등으로의 가장 금지 의무를 위반한 자

6) 과실범

중대한 과실로 다음에 해당하는 행위를 한 자는 2천만원 이하의 벌금에 처한다(법 제56조).

가. 수출입 물품 등의 원산지 표시를 위반한 무역거래자 또는 물품 등의 판

매업자(법 제53조의2 1호의2)

나. 원산지표시 대상물품에 대하여 원산지 표시를 하지 아니한 무역거래자(법 제53조의2 2호)

7) 양벌규정

법인의 대표자나 법인 또는 개인의 대리인, 사용인, 그 밖의 종업원이 그 법인 또는 개인의 업무에 관하여 벌칙(법 제53조, 제53조의2 또는 제54조), 미수범(법 제55조) 그리고 과실범(법 제56조) 중의 어느 하나에 해당하는 위반행위를 하면 그 행위자를 벌하는 외에 그 법인 또는 개인에게도 해당 조문의 벌금형을 과(科)한다. 다만, 법인 또는 개인이 그 위반행위를 방지하기 위하여 해당 업무에 관하여 상당한 주의와 감독을 게을리 하지 아니한 경우에는 그러하지 아니하다(법 제57조).

따라서 대외무역법은 법인에 대하여 범죄능력을 인정하고 있으므로, 법인의 대표자가 대외무역법상의 의무위반 행위를 하는 경우에는 법인은 스스로 책임을 지게 된다.

8) 벌칙 적용 시의 공무원 의제

전략물자관리원의 임직원과 산업통상자원부장관이 위탁한 사무에 종사하는 한국은행, 한국수출입은행, 외국환은행, 그 밖에 대통령령으로 정하는 법인 또는 단체의 임직원은 「형법」 제129조부터 제132조까지의 벌칙을 적용할 때에는 공무원으로 본다(법 제58조). 여기서 가리키는 대통령령으로 정하는 법인 또는 단체의 임원 및 직원은 다음 중의 하나에 해당하는 기관 또는 단체를 의미한다(영 제93조).

가. 한국무역협회

나. 한국소프트웨어산업협회

다. 한국선주협회

라. 한국관광협회중앙회 및 업종별 관광협회

마. 영 제91조 ⑦항에 따라 지정된 단체
바. 한국기계산업진흥회
사. 대한상사중재원
아. 대한상공회의소
자. 영 제91조 ⑩항에 따라 지정된 법인

3. 행정질서벌

행정 질서벌에 해당하는 이러한 과태료는 대통령령으로 정하는 바에 따라 산업통상자원부장관 또는 관계 행정기관의 장이 부과·징수한다(법 제59조 ④항). 그리고 이러한 과태료의 부과기준은 별표 4와 같다(영 제94조).

1) 2천만원 이하의 과태료

다음 중의 어느 하나에 해당하는 자에게는 2천만원 이하의 과태료를 부과한다(법 제59조 ①항).

가. 제44조 ②항을 위반하여 관련되는 서류를 제출하지 아니한 자
나. 제44조 ③항에 따른 사실 조사를 거부, 방해 또는 기피한 자
다. 제48조 ①항에 따른 보고 또는 자료의 제출을 하지 아니하거나 거짓으로 보고 또는 자료를 제출한 자
라. 제48조 ②항에 따른 검사를 거부, 방해 또는 기피한 자

2) 1천만원 이하의 과태료

다음 각 호의 어느 하나에 해당하는 자에게는 1천만원 이하의 과태료를 부과한다(법 제59조 ②항).

가. 제24조의2에 따른 서류 보관의무를 위반한 자
나. 제33조 ⑤항에 따른 검사를 거부, 방해 또는 기피한 자
다. 제49조에 따른 교육명령을 이행하지 아니한 자

3) 500만원 이하의 과태료

법 제20조 ③항 전단을 위반하여 교육을 이수하지 아니하고 자가판정을 한 자 또는 같은 항 후단을 위반하여 전략물자 수출입관리 정보시스템에 정보를 등록하지 아니한 자에게는 500만원 이하의 과태료를 부과한다(법 제59조 ③항).

4) 과태료 부과

(1) 과태료의 부과 협의

시・도지사 또는 세관장은 법 제33조의2 ②항, 법제59조 ③항(법 제59조 ②항 3호를 위반한 경우만 해당) 또는 이 영 제91조 ④항 4호의2 및 7호에 따라 과징금이나 과태료를 부과하려면 각각 세관장이나 시・도지사와 미리 협의하여야 한다(영 제92조 ①항).

(2) 과태료부과 협의대상 기관

세관장과 시・도지사와의 과징금 및 과태료부과 협의대상 기관은 다음 중의 어느 하나와 같다(규정 제109조 ①항).

가. 세관장이 적발하여 시・도지사(시・군・구)와 협의하려는 경우에는 위반업체의 주소지를 관할하는 시・도지사(시・군・구)

나. 시・도지사(시・군・구)가 적발하여 세관장과 협의하려는 경우에는 해당 주소지를 관할하는 세관장

이러한 과징금 및 과태료 부과 협의를 할 경우 협의대상 기관에 통보할 사항은 다음과 같다(규정 제109조 ②항).

가. 위반업체의 현황(수입업체명, 주소, 대표자 등)

나. 위반물품 현황(물품명, 수량 등)

다. 원산지 표시 위반내용

라. 관련 서류(위반물품의 수입신고필증, 그 밖의 관련 서류)

마. 적발일자 및 장소

바. 처벌 여부 및 처벌 내용 등

동일한 수입신고에 의하여 수입된 물품의 경우에는 적발지역 또는 품목이 다른 경우에도 동일한 건으로 본다(규정 제109조 ③항).

4. 규제의 재검토

산업통상자원부장관은 제12조의2제1항에 따른 전문무역상사의 지정 기준에 대하여 2014년 7월 22일을 기준으로 5년마다(매 5년이 되는 해의 기준일과 같은 날 전까지를 말한다) 그 타당성을 검토하여 개선 등의 조치를 하여야 한다.

산업통상자원부장관은 다음 사항에 대하여 2년마다(매 2년이 되는 해의 기준일과 같은 날 전까지를 말한다) 그 타당성을 검토하여 개선 등의 조치를 하여야 한다.

가. 제5조제2항에 따른 무역의 진흥을 위한 무역 지원 대상이 되는 무역 관련 시설의 기준: 2015년 1월 1일

나. 제43조에 따른 자율준수무역거래자의 지정 등: 2015년 1월 1일

다. 제45조에 따른 자율준수무역거래자의 보고사항 및 보고기간: 2015년 1월 1일

라. 제60조의2제2항에 따른 원산지 표시의무 위반자의 공표사항 및 절차: 2015년 1월 1일

제7장
불공정무역행위 조사 및 산업피해 구제

제1절 의 의

WTO 출범으로 인한 국제무역의 자유화에 대응하여 우리나라도 시장개방 정책을 강력하게 추진하였다. 이러한 국내시장 개방과 더불어 수입으로 인하여 발생될 수 있는 국내산업의 피해를 구제할 필요성이 증대되었다. 따라서 우리나라는 2001년 5월에 불공정무역행위 또는 수입의 증가로 인한 국제산업의 피해를 조사하고 구제하기 위한 「불공정무역행위 조사 및 산업피해구제에 관한 법률」(약칭: 불공정무역조사법)을 마련하게 되었다.

「불공정무역조사법」 제1조는 "이 법은 불공정한 무역행위와 수입의 증가 등으로 인한 국내산업의 피해를 조사 · 구제하는 절차를 정함으로써 공정한 무역질서를 확립하고 국내산업을 보호하며, 「세계무역기구 설립을 위한 마라케쉬협정」 등 무역에 관한 국제협약을 이행하기 위하여 필요한 사항을 규정함을 목적으로 한다."라고 그 목적을 규정하고 있다.

제2절 불공정무역행위의 조사

1. 불공정무역행위의 금지

누구든지 다음에 해당하는 행위('불공정무역행위')를 하여서는 아니 된다.

가. 대한민국의 법령이나 대한민국이 당사자인 조약에 따라 보호되는 특허권·실용신안권·디자인권·상표권·저작권·저작인접권·출판권, 데이터베이스 제작자의 권리 및 반도체집적회로의 배치설계권이나 지리적 표시 및 지리적 표시권 또는 영업 비밀을 침해하는 물품등('지식재산권침해물품등')에 관한 다음의 행위(법 제4조)

① 해외에서 지식재산권침해물품등을 국내에 공급하는 행위 또는 지식재산권침해물품등을 수입하거나 수입된 지식재산권침해물품등을 국내에서 판매하는 행위

② 지식재산권침해물품등을 수출하거나 수출을 목적으로 국내에서 제조하는 행위

나. 다음에 해당하는 물품등을 수출하거나 수입하는 행위

① 원산지를 거짓으로 표시하거나 원산지를 오인(誤認)하게 하는 표시를 한 물품등

② 원산지 표시를 손상하거나 변경한 물품등

③ 원산지 표시를 하지 아니한 원산지 표시 대상 물품

다. 품질·내용·제조방법·용도·수량 등(이하 "품질 등"이라 한다)을 거짓으로 표시하거나 과장하여 표시한 물품등을 수출하거나 수입하는 행위

라. 수출입계약의 이행과 관련하여 계약내용과 현저하게 다른 물품등의 수출입 또는 분쟁의 발생 등을 통하여 대한민국의 대외신용을 손상시켜 해당 지역에 대한 수출 또는 수입에 지장을 주는 행위

2. 조사의 신청 및 조사개시 결정

누구든지 불공정무역행위의 사실이 있다고 인정하면 이를 조사하여 줄 것을 무역위원회에 서면으로 신청할 수 있다. 이러한 조사신청은 불공정무역행위가 있었던 날부터 2년 이내에 하여야 한다. 무역위원회는 조사신청을 받은 날로부터 20일 이내에 조사의 개시 여부를 결정하여야 한다. 무역위원회는 불공정무역행위의 혐의가 있어 이를 조사할 필요성이 있으면 직권으로 조사할 수 있다(법 제5조 및 제6조).

3. 잠정조치

무역위원회에 조사를 신청하였거나 무역위원회가 직권으로 조사 중인 불공정무역행위로 회복할 수 없는 피해를 입고 있거나 입을 우려가 있는 자는 무역위원회에 불공정무역행위의 중지나 그 밖에 피해를 예방할 수 있는 조치('잠정조치')를 하여 줄 것을 신청할 수 있다(법 제7조).

무역위원회는 잠정조치의 신청을 받으면 신속하게 조사를 끝내고 잠정조치의 시행 여부를 결정하여야 하며, 잠정조치의 시행을 결정한 경우에는 지체 없이 해당 행위자에게 불공정무역행위의 중지를 명하거나 그 밖에 필요한 조치를 하여야 한다.

무역위원회는 잠정조치를 시행하기 위하여 필요하다고 인정하면 관계 행정기관의 장에게 협조를 요청할 수 있다.

잠정조치를 신청하는 자는 따른 잠정조치의 시행 여부를 결정하기 전까지 무역위원회에 담보를 제공하여야 한다. 담보의 종류 · 평가 · 제공방법과 담보

의 변경·보충에 관하여는 「국세기본법」 제29조부터 제32조까지의 규정을 준용한다. 이 경우 "세무서장"은 "무역위원회"로 본다.

무역위원회는 잠정조치를 시행하지 아니하기로 결정하거나 불공정무역행위에 대한 조사·판정 절차를 끝낸 경우에는 담보를 되돌려 주어야 한다.

기타 담보 제도의 운영에 필요한 사항은 대통령령으로 정한다.

4. 판정 및 통지

무역위원회가 조사를 개시하기로 결정하였을 때에는 그 결정일부터 6개월 이내에 조사를 끝내고 판정하여야 한다. 그러나 다음의 사유가 있는 경우에는 그 기간을 2개월의 범위에서 2회 연장할 수 있다(법 제9조).

가. 조사 중인 불공정무역행위와 관련하여 소송 또는 특허심판 등 관련 분쟁조정 절차가 진행 중인 경우

나. 신청인 또는 피신청인이 정당한 사유를 제시하여 그 기간의 연장을 신청한 경우

다. 그 밖에 조사 내용이 복잡하거나 당사자가 자료를 제출하지 아니하는 등 부득이한 사정으로 기간을 연장할 수 밖에 없다고 인정하는 경우

무역위원회는 불공정무역행위에 대한 판정을 한 경우에는 지체 없이 당사자와 이해관계인에게 알려주어야 한다.

5. 시정조치 및 과징금

1) 시정조치

무역위원회는 불공정무역행위가 있다고 판정된 경우 해당 행위자에게 다음과 같은 시정조치를 명할 수 있다. 이 경우 산업통상자원부장관의 의견을 들

어야 한다(법 제10조).

가. 해당 물품등의 수출・수입・판매・제조행위의 중지

나. 해당 물품등의 반입배제 또는 폐기처분

다. 정정광고

라. 법 위반으로 무역위원회로부터 시정명령을 받은 사실의 공표

마. 그 밖에 불공정무역행위의 시정을 위하여 필요한 조치

무역위원회는 시정명령을 받은 후 시정기간 이내에 시정명령을 이행하지 아니한 자에 대하여는 그 시정명령의 이행에 상당한 이행기한을 정하여 그 기한까지 시정명령을 이행하지 아니하면 매 1일당 해당 물품등 가액의 1000분의 5를 초과하지 아니하는 범위에서 대통령령으로 정하는 바에 따라 이행강제금을 부과할 수 있다. 다만, 이행강제금의 총 부과금액은 해당 물품등의 가액을 초과할 수 없다. 무역위원회는 이행강제금을 부과하기 전에 이행강제금을 부과・징수한다는 뜻을 미리 문서로써 알려 주어야 한다. 이행강제금의 금액, 부과사유, 납부기한, 수납기관, 이의제기방법 및 이의제기기관 등을 구체적으로 밝힌 문서로 하여야 한다. 시정명령을 받은 자가 이를 이행하면 새로운 이행강제금의 부과를 즉시 중지하되, 이미 부과된 이행강제금은 징수하여야 한다(법 제13조의 2).

2) 과징금

무역위원회는 제4조제1항제1호, 제3호 또는 제4호에 해당하는 불공정무역행위가 있다고 판정하면 해당 행위자에게 대통령령으로 정하는 거래 금액에 100분의 30을 곱한 금액을 초과하지 아니하는 범위에서 과징금을 부과할 수 있다. 다만, 거래 금액이 없거나 거래 금액을 산정하기 곤란한 경우로서 대통령령으로 정하는 경우에는 5억원을 초과하지 아니하는 범위에서 과징금을 부과할 수 있다. 무역위원회는 제4조제1항제2호에 해당하는 불공정무역행위가 있다고 판정하면 해당 행위자에게 3억원 이하의 과징금을 부과할 수 있다. 과징금의 부과 기준은 대통령령으로 정한다(법 제11조).

제3절 수입 증가로 인한 산업피해조사

1. 조사의 신청 및 조사

특정한 물품의 수입 증가로 같은 종류의 물품 또는 직접적인 경쟁관계에 있는 물품을 생산하는 국내산업이 심각한 피해를 입고 있거나 입을 우려가 있으면 해당 국내산업에 이해관계가 있는 자 또는 그 국내산업을 관장하는 관계 중앙행정기관의 장은 무역위원회에 해당 특정 물품의 수입이 국내산업에 미치는 피해를 조사하여 줄 것을 신청할 수 있다(법 제15조).

무역위원회가 이러한 신청을 받으면 관계 중앙행정기관의 장의 의견을 들어 신청일부터 30일 이내에 조사의 개시 여부를 결정하고, 그 결과를 신청인과 관계 중앙행정기관의 장에게 알려야 한다. 무역위원회가 조사의 개시를 결정한 때에는 그 결정일부터 4개월 이내에 특정 물품의 수입이 해당 국내산업에 심각한 피해를 미치거나 미칠 우려가 있는지를 종합적으로 판정하여야 한다. 다만, 그 조사내용이 복잡하거나 신청인이 정당한 사유를 제시하여 조사기간의 연장을 신청한 경우에는 2개월의 범위에서 그 기간을 연장할 수 있다. 무역위원회는 특정한 물품의 수입 증가로 국내산업이 심각한 피해를 입고 있거나 입을 우려가 있다고 판단되면 직권으로 조사할 수 있다(법 제16조).

2. 세이프가드조치의 건의

무역위원회가 조사 결과 국내산업이 심각한 피해를 입고 있거나 입을 우려가 있다고 판정하면 그 판정일부터 1개월 이내에 다음의 조치('세이프가드조치') 및 그 기간을 결정하여 관계 중앙행정기관의 장에게 시행을 건의할 수 있다(법 제17조).

가. 관세율의 조정

나. 수입물품 수량의 제한

무역위원회는 세이프가드조치의 시행의 건의와 함께 관계 중앙행정기관의 장에게 국내산업의 구조조정을 촉진하기 위한 조치('구조조정촉진조치')의 시행을 건의할 수 있다. 세이프가드조치의 기간은 4년을 초과하여서는 아니 된다. 무역위원회가 세이프가드조치 및 그 기간을 결정할 때에는 해당 세이프가드조치가 관련 산업, 국내 물가, 소비자의 이익, 통상관계 등에 미치는 영향을 종합적으로 고려하여야 하며 세이프가드조치 및 그 기간을 결정할 때에는 해당 국내산업의 심각한 피해를 방지하거나 구제하고 산업구조의 조정을 촉진하는 데에 필요한 범위로 한정하여야 한다.

무역위원회가 조사기간 중에 조사신청인으로부터 조사신청 물품에 대하여 잠정적인 조치를 신청받은 경우로서 그 조사기간 중에 발생하는 피해 등을 방지하지 아니하면 해당 물품의 수입 증가로 같은 종류의 물품 또는 직접적인 경쟁관계에 있는 물품을 생산하는 국내산업이 회복하기 어려울 정도로 심각한 피해를 입거나 입을 우려가 있다는 명백한 증거가 있다고 판정한 경우에는 관계 중앙행정기관의 장에게 잠정적으로 세이프가드조치('잠정세이프가드조치')의 시행을 건의할 수 있다. 잠정세이프가드조치의 기간은 200일을 초과할 수 없다(법 제18조).

3. 세이프가드조치의 시행 및 해제

중앙행정기관의 장은 무역위원회로부터 세이프가드조치·잠정세이프가드조치 또는 구조조정촉진조치의 시행을 건의받으면 1개월 이내에 해당 조치의 시행 여부, 조치내용 및 조치기간을 결정하고 무역위원회에 통보하여야 한다. 이 경우 세이프가드조치·잠정세이프가드조치 또는 구조조정촉진조치를 시행하기 위하여 주요 이해당사국과의 협의, 법령의 개정 등의 준비가 필요하면 그 준비에 걸리는 기간은 전단의 1개월에 포함하지 아니한다(법 제19조).

중앙행정기관의 장은 그 소관에 속하는 세이프가드조치나 잠정세이프가드조치의 시행 여부를 결정할 때에는 국제통상 관계와 국민경제 및 산업 전반에 미칠 영향에 대하여 다른 관계 중앙행정기관의 장의 의견을 들어야 한다.

중앙행정기관의 장은 세이프가드조치의 기간이 1년 이상이면 일정 기간을 주기로 그 조치를 점차 완화하여야 한다.

중앙행정기관의 장은 세이프가드조치의 원인이 되는 사실이 소멸되면 세이프가드조치를 해제하여야 한다. 이 경우 필요하다고 인정하면 무역위원회의 의견을 들을 수 있다.

중앙행정기관의 장은 세이프가드조치의 대상이었던 물품에 대하여 그 세이프가드조치의 기간이 끝난 날부터 그 기간에 해당하는 기간(세이프가드조치의 기간이 2년 미만인 경우에는 2년)이 지나기 전까지는 다시 세이프가드조치를 시행할 수 없다. 다만, 다음 각 호의 요건을 모두 갖춘 경우에는 180일 이내의 기간을 정하여 세이프가드조치를 시행할 수 있다.

가. 해당 물품에 대한 세이프가드조치가 시행된 후 1년이 지날 것

나. 세이프가드조치를 다시 시행하는 날부터 소급하여 5년 이내에 해당 물품에 대한 세이프가드조치가 2회 이내일 것

4. 세이프가드조치의 재검토 및 연장검토

무역위원회는 세이프가드조치의 기간이 3년을 초과하면 그 기간의 2분의 1이 지나기 전에 세이프가드조치에 대한 완화 또는 해제 여부를 다시 검토('중간재검토')하여야 하며 중간재검토 결과 세이프가드조치를 완화 또는 해제할 필요가 있다고 판정하면 이를 관계 중앙행정기관의 장에게 건의할 수 있다. 무역위원회는 중간재검토 결과 국내산업의 구조조정촉진조치가 필요하다고 판정하면 그 조치의 시행을 관계 중앙행정기관의 장에게 건의할 수 있다. 중앙행

정기관의 장이 이러한 건의를 받은 경우에는 1개월 이내에 해당 조치의 시행 여부, 조치내용 및 조치기간을 결정하고 무역위원회에 통보하여야 한다(법 제20조).

무역위원회는 시행 중인 세이프가드조치에 대하여 조사신청인으로부터 신청을 받으면 조치 연장 등의 건의 여부를 검토할 수 있다. 이러한 검토 결과 국내산업이 구조조정 중에 있다는 증거가 있고, 국내산업의 심각한 피해를 방지하거나 구제하기 위하여 필요하다고 판정되는 경우 해당 세이프가드조치의 종료일부터 1개월 전에 관계 중앙행정기관의 장에게 세이프가드조치의 내용을 변경하거나 적용기간의 연장을 건의할 수 있다. 무역위원회는 이러한 건의와 함께 관계 중앙행정기관의 장에게 구조조정촉진조치의 시행을 건의할 수 있다. 중앙행정기관의 장은 무역위원회로부터 이러한 건의를 받으면 현재 시행 중인 조치가 끝나기 전에 관계 중앙행정기관의 장의 의견을 들어 해당 조치의 시행 여부, 조치내용 및 조치기간을 결정하고 무역위원회에 통보하여야 한다. 이 경우 변경되는 조치내용 및 연장되는 적용기간 내의 조치내용은 최초의 조치보다 완화되어야 한다. 세이프가드조치의 내용을 변경하거나 적용기간을 연장하는 경우에는 최초의 세이프가드조치의 기간(잠정세이프가드조치의 기간을 포함한다)과 그 연장기간을 더한 기간이 8년을 초과하여서는 아니 된다(법 제20조의 2).

5. 세계무역기구의 특정 회원국에 대한 특별세이프가드조치

2001년 이후 세계무역기구에 가입하는 회원국 중 대통령령으로 정하는 국가를 원산지로 하는 물품이 다음에 해당하면 해당 국내산업에 이해관계가 있는 자 또는 그 국내산업을 관장하는 관계 중앙행정기관의 장은 무역위원회에 세이프가드조치('특별세이프가드조치')를 시행하기 위한 조사를 신청할 수 있다.

가. 해당 물품의 수입 증가로 같은 종류의 물품 또는 직접적인 경쟁관계에 있는 물품의 국내시장이 교란되거나 또는 교란될 우려가 있는 경우

나. 세계무역기구 회원국이 해당 물품의 수입 증가에 대하여 자국의 시장 교란을 구제하거나 방지하기 위하여 취한 조치로 중대한 무역전환(貿易

轉換)이 발생하여 그 물품이 우리나라로 수입되거나 수입될 우려가 있는 경우

다. 해당 물품이 「섬유 및 의류에 관한 협정」의 대상이 되는 품목인 경우에는 그 물품의 수입이 국내시장을 교란하여 같은 품목의 교역발전을 해치거나 해칠 우려가 있는 경우

무역위원회가 이러한 신청을 받으면 조사의 개시 여부를 결정하여 조사를 한 후 세이프가드조치등을 시행하거나 또는 세이프가드조치의 시행을 관계 중앙행정기관의 장에게 건의할 수 있다(법 제22조의 2).

6. 외국과의 자유무역협정에 따른 세이프가드조치

우리나라가 외국과 양자간 또는 다자간으로 체결한 자유무역협정('자유무역협정')에서 특정 물품의 수입 증가로 인한 국내산업의 피해 등을 구제할 수 있도록 규정하고 있는 경우(자유무역협정에서 특정 품목을 별도로 정하여 해당 품목의 수입 증가로 인한 국내산업의 피해 등을 구제할 수 있도록 규정하고 있는 경우를 포함한다)로서 해당 국가 특정 물품의 수입 증가로 같은 종류의 물품 또는 직접적인 경쟁관계에 있는 물품을 생산하는 국내산업이나 국내시장이 자유무역협정에서 정한 피해 등을 입고 있거나 입을 우려가 있으면 해당 국내산업에 이해관계가 있는 자 또는 그 국내산업을 관장하는 관계 중앙행정기관의 장은 무역위원회에 자유무역협정에서 정하는 관세율의 조정 조치('자유무역협정세이프가드조치')를 시행하기 위한 조사를 신청할 수 있다.

무역위원회가 이러한 신청을 받은 경우 조사의 개시 여부를 결정하고 조사결과 해당 국내산업이나 국내시장에 산업피해등이 있다고 판정하면 이를 방지하거나 구제하기 위한 자유무역협정세이프가드조치 및 그 기간을 결정하여 관계 중앙행정기관의 장에게 자유무역협정세이프가드조치의 시행을 건의할 수 있다(법 제22조의 3).

제4절 덤핑 및 보조금 등으로 인한 산업피해조사

1. 덤핑으로 인한 산업피해조사

덤핑으로 인한 산업피해의 조사 개시 결정, 덤핑사실의 조사, 덤핑으로 인한 산업피해의 조사·판정, 덤핑방지조치의 건의, 재심사 등은 「관세법」 제51조부터 제56조까지의 규정으로 정하는 바에 따른다(법 제23조).

2. 보조금등으로 인한 산업피해조사

보조금등으로 인한 산업피해의 조사개시 결정, 보조금등의 지급 사실의 조사, 보조금등으로 인한 산업피해의 조사·판정, 상계조치의 건의, 재심사 등은 「관세법」 제57조부터 제62조까지의 규정으로 정하는 바에 따른다(법 제24조).

제5절 산업경쟁력 영향 등 조사

무역위원회는 외국으로부터의 물품 수입이나 서비스 공급이 국내산업의 경쟁력에 미치는 영향, 무역협정의 체결이나 국제무역제도의 변화가 국내경제에 미치는 효과 등을 조사할 수 있다. 무역위원회는 국제무역규범을 위반하는 교역상대국의 제도와 관행으로 특정한 물품 및 서비스를 생산하는 국내산업이 피해를 입거나 입을 우려가 있는지를 조사할 수 있다. 무역위원회가 조사 결과 국내산업이 피해를 입거나 입을 우려가 있다고 판정하면 관계 중앙행정기관의 장에게 교역상대국의 국제무역규범 위반내용의 시정을 위하여 필요한 조치의 시행을 건의할 수 있다. 무역위원회는 이러한 조사를 위하여 필요하다고 인정하면 관계 중앙행정기관의 장 및 관련 기관·단체에 자료의 제출을 요청할 수 있다(법 제25조-제26조).

제6절 무역위원회

1. 무역위원회의 설치

불공정무역행위에 대한 조사·판정, 수입 증가·덤핑·보조금등으로 인한 국내산업 피해의 조사·판정, 산업경쟁력 영향조사 등에 관한 업무를 수행하기 위하여 산업통상자원부에 무역위원회를 두며 그 업무 및 국제무역제도의 연구 등 무역위원회의 업무를 처리하기 위하여 무역위원회에 사무기구를 둔다.

2. 무역위원회의 소관 업무

무역위원회의 소관 업무는 다음과 같다.

가. 불공정무역행위의 조사·판정 및 잠정조치의 결정

나. 불공정무역행위를 한 자에 대한 시정조치 및 과징금 부과

다. 수입 증가로 인한 국내산업 피해의 조사·판정

라. 다음 각 목에 해당하는 조치의 건의, 중간 재검토 또는 연장 검토

① 세이프가드조치 및 잠정세이프가드조치

② 서비스세이프가드조치

③ 특별세이프가드조치 및 잠정특별세이프가드조치

④ 자유무역협정세이프가드조치 및 잠정자유무역협정세이프가드조치

마. 자유무역협정으로 인한 특정물품의 수입증가에 대한 무역피해지원조치에 따른 무역피해의 조사, 판정 및 무역피해지원조치의 건의

바. 산업경쟁력 영향 등 조사에 따른 국내산업의 경쟁력에 미치는 영향 등의 조사

사. 교역상대국의 국제무역규범 위반으로 인한 국내산업 피해의 조사

아. 덤핑방지관세의 부과를 위한 산업피해의 조사 개시 결정, 덤핑사실의 조사, 덤핑으로 인한 산업피해의 조사 · 판정, 덤핑방지조치의 건의, 재심사 등

자. 상계관세의 부과를 위한 산업피해의 조사 개시 결정, 보조금등의 지급 사실의 조사, 보조금등으로 인한 산업피해의 조사 · 판정, 상계조치의 건의, 재심사 등

차. 국제무역에 관한 법규 · 제도 및 분쟁 사례 등의 조사 · 연구

카. 다른 법령에 따라 무역위원회의 소관으로 규정된 사항

타. 그 밖에 공정무역의 촉진 등 무역위원회가 필요하다고 인정하는 사항의 조사 및 건의

3. 무역위원회의 구성

무역위원회는 위원장 1명을 포함한 9명 이내의 위원으로 구성한다. 위원 중 대통령령으로 정하는 수의 위원은 상임으로 한다. 위원장과 위원은 다음에 해당하는 자 중에서 산업통상자원부장관의 제청으로 대통령이 임명하거나 위촉한다.

가. 무역진흥 · 기업경영 · 회계 · 관세 또는 지식재산권 분야에 10년 이상 종사한 경력이 있는 자

나. 「고등교육법」 제2조에 따른 학교에서 법률학 · 경제학 · 경영학 또는 행정학을 전공한 자로서 같은 조에 따른 학교나 공인된 연구기관에서 조교수 이상 또는 그에 상당하는 직에 10년 이상 있던 자

다. 판사 · 검사 또는 변호사의 직에 10년 이상 있던 자

라. 산업정책 · 무역진흥 또는 관세행정 분야 등의 고위공무원단에 속하는 공무원의 직에 있던 자

위원장과 위원의 임기는 3년으로 하고, 연임할 수 있다(법 제29조).

무역위원회의 회의는 재적위원 과반수의 출석으로 개의하고, 출석위원 2분의 1 이상의 찬성으로 의결한다. 무역위원회의 심리와 의결은 공개한다. 다만, 이해관계인의 영업상 비밀을 보호하거나 공익상 필요하다고 인정하는 경우에는 그러하지 아니하다. 무역위원회 의결을 위한 합의는 공개하지 아니한다(법 제32조 및 제33조).

위원은 다음 각 호의 어느 하나에 해당하는 사건에 대한 심리·의결에서 제척된다.

가. 위원 또는 위원의 배우자나 배우자이었던 자가 당사자이거나 공동권리자 또는 공동의무자인 사건
나. 위원이 당사자와 친족관계에 있거나 위원이 속한 법인이 당사자의 법률·경영 등에 대한 자문·고문 등으로 있는 사건
다. 위원 또는 위원이 속한 법인이 증언이나 감정을 한 사건
라. 위원 또는 위원이 속한 법인이 당사자의 대리인으로서 관여하거나 관여하였던 사건

무역위원회에서 조사 중인 사건의 당사자는 위원에게 심리·의결의 공정을 기대하기 어려운 사정이 있으면 무역위원회에 기피신청을 할 수 있으며, 무역위원회는 기피신청이 타당하다고 인정하는 경우에는 기피의 결정을 한다. 위원 본인이 제1항 각 호의 어느 하나의 사유 또는 제2항의 사유에 해당하는 경우에는 스스로 그 사건의 심리·의결을 회피할 수 있다(법 제34조).

부 록

부록 1

대외무역법

[시행 2020. 6. 19] [법률 제17072호, 2020. 3. 18, 일부개정]

제1장 총 칙

제1조(목적) 이 법은 대외 무역을 진흥하고 공정한 거래 질서를 확립하여 국제 수지의 균형과 통상의 확대를 도모함으로써 국민 경제를 발전시키는 데 이바지함을 목적으로 한다.

제2조(정의) 이 법에서 사용하는 용어의 뜻은 다음과 같다. 〈개정 2014. 1. 21.〉

1. "무역"이란 다음 각 목의 어느 하나에 해당하는 것(이하 "물품등"이라 한다)의 수출과 수입을 말한다.
   가. 물품
   나. 대통령령으로 정하는 용역
   다. 대통령령으로 정하는 전자적 형태의 무체물(無體物)
2. "물품"이란 다음 각 목의 것을 제외한 동산(動産)을 말한다.
   가. 「외국환거래법」에서 정하는 지급수단
   나. 「외국환거래법」에서 정하는 증권
   다. 「외국환거래법」에서 정하는 채권을 화체(化體)한 서류
3. "무역거래자"란 수출 또는 수입을 하는 자, 외국의 수입자 또는 수출자에게서 위임을 받은 자 및 수출과 수입을 위임하는 자 등 물품등의 수출행위와 수입행위의 전부 또는 일부를 위임하거나 행하는 자를 말한다.
4. "정부간 수출계약"이란 외국 정부의 요청이 있을 경우, 제32조의3제1항에 따른 정부간 수출계약 전담기관이 대통령령으로 정하는 절차에 따라 국내 기업을 대신하여 또는 국내 기업과 함께 계약의 당사자가 되어 외국 정부에 물품등(「방위사업법」 제38조제1항제4호에 따른 방산물자등은 제외한다)을 유상(有償)으로 수출하기 위하여 외국 정부와 체결하는 수출계약을 말한다.

제2조(정의) 이 법에서 사용하는 용어의 뜻은 다음과 같다. 〈개정 2014. 1. 21., 2020. 2. 4.〉

1. "무역"이란 다음 각 목의 어느 하나에 해당하는 것(이하 "물품등"이라 한다)의 수출과 수입을 말한다.
   가. 물품
   나. 대통령령으로 정하는 용역
   다. 대통령령으로 정하는 전자적 형태의 무체물(無體物)
2. "물품"이란 다음 각 목의 것을 제외한 동산(動産)을 말한다.
   가. 「외국환거래법」에서 정하는 지급수단
   나. 「외국환거래법」에서 정하는 증권
   다. 「외국환거래법」에서 정하는 채권을 화체(化體)한 서류
3. "무역거래자"란 수출 또는 수입을 하는 자, 외국의 수입자 또는 수출자에게서 위임을 받은 자 및 수출과 수입을 위임하는 자 등 물품등의 수출행위와 수입행위의 전부 또는 일부를 위임하거나 행하는 자를 말한다.
4. "정부간 수출계약"이란 외국 정부의 요청이 있을 경우, 제32조의3제1항에 따른 정부간 수출계약 전담기관이 대통령령으로 정하는 절차에 따라 국내 기업을 대신하여 또는 국내 기업과 함께 계약의 당사자가 되어 외국 정부에 물품등(「방위산업 발전 및 지원에 관한 법률」 제2조제1항제1호에 따른 방위산업물자등은 제외한다)을 유상(有償)으로 수출하기 위하여 외국 정부와 체결하는 수출계약을 말한다.

[시행일 : 2021. 2. 5.] 제2조

제3조(자유롭고 공정한 무역의 원칙 등) ① 우리나라의 무역은 헌법에 따라 체결·공포된 무역에 관한 조약과 일반적으로 승인된 국제법규에서 정하는 바에 따라 자유롭고 공정한 무역을 조장함을 원칙으로 한다.

② 정부는 이 법이나 다른 법률 또는 헌법에 따라 체결·공포된 무역에 관한 조약과 일반적으로 승인된 국제 법규에 무역을 제한하는 규정이 있는 경

우에는 그 제한하는 목적을 달성하기 위하여 필요한 최소한의 범위에서 이를 운영하여야 한다.

제4조(무역의 진흥을 위한 조치) ① 산업통상자원부장관은 무역의 진흥을 위하여 필요하다고 인정되면 대통령령으로 정하는 바에 따라 물품등의 수출과 수입을 지속적으로 증대하기 위한 조치를 할 수 있다. 〈개정 2008. 2. 29., 2013. 3. 23.〉

② 산업통상자원부장관은 제1항에 따른 무역의 진흥을 위하여 필요하다고 인정되면 대통령령으로 정하는 바에 따라 다음 각 호의 어느 하나에 해당하는 자에게 필요한 지원을 할 수 있다. 〈개정 2008. 2. 29., 2013. 3. 23.〉

1. 무역의 진흥을 위한 자문, 지도, 대외 홍보, 전시, 연수, 상담 알선 등을 업(業)으로 하는 자
2. 무역전시장이나 무역연수원 등의 무역 관련 시설을 설치·운영하는 자
3. 과학적인 무역업무 처리기반을 구축·운영하는 자

제5조(무역에 관한 제한 등 특별 조치) 산업통상자원부장관은 다음 각 호의 어느 하나에 해당하는 경우에는 대통령령으로 정하는 바에 따라 물품등의 수출과 수입을 제한하거나 금지할 수 있다. 〈개정 2008. 2. 29., 2013. 3. 23., 2013. 7. 30.〉

1. 우리나라 또는 우리나라의 무역 상대국(이하 "교역상대국"이라 한다)에 전쟁·사변 또는 천재지변이 있을 경우
2. 교역상대국이 조약과 일반적으로 승인된 국제법규에서 정한 우리나라의 권익을 인정하지 아니할 경우
3. 교역상대국이 우리나라의 무역에 대하여 부당하거나 차별적인 부담 또는 제한을 가할 경우
4. 헌법에 따라 체결·공포된 무역에 관한 조약과 일반적으로 승인된 국제법규에서 정한 국제평화와 안전유지 등의 의무를 이행하기 위하여 필요할 경우

4의2. 국제평화와 안전유지를 위한 국제공조에 따른 교역여건의 급변으로 교역상대국과의 무역에 관한 중대한 차질이 생기거나 생길 우려가 있는 경우

5. 인간의 생명·건강 및 안전, 동물과 식물의 생명 및 건강, 환경보전 또는 국내 자원보호를 위하여 필요할 경우

제6조(무역에 관한 법령 등의 협의 등) ① 무역에 관하여는 이 법에서 정하는 바에 따른다.

② 관계 행정기관의 장은 물품등의 수출 또는 수입을 제한하는 법령이나 훈령·고시 등(이하 "수출·수입요령"이라 한다)을 제정하거나 개정하려면 미리 산업통상자원부장관과 협의하여야 한다. 이 경우 산업통상자원부장관은 관계 행정기관의 장에게 그 수출·수입요령의 조정을 요청할 수 있다. 〈개정 2008. 2. 29., 2013. 3. 23.〉

제2장 통상의 진흥

제7조(통상진흥 시책의 수립) ① 산업통상자원부장관은 무역과 통상을 진흥하기 위하여 매년 다음 연도의 통상진흥 시책을 세워야 한다. 〈개정 2008. 2. 29., 2013. 3. 23.〉

② 제1항에 따른 통상진흥 시책에는 다음 각 호의 사항이 포함되어야 한다. 〈개정 2009. 4. 22.〉

1. 통상진흥 시책의 기본 방향
2. 국제통상 여건의 분석과 전망
3. 무역·통상 협상 추진 방안과 기업의 해외 진출 지원 방안
4. 통상진흥을 위한 자문, 지도, 대외 홍보, 전시, 상담 알선, 전문인력 양성 등 해외시장 개척 지원 방안
5. 통상 관련 정보수집·분석 및 활용 방안
6. 원자재의 원활한 수급을 위한 국내외 협력 추진 방안
7. 그 밖에 대통령령으로 정하는 사항

③ 산업통상자원부장관은 제1항에 따른 통상진흥 시책의 수립을 위한 기초 자료를 수집하기 위하여 교역상대국의 통상 관련 제도·관행 등과 기업이 해외에서 겪는 고충 사항을 조사할 수 있다. 〈개정 2008. 2. 29., 2013. 3. 23.〉

④ 산업통상자원부장관은 해외에 진출한 기업에 제1항에 따른 통상진흥 시책의 수립에 필요한 자료를 요청하고, 필요한 경우 지원할 수 있다. 〈개정 2008. 2. 29., 2013. 3. 23.〉

⑤ 산업통상자원부장관은 제1항에 따라 통상진흥 시책을 세우는 경우에는 미리 특별시장, 광역시장, 특별자치시장, 도지사 또는 특별자치도지사(이하 "시·도지사"라 한다)의 의견을 들어야 하고, 통상진흥 시책을 수립한 때에는 이를 시·도지사에게 알려야 한다. 이를 변경한 경우에도 또한 같다. 〈개정 2008. 2. 29., 2013. 3. 23., 2013. 7. 30.〉

⑥ 제5항에 따라 통상진흥 시책을 통보받은 시·도지사는 그 관할 구역의 실정에 맞는 지역별 통상진흥 시책을 수립·시행하여야 한다.

⑦ 시·도지사는 제6항에 따라 지역별 통상진흥 시책을 수립한 때에는 이를 산업통상자원부장관에게 알려야 한다. 이를 변경한 때에도 또한 같다. 〈개정 2008. 2. 29., 2013. 3. 23.〉

제8조(민간 협력 활동의 지원 등) ① 산업통상자원부장관은 무역·통상 관련 기관 또는 단체가 교역상대국의 정부, 지방정부, 기관 또는 단체와 통상, 산업, 기술, 에너지 등에서 협력활동을 추진하는 경우 대통령령으로 정하는 바에 따라 필요한 지원을 할 수 있다. 〈개정 2008. 2. 29., 2013. 3. 23.〉

② 산업통상자원부장관은 기업의 해외 진출을 지원하기 위하여 무역·통상 관련 기관 또는 단체로부터 정보를 체계적으로 수집하고 분석하여 지방자치단체와 기업에 필요한 정보를 제공할 수 있다. 〈개정 2008. 2. 29., 2009. 4. 22., 2013. 3. 23.〉

③ 산업통상자원부장관은 제2항에 따른 정보의 수집·분석 및 제공을 위하여 필요한 경우 관계 중앙행정기관의 장, 시·도지사, 무역·통상 및 기업의 해외 진출과 관련한 기관 또는 단체에 자료 및 통계의 제출을 요청할 수 있다. 〈신설 2009. 4. 22., 2013. 3. 23.〉

④ 산업통상자원부장관은 기업의 해외 진출과 관련된 상담·안내·홍보·조사와 그 밖에 기업의 해외 진출에 대한 지원 업무를 종합적으로 수행하기 위하여 「대한무역투자진흥공사법」에 따른 대한무역투자진흥공사에 해외진출지원센터를 둔다. 〈신설 2009. 4. 22., 2013. 3. 23.〉

⑤ 제4항에 따른 해외진출지원센터의 구성·운영 및 감독 등에 필요한 사항은 대통령령으로 정한다. 〈신설 2009. 4. 22.〉

제8조의2(전문무역상사의 지정 및 지원) ① 산업통상자원부장관은 신시장 개척, 신제품 발굴 및 중소기업·중견기업의 수출확대를 위하여 수출실적 및 중소기업 제품 수출비중 등을 고려하여 무역거래자 중에서 전문무역상사를 지정하고 지원할 수 있다.

② 제1항에 따른 지정의 기준 및 절차, 지원내용 등에 관하여 필요한 사항은 대통령령으로 정한다.

③ 산업통상자원부장관은 제1항에 따라 지정을 받은 전문무역상사가 제2항에 따른 지정기준에 적합하지 아니하게 된 때에는 그 지정을 취소할 수 있다. 다만, 거짓이나 그 밖에 부정한 방법으로 지정을 받은 경우에는 그 지정을 취소하여야 한다.

[본조신설 2014. 1. 21.]

제9조(무역에 관한 조약의 이행을 위한 자료제출) ① 산업통상자원부장관은 우리나라가 체결한 무역에 관한 조약의 이행을 위하여 필요한 때에는 대통령령으로 정하는 바에 따라 관련 공공기관, 기업 및 단체 등으로부터 필요한 자료의 제출을 요구할 수 있다. 〈개정 2013. 3. 23.〉

② 제1항에 따라 무역에 관한 조약의 이행을 위하여 필요한 자료를 직무상 습득한 자는 자료 제공자의 동의 없이 그 습득한 자료 중 기업의 영업비밀 등 비밀유지가 필요하다고 인정되는 기업정보를 타인에게 제공 또는 누설(漏泄)하거나 사용 목적 외의 용도로 사용하여서는 아니 된다.

[전문개정 2009. 4. 22.]

제3장 수출입 거래

제1절 수출입 거래 총칙

제10조(수출입의 원칙) ① 물품등의 수출입과 이에 따른 대금을 받거나 지급하는 것은 이 법의 목적의 범위에서 자유롭게 이루어져야 한다.

② 무역거래자는 대외신용도 확보 등 자유무역질서를 유지하기 위하여 자기 책임으로 그 거래를 성실히 이행하여야 한다.

제11조(수출입의 제한 등) ① 산업통상자원부장관은 다음 각 호의 어느 하나에 해당하는 이행 등을 위하여 필요하다고 인정하여 지정·고시하는 물품등의 수출 또는 수입을 제한하거나 금지할 수 있다. 〈개정 2016. 1. 27.〉

1. 헌법에 따라 체결·공포된 조약과 일반적으로 승인된 국제법규에 따른 의무의 이행
2. 생물자원의 보호
3. 교역상대국과의 경제협력 증진
4. 국방상 원활한 물자 수급
5. 과학기술의 발전
6. 그 밖에 통상·산업정책에 필요한 사항으로서 대통령령으로 정하는 사항

② 제1항에 따라 수출 또는 수입이 제한되는 물품등을 수출하거나 수입하려는 자는 대통령령으로 정하는 바에 따라 산업통상자원부장관의 승인을 받아야 한다. 다만, 긴급히 처리하여야 하는 물품등과 그 밖에 수출 또는 수입 절차를 간소화하기 위한 물품등으로서 대통령령으로 정하는 기준에 해당하는 물품등의 수출 또는 수입은 그러하지 아니하다. 〈개정 2008. 2. 29., 2013. 3. 23., 2016. 1. 27.〉

③ 제2항 본문에 따른 수출 또는 수입 승인(제8항에 따라 수출승인을 받은 것으로 보는 경우를 포함한다)의 유효기간은 1년으로 한다. 다만, 산업통상자원부장관은 국내의 물가 안정, 수급 조정, 물품등의 인도 조건 및 거래의 특성을 고려하여 대통령령으로 정하는 바에 따라 유효기간을 달리 정할 수 있다. 〈신설 2013. 7. 30.〉

④ 제3항에 따른 수출 또는 수입 승인의 유효기간

은 대통령령으로 정하는 바에 따라 1년을 초과하지 아니하는 범위에서 산업통상자원부장관의 승인을 받아 연장할 수 있다. 〈신설 2013. 7. 30.〉

⑤ 제2항에 따라 승인을 받은 자가 승인을 받은 사항 중 대통령령으로 정하는 중요한 사항을 변경하려면 산업통상자원부장관의 변경승인을 받아야 하고, 그 밖의 경미한 사항을 변경하려면 산업통상자원부장관에게 신고하여야 한다. 〈개정 2008. 2. 29., 2013. 3. 23., 2013. 7. 30.〉

⑥ 산업통상자원부장관은 필요하다고 인정하면 제1항과 제2항에 따른 승인 대상 물품등의 품목별 수량·금액·규격 및 수출 또는 수입지역 등을 한정할 수 있다. 〈개정 2008. 2. 29., 2013. 3. 23., 2013. 7. 30.〉

⑦ 산업통상자원부장관은 제1항부터 제6항까지의 규정에 따른 제한·금지, 승인, 승인의 유효기간 설정 및 연장, 신고, 한정 및 그 절차 등을 정한 경우에는 이를 공고하여야 한다. 〈개정 2008. 2. 29., 2013. 3. 23., 2013. 7. 30.〉

⑧ 제19조 또는 제32조에 따라 수출허가를 받거나 수출승인을 받은 자는 제2항에 따른 수출승인을 받은 것으로 본다. 〈개정 2013. 7. 30.〉

제12조(통합 공고) ① 관계 행정기관의 장은 수출·수입요령을 제정하거나 개정하는 경우에는 그 수출·수입요령이 그 시행일 전에 제2항에 따라 공고될 수 있도록 이를 산업통상자원부장관에게 제출하여야 한다. 〈개정 2008. 2. 29., 2013. 3. 23.〉

② 산업통상자원부장관은 제1항에 따라 제출받은 수출·수입요령을 통합하여 공고하여야 한다. 〈개정 2008. 2. 29., 2013. 3. 23.〉

제13조(특정 거래 형태의 인정 등) ① 산업통상자원부장관은 물품등의 수출 또는 수입이 원활히 이루어질 수 있도록 대통령령으로 정하는 물품등의 수출입 거래 형태를 인정할 수 있다. 〈개정 2008. 2. 29., 2013. 3. 23.〉

② 기획재정부장관이 외국환 거래 관계 법령에 따라 무역대금 결제 방법을 정하려면 미리 산업통상자원부장관과 협의하여야 한다. 〈개정 2008. 2. 29., 2013. 3. 23.〉

제14조(수출입 승인 면제의 확인) 산업통상자원부장관은 승인을 받지 아니하고 수출되거나 수입되는 물품등(제11조제2항 본문에 해당하는 물품등만을 말한다)이 제11조제2항 단서에 따른 물품등에 해당하는지를 확인하여야 한다. 〈개정 2008. 2. 29., 2013. 3. 23.〉

제15조(과학적 무역업무의 처리기반 구축) ① 산업통상자원부장관은 물품등의 수출입 거래가 질서 있고 효율적으로 이루어질 수 있도록 대외무역통계시스템 및 전자문서 교환체계 등 과학적 무역업무의 처리기반을 구축하기 위하여 노력하여야 한다. 〈개정 2008. 2. 29., 2009. 4. 22., 2013. 3. 23.〉

② 산업통상자원부장관은 제1항에 따른 과학적 무역업무의 처리기반을 구축하기 위하여 필요하다고 인정되면 관계 행정기관의 장에게 대통령령으로 정하는 바에 따라 통관기록 등 물품등의 수출입 거래에 관한 정보를 제공하도록 요청할 수 있다. 이 경우 관계 행정기관의 장은 이에 협조하여야 한다. 〈개정 2008. 2. 29., 2009. 4. 22., 2013. 3. 23.〉

③ 관계 행정기관의 장은 이 법의 목적의 범위에서 필요하다고 인정되면 산업통상자원부장관에게 제1항과 제2항에 따라 구축된 물품등의 수출입 거래에 관한 정보를 제공하도록 요청할 수 있다. 이 경우 산업통상자원부장관은 이에 협조하여야 한다. 〈개정 2008. 2. 29., 2013. 3. 23.〉

제2절 외화획득용 원료·기재의 수입과 구매 등

제16조(외화획득용 원료·기재의 수입 승인 등) ① 산업통상자원부장관은 원료, 시설, 기재(機材) 등 외화획득을 위하여 사용되는 물품등(이하 "원료·기재"라 한다)의 수입에 대하여는 제11조제6항을 적용하지 아니할 수 있다. 다만, 국산 원료·기재의 사용을 촉진하기 위하여 필요한 경우에는 그러하지 아니하다. 〈개정 2008. 2. 29., 2013. 3. 23., 2013. 7. 30.〉

② 산업통상자원부장관은 제1항에 따른 원료·기재의 범위, 품목 및 수량을 정하여 공고할 수 있다. 〈개정 2008. 2. 29., 2013. 3. 23.〉

③ 제1항에 따라 원료·기재를 수입한 자와 수입을 위탁한 자는 그 수입에 대응하는 외화획득을 하여야 한다. 다만, 제17조에 따라 산업통상자원부장관의 승인을 받은 경우에는 그러하지 아니하다. 〈개정 2008. 2. 29., 2013. 3. 23.〉

④제3항에 따른 외화획득의 범위, 이행기간, 확인방법, 그 밖에 필요한 사항은 대통령령으로 정한다.

제17조(외화획득용 원료·기재의 목적을 벗어난 사용 등) ① 제16조제1항에 따라 원료·기재를 수입한 자는 그 수입한 원료·기재 또는 그 원료·기재로 제조된 물품등을 부득이한 사유로 인하여 당초의 목적 외의 용도로 사용하려면 대통령령으로 정하는 바에 따라 산업통상자원부장관의 승인을 받아야 한다. 다만, 대통령령으로 정하는 원료·기

재 또는 그 원료·기재로 제조된 물품등에 대하여는 그러하지 아니하다. 〈개정 2008. 2. 29., 2013. 3. 23.〉

② 제16조제1항에 따라 수입한 원료·기재 또는 그 원료·기재로 제조된 물품등을 당초의 목적과 같은 용도로 사용하거나 수출하려는 자에게 양도(讓渡)하려는 때에는 양도하려는 자와 양수(讓受)하려는 자가 함께 산업통상자원부장관의 승인을 받아야 한다. 다만, 대통령령으로 정하는 원료·기재 또는 그 원료·기재로 제조된 물품등에 대하여는 그러하지 아니하다. 〈개정 2008. 2. 29., 2013. 3. 23.〉

③ 제2항에 따라 원료·기재 또는 그 원료·기재로 제조된 물품등을 양수한 자에 관하여는 제16조제3항 및 제4항을 준용한다.

제18조(구매확인서의 발급 등) ① 산업통상자원부장관은 외화획득용 원료·기재를 구매하려는 자가 「부가가치세법」 제24조에 따른 영(零)의 세율을 적용받기 위하여 확인을 신청하면 외화획득용 원료·기재를 구매하는 것임을 확인하는 서류(이하 "구매확인서"라 한다)를 발급할 수 있다. 〈개정 2008. 2. 29., 2013. 3. 23., 2013. 6. 7.〉

② 산업통상자원부장관은 구매확인서를 발급받은 자에 대하여는 외화획득용 원료·기재의 구매 여부를 사후관리하여야 한다. 〈개정 2008. 2. 29., 2013. 3. 23.〉

③ 제1항과 제2항에 따른 구매확인서의 신청·발급절차 및 사후관리 등에 필요한 사항은 대통령령으로 정한다.

제3절 전략물자의 수출입

제19조(전략물자의 고시 및 수출허가 등) ① 산업통상자원부장관은 관계 행정기관의 장과 협의하여 대통령령으로 정하는 국제수출통제체제(이하 "국제수출통제체제"라 한다)의 원칙에 따라 국제평화 및 안전유지와 국가안보를 위하여 수출허가 등 제한이 필요한 물품등(대통령령으로 정하는 기술을 포함한다. 이하 이 절에서 같다)을 지정하여 고시하여야 한다. 〈개정 2008. 2. 29., 2009. 4. 22., 2013. 3. 23., 2013. 7. 30.〉

② 제1항에 따라 지정·고시된 물품등(이하 "전략물자"라 한다)을 수출(제1항에 따른 기술이 다음 각 호의 어느 하나에 해당되는 경우로서 대통령령으로 정하는 경우를 포함한다. 이하 제19조제3항부터 제5항까지, 제20조, 제23조, 제24조, 제24조의2, 제24조의3, 제25조, 제28조, 제29조, 제31조, 제47조부터 제49조까지, 제53조제1항 및 제53조제2항제2호부터 제4호까지에서 같다)하려는 자는 대통령령으로 정하는 바에 따라 산업통상자원부장관이나 관계 행정기관의 장의 허가(이하 "수출허가"라 한다)를 받아야 한다. 다만, 「방위사업법」 제57조제2항에 따라 허가를 받은 방위산업물자 및 국방과학기술이 전략물자에 해당하는 경우에는 그러하지 아니하다. 〈개정 2008. 2. 29., 2013. 3. 23., 2013. 7. 30.〉

1. 국내에서 국외로의 이전
2. 국내 또는 국외에서 대한민국 국민(국내법에 따라 설립된 법인을 포함한다)으로부터 외국인(외국의 법률에 따라 설립된 법인을 포함한다)에게로의 이전

③ 전략물자에는 해당되지 아니하나 대량파괴무기와 그 운반수단인 미사일 및 재래식무기(이하 "대량파괴무기등"이라 한다)의 제조·개발·사용 또는 보관 등의 용도로 전용될 가능성이 높은 물품등을 수출하려는 자는 그 물품등의 수입자나 최종 사용자가 그 물품등을 대량파괴무기등의 제조·개발·사용 또는 보관 등의 용도로 전용할 의도가 있음을 알았거나 그 수출이 다음 각 호의 어느 하나에 해당되어 그러한 의도가 있다고 의심되면 대통령령으로 정하는 바에 따라 산업통상자원부장관이나 관계 행정기관의 장의 허가(이하 "상황허가"라 한다)를 받아야 한다. 〈개정 2008. 2. 29., 2013. 3. 23., 2013. 7. 30., 2020. 3. 18.〉

1. 수입자가 해당 물품등의 최종 용도에 관하여 필요한 정보 제공을 기피하는 경우
2. 수출하려는 물품등이 최종 사용자의 사업 분야에 해당되지 아니하는 경우
3. 수출하려는 물품등이 수입국가의 기술수준과 현저한 격차가 있는 경우
4. 최종 사용자가 해당 물품등이 활용될 분야의 사업경력이 없는 경우
5. 최종 사용자가 해당 물품등에 대한 전문적 지식이 없으면서도 그 물품등의 수출을 요구하는 경우
6. 최종 사용자가 해당 물품등에 대한 설치·보수 또는 교육훈련 서비스를 거부하는 경우
7. 해당 물품등의 최종 수하인(受荷人)이 운송업자인 경우
8. 해당 물품등에 대한 가격 조건이나 지불 조건이 통상적인 범위를 벗어나는 경우
9. 특별한 이유 없이 해당 물품등의 납기일이 통상적인 기간을 벗어난 경우

10. 해당 물품등의 수송경로가 통상적인 경로를 벗어난 경우
11. 해당 물품등의 수입국 내 사용 또는 재수출 여부가 명백하지 아니한 경우
12. 해당 물품등에 대한 정보나 목적지 등에 대하여 통상적인 범위를 벗어나는 보안을 요구하는 경우
13. 그 밖에 국제정세의 변화 또는 국가안전보장을 해치는 사유의 발생 등으로 산업통상자원부장관이나 관계 행정기관의 장이 상황허가를 받도록 정하여 고시하는 경우

④ 산업통상자원부장관이나 관계 행정기관의 장은 수출허가 신청이나 상황허가 신청을 받으면 국제평화 및 안전유지와 국가안보 등 대통령령으로 정하는 기준에 따라 수출허가나 상황허가를 할 수 있다. 〈개정 2008. 2. 29., 2013. 3. 23.〉

⑤ 산업통상자원부장관 또는 관계 행정기관의 장은 재외공관에서 사용될 공용물품을 수출하는 경우 등 대통령령으로 정하는 경우에는 수출허가 또는 상황허가를 면제할 수 있다. 〈신설 2009. 4. 22., 2013. 3. 23.〉

⑥ 삭제 〈2013. 7. 30.〉

제20조(전략물자의 판정 등) ① 삭제 〈2009. 4. 22.〉

② 물품등의 무역거래자(제19조제2항에 따른 기술이전 행위의 전부 또는 일부를 위임하거나 기술이전 행위를 하는 자를 포함한다. 이하 이 조, 제24조의2 및 제25조에서 같다)는 대통령령으로 정하는 바에 따라 산업통상자원부장관이나 관계 행정기관의 장에게 수출하려는 물품등이 전략물자 또는 제19조제3항제13호에 따른 상황허가 대상인 물품등에 해당하는지에 대한 판정을 신청할 수 있다. 이 경우 산업통상자원부장관이나 관계 행정기관의 장은 제29조에 따른 전략물자관리원장 또는 대통령령으로 정하는 관련 전문기관에 판정을 위임하거나 위탁할 수 있다. 〈개정 2008. 2. 29., 2009. 4. 22., 2013. 3. 23., 2013. 7. 30., 2020. 3. 18.〉

③ 제2항에도 불구하고 물품등의 무역거래자는 산업통상자원부장관이 고시하는 교육을 이수한 경우에는 다음 각 호의 어느 하나에 해당하지 않는 물품등이 전략물자 또는 제19조제3항제13호에 따른 상황허가 대상인 물품등에 해당하는지에 대한 판정을 자체적으로 판단하는 자가판정으로 할 수 있다. 이 경우 물품등의 무역거래자는 판정대상 물품의 성능과 용도 등 산업통상자원부장관이 고시하는 정보를 제28조에 따른 전략물자 수출입관리 정보시스템에 등록하여야 한다. 〈신설 2020. 3. 18.〉

1. 기술(제25조에 따른 자율준수무역거래자 중 산업통상자원부장관이 고시하는 무역거래자가 기술을 수출하는 경우는 제외한다)
2. 그 밖에 산업통상자원부장관이 자가판정 대상이 아닌 것으로 고시하는 물품등

[제목개정 2009. 4. 22.]

제21조 삭제 〈2009. 4. 22.〉

제22조(수입목적확인서의 발급) 전략물자를 수입하려는 자는 대통령령으로 정하는 바에 따라 산업통상자원부장관이나 관계 행정기관의 장에게 수입목적 등의 확인을 내용으로 하는 수입목적확인서의 발급을 신청할 수 있다. 이 경우 산업통상자원부장관과 관계 행정기관의 장은 확인 신청 내용이 사실인지 확인한 후 수입목적확인서를 발급할 수 있다. 〈개정 2008. 2. 29., 2013. 3. 23.〉

제23조(전략물자등에 대한 이동중지명령 등) ① 산업통상자원부장관과 관계 행정기관의 장은 전략물자나 상황허가 대상인 물품등(이하 "전략물자등"이라 한다)이 허가를 받지 아니하고 수출되거나 거짓이나 그 밖의 부정한 방법으로 허가를 받아 수출되는 것(이하 "무허가수출등"이라 한다)을 막기 위하여 필요하면 적법한 수출이라는 사실이 확인될 때까지 전략물자등의 이동중지명령을 할 수 있다. 〈개정 2008. 2. 29., 2013. 3. 23., 2013. 7. 30., 2020. 3. 18.〉

② 제1항에도 불구하고 산업통상자원부장관과 관계 행정기관의 장은 전략물자등의 무허가수출등을 막기 위하여 긴급하게 그 이동을 제한할 필요가 있으면 적법한 수출이라는 사실이 확인될 때까지 직접 그 이동을 중지시킬 수 있다. 〈개정 2008. 2. 29., 2013. 3. 23., 2020. 3. 18.〉

③ 전략물자등을 국내 항만이나 공항을 경유하거나 국내에서 환적(換積)하려는 자로서 대통령령으로 정하는 자는 대통령령으로 정하는 바에 따라 산업통상자원부장관이나 관계 행정기관의 장의 허가를 받아야 한다. 〈개정 2009. 4. 22., 2010. 4. 5., 2013. 3. 23.〉

④ 산업통상자원부장관과 관계 행정기관의 장은 제3항에 따른 경유 또는 환적 허가의 신청을 받은 경우 국제평화, 안전유지 및 국가안보 등 대통령령으로 정하는 기준에 따라 허가할 수 있다. 〈신설 2016. 1. 27.〉

⑤ 산업통상자원부장관 또는 관계 행정기관의 장은 제2항에 따른 이동중지조치나 제3항에 따른 경유 또는 환적의 허가를 하기가 적절하지 아니하면 다른 행정기관에 협조를 요청할 수 있다. 이 경우 협조를 요청받은 행정기관은 국내 또는 외국의 전

략물자등의 국가 간 무허가수출등을 막을 수 있도록 협조하여야 한다. 〈개정 2008. 2. 29., 2009. 4. 22., 2013. 3. 23., 2016. 1. 27., 2020. 3. 18.〉

⑥ 제2항 또는 제5항에 따라 이동중지조치를 하는 공무원은 그 권한을 표시하는 증표를 지니고 이를 관계인에게 내보여야 한다. 〈개정 2009. 4. 22., 2016. 1. 27.〉

⑦ 제1항·제2항 및 제5항에 따른 이동중지명령 및 이동중지조치의 기간과 방법은 전략물자등의 국가 간 무허가수출등을 막기 위하여 필요한 최소한도에 그쳐야 한다. 〈개정 2009. 4. 22., 2016. 1. 27., 2020. 3. 18.〉

제24조(전략물자등의 중개) ① 전략물자등을 제3국에서 다른 제3국으로 이전하거나 매매를 위하여 중개하려는 자는 대통령령으로 정하는 바에 따라 산업통상자원부장관이나 관계 행정기관의 장의 허가를 받아야 한다. 다만, 그 전략물자등의 이전·매매가 수출국으로부터 국제수출통제체제의 원칙에 따른 수출허가를 받은 경우 등 대통령령으로 정하는 때에는 그러하지 아니하다. 〈개정 2008. 2. 29., 2009. 4. 22., 2013. 3. 23., 2013. 7. 30.〉

② 산업통상자원부장관과 관계 행정기관의 장은 제1항 본문에 따라 중개허가의 신청을 받으면 국제평화 및 안전유지와 국가안보 등 대통령령으로 정하는 기준에 따라 중개허가를 할 수 있다. 〈개정 2008. 2. 29., 2013. 3. 23.〉

[제목개정 2013. 7. 30.]

제24조의2(서류의 보관) 무역거래자는 다음 각 호의 서류를 5년간 보관하여야 한다.

1. 제20조제2항에 따라 판정을 신청한 경우에는 그 판정에 관한 서류
2. 전략물자등을 수출·경유·환적·중개한 자의 경우 그 수출허가, 상황허가, 제23조제3항에 따른 경유 또는 환적 허가, 제24조에 따른 중개허가에 관한 서류
3. 그 밖에 산업통상자원부장관이나 관계 행정기관의 장이 정하여 고시하는 서류

[본조신설 2013. 7. 30.]

제24조의3(수출허가 등의 취소) 산업통상자원부장관 또는 관계 행정기관의 장은 수출허가 또는 상황허가, 제23조제3항에 따른 경유 또는 환적 허가, 제24조에 따른 중개허가를 한 후 다음 각 호의 어느 하나에 해당하는 경우에는 해당 허가를 취소할 수 있다.

1. 거짓 또는 부정한 방법으로 허가를 받은 사실이 발견된 경우
2. 전쟁, 테러 등 국가 간 안보 또는 대량파괴무기등의 이동·확산 우려 등과 같은 국제정세의 변화가 있는 경우

[본조신설 2013. 7. 30.]

제25조(자율준수무역거래자) ① 산업통상자원부장관은 기업 또는 대통령령으로 정하는 대학 및 연구기관의 자율적인 전략물자 관리능력을 높이기 위하여 전략물자 여부에 대한 판정능력, 수입자 및 최종 사용자에 대한 분석능력 등 대통령령으로 정하는 능력을 갖춘 무역거래자를 자율준수무역거래자로 지정할 수 있다. 〈개정 2008. 2. 29., 2013. 3. 23., 2013. 7. 30.〉

② 산업통상자원부장관은 제1항에 따라 지정을 받은 자율준수무역거래자(이하 이 조에서 "자율준수무역거래자"라 한다)에게 대통령령으로 정하는 바에 따라 전략물자에 대한 수출통제업무의 일부를 자율적으로 관리하게 할 수 있다. 〈개정 2008. 2. 29., 2013. 3. 23.〉

③자율준수무역거래자는 제2항에 따라 자율적으로 관리하는 전략물자의 수출실적 등을 대통령령으로 정하는 바에 따라 산업통상자원부장관에게 보고하여야 한다. 〈개정 2008. 2. 29., 2013. 3. 23.〉

④ 산업통상자원부장관은 다음 각 호의 어느 하나에 해당하는 경우에는 자율준수무역거래자의 지정을 취소할 수 있다. 〈개정 2008. 2. 29., 2009. 4. 22., 2013. 3. 23., 2013. 7. 30.〉

1. 제1항에 따른 대통령령으로 정하는 능력을 유지하지 못하는 경우
2. 고의나 중대한 과실로 제19조제2항에 따른 수출허가를 받지 아니하고 전략물자를 수출한 경우
3. 고의나 중대한 과실로 제19조제3항에 따른 상황허가를 받지 아니하고 상황허가 대상인 물품등을 수출한 경우
4. 고의나 중대한 과실로 제24조의2에 따른 보관의무를 이행하지 아니한 경우
5. 고의나 중대한 과실로 제24조에 따른 중개허가를 받지 아니하고 전략물자를 중개한 경우
6. 제3항에 따른 보고의무를 이행하지 아니한 경우
7. 삭제 〈2009. 4. 22.〉

제26조(전략물자 수출입고시 등) ① 산업통상자원부장관은 관계 행정기관의 장과 협의하여 제19조, 제20조, 제22조부터 제24조까지, 제24조의2, 제24조의3 및 제25조에 관한 요령을 고시하여야 한다. 〈개정 2008. 2. 29., 2009. 4. 22., 2013. 3. 23., 2016. 1. 27.〉

② 관세청장은 전략물자등의 수출입 통관절차에 관한 사항을 고시하여야 한다. 〈신설 2016. 1. 27.〉

[제목개정 2016. 1. 27.]

제27조(비밀 준수 의무) 이 법에 따른 전략물자의 수출입통제업무와 관련된 공무원, 제29조에 따른 전략물자관리원의 임직원과 제29조제5항제1호의 판정 업무와 관련된 자는 전략물자 수출입통제업무의 수행과정에서 알게 된 영업상 비밀을 그 업체의 동의 없이 외부에 누설하여서는 아니 된다. 〈개정 2009. 4. 22.〉

제28조(전략물자 수출입관리 정보시스템의 구축 · 운영) ① 산업통상자원부장관은 다음 각 호의 업무를 수행하기 위하여 관계 행정기관의 장 및 제29조에 따른 전략물자관리원과 공동으로 전략물자 수출입관리 정보시스템을 구축 · 운영할 수 있다. 〈개정 2008. 2. 29., 2009. 4. 22., 2013. 3. 23.〉

1. 수출허가, 상황허가, 제20조제2항에 따른 판정, 제22조에 따른 수입목적확인서의 발급 등에 관한 업무
2. 전략물자의 수출입통제에 필요한 정보의 수집 · 분석 및 관리 업무

② 제1항에 따른 전략물자 수출입관리 정보시스템의 구축 · 운영에 필요한 사항은 대통령령으로 정한다.

제29조(전략물자관리원의 설립 등) ① 전략물자의 수출입 업무와 관리 업무를 효율적으로 지원하기 위하여 전략물자관리원을 설립한다.

② 전략물자관리원은 법인으로 한다.

③ 전략물자관리원은 정관으로 정하는 바에 따라 임원과 직원을 둔다.

④ 전략물자관리원은 그 주된 사무소의 소재지에서 설립등기를 함으로써 성립한다.

⑤ 전략물자관리원은 정부의 전략물자 관리정책에 따라 다음 각 호의 업무를 수행한다. 〈개정 2009. 4. 22., 2013. 7. 30.〉

1. 제20조제2항 후단에 따른 판정 업무
2. 제28조제1항에 따른 전략물자 수출입관리 정보시스템의 운영 업무
3. 전략물자의 수출입자에 대한 교육 업무

3의2. 제5조제4호 및 제4호의2에 따른 조치의 이행을 위한 정보제공 등 지원업무

4. 그 밖에 대통령령으로 정하는 업무

⑥ 전략물자관리원의 장은 산업통상자원부장관의 승인을 받아 제5항 각 호의 업무에 관하여 관리원을 이용하는 자에게 일정한 수수료를 징수할 수 있다. 〈개정 2008. 2. 29., 2013. 3. 23.〉

⑦ 전략물자관리원에 관하여 이 법에서 정한 것 외에는 「민법」 중 재단법인에 관한 규정을 준용한다.

⑧ 정부는 전략물자관리원의 설립 · 운영에 필요한 경비를 예산의 범위에서 출연하거나 지원할 수 있다.

제30조(전략물자 수출입통제 협의회) ① 산업통상자원부장관과 관계 행정기관의 장은 전략물자등의 수출입통제와 관련된 부처간 협의를 위하여 공동으로 전략물자 수출입통제 협의회(이하 이 조에서 "협의회"라 한다)를 구성할 수 있다. 〈개정 2008. 2. 29., 2013. 3. 23., 2016. 1. 27.〉

② 협의회의 회의는 관계 행정기관의 소관 업무별로 그 소관 관계 행정기관의 장이 주재한다.

③ 협의회의 구성원인 각 행정기관의 장은 전략물자등의 수출입통제에 필요하면 대통령령으로 정하는 정보수사기관의 장 또는 관세청장에게 조사 · 지원을 요청할 수 있다. 〈개정 2013. 7. 30., 2016. 1. 27.〉

④ 제3항에 따른 정보수사기관의 장 또는 관세청장은 전략물자등의 무허가수출등 행위를 인지한 경우에는 협의회의 각 행정기관의 장에게 통보하는 등 필요한 조치를 취할 수 있다. 〈신설 2016. 1. 27., 2020. 3. 18.〉

⑤ 협의회의 구성과 운영에 필요한 사항은 대통령령으로 정한다. 〈개정 2016. 1. 27.〉

제31조(전략물자등의 수출입 제한 등) ① 산업통상자원부장관 또는 관계 행정기관의 장은 다음 각 호의 어느 하나에 해당하는 자에게 3년 이내의 범위에서 일정 기간 동안 전략물자등의 전부 또는 일부의 수출이나 수입을 제한할 수 있다. 〈개정 2008. 2. 29., 2009. 4. 22., 2013. 3. 23., 2013. 7. 30., 2020. 3. 18.〉

1. 제19조제2항에 따른 수출허가를 받지 아니하고 전략물자를 수출하거나 수출신고(「관세법」 제241조제1항에 따른 수출신고를 말한다. 이하 같다)한 자
2. 제19조제3항에 따른 상황허가를 받지 아니하고 상황허가 대상인 물품등을 수출하거나 수출신고한 자
3. 전략물자등의 수출이나 수입에 관한 국제수출통제체제의 원칙을 위반한 자로서 대통령령으로 정하는 자

② 관계 행정기관의 장은 제1항 각 호의 어느 하나에 해당하는 자가 있음을 알게 되면 즉시 산업통상자원부장관에게 통보하여야 한다. 〈개정 2008. 2. 29., 2013. 3. 23.〉

③ 산업통상자원부장관 또는 관계 행정기관의 장은 제1항에 따라 전략물자등의 수출입을 제한한 자와 외국 정부가 자국의 법령에 따라 전략물자등의 수출입을 제한한 자의 명단과 제한 내용을 공고할

수 있다. 〈개정 2008. 2. 29., 2009. 4. 22., 2013. 3. 23., 2013. 7. 30.〉
[제목개정 2013. 7. 30.]

제4절 플랜트수출 〈개정 2010. 4. 5.〉

제32조(플랜트수출의 촉진 등) ① 산업통상자원부장관은 다음 각 호의 어느 하나에 해당하는 수출(이하 "플랜트수출"이라 한다)을 하려는 자가 신청하는 경우에는 대통령령으로 정하는 바에 따라 그 플랜트수출을 승인할 수 있다. 승인한 사항을 변경할 때에도 또한 같다. 〈개정 2008. 2. 29., 2010. 4. 5., 2013. 3. 23.〉

1. 농업·임업·어업·광업·제조업, 전기·가스·수도사업, 운송·창고업 및 방송·통신업을 경영하기 위하여 설치하는 기재·장치 및 대통령령으로 정하는 설비 중 산업통상자원부장관이 정하는 일정 규모 이상의 산업설비의 수출
2. 산업설비·기술용역 및 시공을 포괄적으로 행하는 수출(이하 "일괄수주방식에 의한 수출"이라 한다)

② 산업통상자원부장관은 제1항에 따른 승인 또는 변경승인을 하기 위하여 필요하면 플랜트수출의 타당성에 관하여 관계 행정기관의 장의 의견을 들어야 한다. 이 경우 의견을 제시할 것을 요구받은 관계 행정기관의 장은 정당한 사유가 없으면 지체 없이 산업통상자원부장관에게 의견을 제시하여야 한다. 〈개정 2008. 2. 29., 2010. 4. 5., 2013. 3. 23.〉
③ 산업통상자원부장관이 일괄수주방식에 의한 수출에 대하여 승인 또는 변경승인하려는 때에는 미리 국토교통부장관의 동의를 받아야 한다. 〈개정 2008. 2. 29., 2010. 4. 5., 2013. 3. 23.〉
④ 산업통상자원부장관은 일괄수주방식에 의한 수출로서 건설용역 및 시공부문의 수출에 관하여는 「해외건설 촉진법」에 따른 해외건설사업자에 대하여만 승인 또는 변경승인할 수 있다. 〈개정 2008. 2. 29., 2013. 3. 23., 2016. 1. 27., 2019. 4. 30.〉
⑤ 산업통상자원부장관은 제1항에 따른 플랜트수출의 승인 또는 변경승인을 한 경우에는 이를 관계 행정기관의 장에게 지체 없이 알려야 한다. 〈개정 2008. 2. 29., 2010. 4. 5., 2013. 3. 23.〉
⑥ 산업통상자원부장관은 플랜트수출을 촉진하기 위하여 그에 관한 제도개선, 시장조사, 정보교류, 수주 지원, 수주질서 유지, 전문인력의 양성, 금융지원, 우수기업의 육성 및 협동화사업을 추진할 수 있다. 이 경우 산업통상자원부장관은 플랜트수출 관련 기관 또는 단체를 지정하여 이들 사업을 수행하게 할 수 있다. 〈개정 2010. 4. 5., 2013. 3. 23.〉
[제목개정 2010. 4. 5.]

제5절 정부간 수출계약 〈신설 2014. 1. 21.〉

제32조의2(정부간 수출계약의 보증 및 원칙) ① 정부는 국내 기업의 원활한 정부간 수출계약을 지원하기 위하여 대통령령으로 정하는 보증·보험기관으로 하여금 국내 기업의 외국 정부에 대한 정부간 수출계약 이행 등을 위한 보증사업을 하게 할 수 있다.
② 정부는 정부간 수출계약과 관련하여 어떠한 경우에도 경제적 이익을 갖지 아니하고, 보증채무 등 경제적 책임 및 손실을 부담하지 아니한다.
[본조신설 2014. 1. 21.]

제32조의3(정부간 수출계약의 전담기관) ① 제2조제4호의 "정부간 수출계약 전담기관"이란 「대한무역투자진흥공사법」에 따른 대한무역투자진흥공사(이하 "전담기관"이라 한다)를 말한다.
② 전담기관은 정부간 수출계약과 관련하여 다음 각 호의 업무를 수행한다.

1. 정부간 수출계약에서 당사자 지위 수행
2. 외국 정부의 구매요구 사항을 이행할 국내 기업의 추천
3. 그 밖에 정부간 수출계약 업무의 수행을 위하여 산업통상자원부장관이 필요하다고 인정하는 업무

③ 전담기관의 권한과 책임은 다음 각 호와 같다.

1. 전담기관은 정부간 수출계약이 체결된 경우 국내 기업으로 하여금 보증·보험의 제공 등 대통령령으로 정하는 계약 이행 보증 조치를 취하도록 하여야 한다.
2. 전담기관은 국내 기업의 계약 이행 상황을 확인하기 위하여 필요한 경우에는 국내 기업에 대하여 관련 자료의 제출을 요구할 수 있다.
3. 그 밖에 전담기관의 권한과 책임에 관하여는 대통령령으로 정한다.

④ 전담기관의 장은 정부간 수출계약 관련 업무를 수행하기 위하여 필요한 경우에는 관계 행정기관 및 관련 단체에 대하여 공무원 또는 임직원의 파견근무를 요청할 수 있다. 다만, 공무원의 파견을 요청할 때에는 미리 주무부장관과 협의하여야 한다.
[본조신설 2014. 1. 21.]

제32조의4(정부간 수출계약 심의위원회) ① 정부간 수출계약의 체결, 변경, 해지 등 대통령령으로 정하는 사항을 심의·의결하기 위하여 전담기관에 정부간 수출계약 심의위원회(이하 이 절에서 "위원

회"라 한다)를 둔다.
② 위원회는 위원장 1명을 포함한 7명 이상 15명 이내의 위원으로 구성하고, 위원장은 대한무역투자진흥공사 사장이 된다.
③ 위원회의 구성 및 운영에 필요한 사항은 대통령령으로 정한다.
④ 위원회는 제1항에 따른 심의에 필요한 경우 국내 기업 및 관계 기관 등에 자료 등의 제출을 요구할 수 있다.
⑤ 위원회는 다음 각 호의 사항에 해당하는 경우에는 회의록, 계약서 등 관련 서류를 공개하지 아니할 수 있다.
1. 공개될 경우 정부간 수출계약의 체결, 이행, 변경, 해지 등이 크게 곤란하여질 우려가 있거나 위원회 심의의 공정성을 크게 저해할 우려가 있다고 인정되는 사항
2. 그 밖에 제1호에 준하는 사유로서 공개하기에 적당하지 아니하다고 위원회가 결정한 사항
[본조신설 2014. 1. 21.]

제32조의5(국내 기업의 책임 등) ① 국내 기업은 정부간 수출계약이 체결된 경우 그 계약 내용을 성실히 이행하여야 한다.
② 국내 기업은 보증·보험의 제공 등 대통령령으로 정하는 계약 이행 보증 조치를 취하여야 한다.
③ 국내 기업은 제32조의3제3항제2호 또는 제32조의4제4항에 따른 자료제출 요구가 있을 경우 특별한 사정이 없으면 이에 따라야 한다.
④ 국내 기업이 제2항 또는 제3항을 위반할 경우 전담기관은 그 사실을 외국 정부에 통보할 수 있고, 위원회는 해당 기업의 정부간 수출계약에 대한 심의를 거부할 수 있다.
[본조신설 2014. 1. 21.]

제3장의2 원산지의 표시 등 〈신설 2010. 4. 5.〉

제33조(수출입 물품등의 원산지의 표시) ① 산업통상자원부장관이 공정한 거래 질서의 확립과 생산자 및 소비자 보호를 위하여 원산지를 표시하여야 하는 대상으로 공고한 물품등(이하 "원산지표시대상물품"이라 한다)을 수출하거나 수입하려는 자는 그 물품등에 대하여 원산지를 표시하여야 한다. 〈개정 2008. 2. 29., 2010. 4. 5., 2013. 3. 23.〉
② 수입된 원산지표시대상물품에 대하여 대통령령으로 정하는 단순한 가공활동을 거침으로써 해당 물품등의 원산지 표시를 손상하거나 변형한 자(무역거래자 또는 물품등의 판매업자에 대하여 제4항이 적용되는 경우는 제외한다)는 그 단순 가공한 물품등에 당초의 원산지를 표시하여야 한다. 이 경우 다른 법령에서 단순한 가공활동을 거친 수입 물품등에 대하여 다른 기준을 규정하고 있으면 그 기준에 따른다. 〈신설 2010. 4. 5.〉
③ 제1항 및 제2항 전단에 따른 원산지의 표시방법·확인, 그 밖에 표시에 필요한 사항은 대통령령으로 정한다. 〈개정 2010. 4. 5.〉
④ 무역거래자 또는 물품등의 판매업자는 다음 각 호의 어느 하나에 해당하는 행위를 하여서는 아니 된다. 다만, 제3호의 경우에는 무역거래자의 경우만 해당된다. 〈개정 2010. 4. 5., 2013. 7. 30.〉
1. 원산지를 거짓으로 표시하거나 원산지를 오인(誤認)하게 하는 표시를 하는 행위
2. 원산지의 표시를 손상하거나 변경하는 행위
3. 원산지표시대상물품에 대하여 원산지 표시를 하지 아니하는 행위
4. 제1호부터 제3호까지의 규정에 위반되는 원산지표시대상물품을 국내에서 거래하는 행위
⑤ 산업통상자원부장관 또는 시·도지사는 제1항부터 제4항까지의 규정을 위반하였는지 확인하기 위하여 필요하다고 인정하면 수입한 물품등과 대통령령으로 정하는 관련 서류를 검사할 수 있다. 〈개정 2008. 2. 29., 2010. 4. 5., 2013. 3. 23., 2013. 7. 30.〉
⑥ 삭제 〈2013. 7. 30.〉
⑦ 삭제 〈2013. 7. 30.〉
⑧ 삭제 〈2013. 7. 30.〉

제33조의2(원산지의 표시 위반에 대한 시정명령 등) ① 산업통상자원부장관 또는 시·도지사는 제33조제2항부터 제4항까지의 규정을 위반한 자에게 판매중지, 원상복구, 원산지 표시 등 대통령령으로 정하는 시정조치를 명할 수 있다.
② 산업통상자원부장관 또는 시·도 지사는 제33조제2항부터 제4항까지의 규정(제33조제4항제4호는 제외한다)을 위반한 자에게 3억원 이하의 과징금을 부과할 수 있다.
③ 제2항에 따라 과징금을 부과하는 위반행위의 종류와 정도에 따른 과징금의 금액과 그 밖에 필요한 사항은 대통령령으로 정한다.
④ 산업통상자원부장관 또는 시·도지사는 제2항에 따라 과징금을 내야 하는 자가 납부기한까지 내지 아니하면 국세 또는 지방세 체납처분의 예에 따라 징수한다.
⑤ 산업통상자원부장관 또는 시·도지사는 제2항에 따라 과징금 부과처분이 확정된 자에 대해서는

대통령령으로 정하는 바에 따라 그 위반자 및 위반자의 소재지와 물품등의 명칭, 품목, 위반내용 등 처분과 관련된 사항을 공표할 수 있다.
[본조신설 2013. 7. 30.]

제34조(원산지 판정 등) ① 산업통상자원부장관은 필요하다고 인정하면 수출 또는 수입 물품등의 원산지 판정을 할 수 있다. 〈개정 2008. 2. 29., 2013. 3. 23.〉
② 원산지 판정의 기준은 대통령령으로 정하는 바에 따라 산업통상자원부장관이 정하여 공고한다. 〈개정 2008. 2. 29., 2013. 3. 23.〉
③ 무역거래자 또는 물품등의 판매업자 등은 수출 또는 수입 물품등의 원산지 판정을 산업통상자원부장관에게 요청할 수 있다. 〈개정 2008. 2. 29., 2013. 3. 23.〉
④ 산업통상자원부장관은 제3항에 따라 요청을 받은 경우에는 해당 물품등의 원산지 판정을 하여서 요청한 사람에게 알려야 한다. 〈개정 2008. 2. 29., 2013. 3. 23.〉
⑤ 제4항에 따라 통보를 받은 자가 원산지 판정에 불복하는 경우에는 통보를 받은 날부터 30일 이내에 산업통상자원부장관에게 이의를 제기할 수 있다. 〈개정 2008. 2. 29., 2013. 3. 23.〉
⑥ 산업통상자원부장관은 제5항에 따라 이의를 제기받은 경우에는 이의 제기를 받은 날부터 150일 이내에 이의 제기에 대한 결정을 알려야 한다. 〈개정 2008. 2. 29., 2013. 3. 23.〉
⑦ 원산지 판정의 요청, 이의 제기 등 원산지 판정의 절차에 필요한 사항은 대통령령으로 정한다.

제35조(수입원료를 사용한 국내생산 물품등의 원산지 판정 기준) ① 산업통상자원부장관은 공정한 거래질서의 확립과 생산자 및 소비자 보호를 위하여 필요하다고 인정하면 수입원료를 사용하여 국내에서 생산되어 국내에서 유통되거나 판매되는 물품등(이하 이 조에서 "국내생산물품등"이라 한다)에 대한 원산지 판정에 관한 기준을 관계 중앙행정기관의 장과 협의하여 정할 수 있다. 다만, 다른 법령에서 국내생산물품등에 대하여 다른 기준을 규정하고 있는 경우에는 그러하지 아니하다. 〈개정 2008. 2. 29., 2010. 4. 5., 2013. 3. 23.〉
② 산업통상자원부장관은 제1항에 따라 국내생산 물품등에 대한 원산지 판정에 관한 기준을 정하면 이를 공고하여야 한다. 〈개정 2008. 2. 29., 2013. 3. 23.〉

제36조(수입 물품등의 원산지증명서의 제출) ① 산업통상자원부장관은 원산지를 확인하기 위하여 필요하다고 인정하면 물품등을 수입하려는 자에게 그 물품등의 원산지 국가 또는 물품등을 선적(船積)한 국가의 정부 등이 발행하는 원산지증명서를 제출하도록 할 수 있다. 〈개정 2008. 2. 29., 2013. 3. 23.〉
② 제1항에 따른 원산지증명서의 제출과 그 확인에 필요한 사항은 대통령령으로 정한다.

제37조(수출 물품의 원산지증명서의 발급 등) ① 헌법에 따라 체결·공포된 조약과 일반적으로 승인된 국제법규를 이행하기 위하여 또는 교역상대국 무역거래자의 요청으로 수출 물품의 원산지증명서를 발급받으려는 자는 산업통상자원부장관에게 원산지증명서의 발급을 신청하여야 한다. 이 경우 수수료를 내야 한다. 〈개정 2008. 2. 29., 2013. 3. 23.〉
② 제1항에 따른 원산지증명서의 발급기준·발급절차, 유효기간, 수수료와 그 밖에 발급에 필요한 사항은 대통령령으로 정한다.

제38조(외국산 물품등을 국산 물품등으로 가장하는 행위의 금지) 누구든지 원산지증명서를 위조 또는 변조하거나 거짓된 내용으로 원산지증명서를 발급받거나 물품등에 원산지를 거짓으로 표시하는 등의 방법으로 외국에서 생산된 물품등(외국에서 생산되어 국내에서 대통령령으로 정하는 단순한 가공활동을 거친 물품등을 포함한다. 이하 제53조의2제4호에서도 같다)의 원산지가 우리나라인 것처럼 가장(假裝)하여 그 물품등을 수출하거나 외국에서 판매하여서는 아니 된다. 〈개정 2010. 4. 5.〉

제4장 수입수량 제한조치

제39조(수입수량 제한조치) ① 산업통상자원부장관은 특정 물품의 수입 증가로 인하여 같은 종류의 물품 또는 직접적인 경쟁 관계에 있는 물품을 생산하는 국내산업(이하 이 조에서 "국내산업"이라 한다)이 심각한 피해를 입고 있거나 입을 우려(이하 이 조에서 "심각한 피해등"이라 한다)가 있음이 「불공정무역행위 조사 및 산업피해구제에 관한 법률」 제27조에 따른 무역위원회(이하 "무역위원회"라 한다)의 조사를 통하여 확인되고 심각한 피해등을 구제하기 위한 조치가 건의된 경우로서 그 국내산업을 보호할 필요가 있다고 인정되면 그 물품의 국내산업에 대한 심각한 피해등을 방지하거나 치유하고 조정을 촉진하기 위하여 필요한 범위에서 물품의 수입수량을 제한하는 조치(이하 "수입수량 제한조치"라 한다)를 시행할 수 있다. 〈개정 2008.

2. 29., 2013. 3. 23.〉

② 산업통상자원부장관은 무역위원회의 건의, 해당 국내산업 보호의 필요성, 국제통상 관계, 수입수량제한조치의 시행에 따른 보상수준 및 국민경제에 미치는 영향 등을 검토하여 수입수량제한조치의 시행 여부와 내용을 결정한다. 〈개정 2008. 2. 29., 2013. 3. 23.〉

③ 정부는 수입수량제한조치를 시행하려면 이해당사국과 수입수량제한조치의 부정적 효과에 대한 적절한 무역보상에 관하여 협의할 수 있다.

④ 수입수량제한조치는 조치 시행일 이후 수입되는 물품에만 적용한다.

⑤ 수입수량제한조치의 적용 기간은 4년을 넘어서는 아니 된다.

⑥ 산업통상자원부장관은 수입수량제한조치의 대상 물품, 수량, 적용기간 등을 공고하여야 한다. 〈개정 2008. 2. 29., 2013. 3. 23.〉

⑦ 산업통상자원부장관은 수입수량제한조치의 시행 여부를 결정하기 위하여 필요하다고 인정하면 관계 행정기관의 장 및 이해관계인 등에게 관련 자료의 제출 등 필요한 협조를 요청할 수 있다. 〈개정 2008. 2. 29., 2013. 3. 23.〉

⑧ 산업통상자원부장관은 수입수량제한조치의 대상이었거나 「관세법」 제65조에 따른 긴급관세(이하 "긴급관세"라 한다) 또는 같은 법 제66조에 따른 잠정 긴급관세(이하 "잠정긴급관세"라 한다)의 대상이었던 물품에 대하여는 그 수입수량제한조치의 적용기간, 긴급관세의 부과기간 또는 잠정긴급관세의 부과기간이 끝난 날부터 그 적용 기간 또는 부과기간에 해당하는 기간(적용기간 또는 부과기간이 2년 미만인 경우에는 2년)이 지나기 전까지는 다시 수입수량제한조치를 시행할 수 없다. 다만, 다음 각 호의 요건을 모두 충족하는 경우에는 180일 이내의 수입수량제한조치를 시행할 수 있다. 〈개정 2008. 2. 29., 2013. 3. 23.〉

1. 해당 물품에 대한 수입수량제한조치가 시행되거나 긴급관세 또는 잠정긴급관세가 부과된 후 1년이 지날 것
2. 수입수량제한조치를 다시 시행하는 날부터 소급하여 5년 안에 그 물품에 대한 수입수량제한조치의 시행 또는 긴급관세의 부과가 2회 이내일 것

제40조(수입수량제한조치에 대한 연장 등) ① 산업통상자원부장관은 무역위원회의 건의가 있고 필요하다고 인정하면 수입수량제한조치의 내용을 변경하거나 적용기간을 연장할 수 있다. 이 경우 변경되는 조치 내용 및 연장되는 적용기간 이내에 변경되는 조치 내용은 최초의 조치 내용보다 완화되어야 한다. 〈개정 2008. 2. 29., 2013. 3. 23.〉

②제1항에 따라 수입수량제한조치의 적용기간을 연장하는 때에는 수입수량제한조치의 적용기간과 긴급관세 또는 잠정긴급관세의 부과기간 및 그 연장기간을 전부 합산한 기간이 8년을 넘어서는 아니 된다.

제41조 삭제 〈2016. 1. 27.〉

제5장 수출입의 질서 유지

제42조 삭제 〈2008. 12. 19.〉

제43조(수출입 물품등의 가격 조작 금지) 무역거래자는 외화도피의 목적으로 물품등의 수출 또는 수입 가격을 조작(造作)하여서는 아니 된다.

제44조(무역거래자간 무역분쟁의 신속한 해결) ① 무역거래자는 그 상호 간이나 교역상대국의 무역거래자와 물품등의 수출・수입과 관련하여 분쟁이 발생한 경우에는 정당한 사유 없이 그 분쟁의 해결을 지연시켜서는 아니 된다.

② 산업통상자원부장관은 제1항에 따른 분쟁이 발생한 경우 무역거래자에게 분쟁의 해결에 관한 의견을 진술하게 하거나 그 분쟁과 관련되는 서류의 제출을 요구할 수 있다. 〈개정 2008. 2. 29., 2013. 3. 23.〉

③ 산업통상자원부장관은 제2항에 따라 서류를 제출받거나 의견을 들은 후에 필요하다고 인정하면 그 분쟁에 관하여 사실 조사를 할 수 있다. 〈개정 2008. 2. 29., 2013. 3. 23.〉

④ 산업통상자원부장관은 제1항에 따른 분쟁을 신속하고 공정하게 처리하는 것이 필요하다고 인정하거나 무역분쟁 당사자의 신청을 받으면 대통령령으로 정하는 바에 따라 분쟁을 조정하거나 분쟁의 해결을 위한 중재(仲裁) 계약의 체결을 권고할 수 있다. 〈개정 2008. 2. 29., 2013. 3. 23.〉

제45조(선적 전 검사와 관련한 분쟁 조정 등) ① 수입국 정부와의 계약 체결 또는 수입국 정부의 위임을 받아 기업이 수출하는 물품등에 대하여 국내에서 선적 전에 검사를 실시하는 기관(이하 "선적전검사기관"이라 한다)은 「세계무역기구 선적 전 검사에 관한 협정」을 지켜야 한다. 이 경우 선적전검사기관은 선적 전 검사가 기업의 수출에 대한 무역장벽으로 작용하도록 하여서는 아니 된다.

② 산업통상자원부장관은 선적 전 검사와 관련하여 수출자와 선적전검사기관 간에 분쟁이 발생하

였을 경우에는 그 해결을 위하여 필요한 조정(調整)을 할 수 있다. 〈개정 2008. 2. 29., 2013. 3. 23.〉

③ 제2항의 분쟁에 관한 중재(仲裁)를 담당할 수 있도록 대통령령으로 정하는 바에 따라 독립적인 중재기관을 설치할 수 있다.

제46조(조정명령) ① 산업통상자원부장관은 다음 각 호의 어느 하나에 해당하는 경우에는 무역거래자에게 수출하는 물품등의 가격, 수량, 품질, 그 밖에 거래조건 또는 그 대상지역 등에 관하여 필요한 조정(調整)을 명할 수 있다. 〈개정 2008. 2. 29., 2013. 3. 23.〉

1. 헌법에 따라 체결·공포된 조약과 일반적으로 승인된 국제법규에 따른 의무 이행을 위하여 필요한 경우
2. 우리나라 또는 교역상대국의 관련 법령에 위반되는 경우
3. 그 밖에 물품등의 수출의 공정한 경쟁을 교란할 우려가 있거나 대외 신용을 손상하는 행위를 방지하기 위한 것으로서 다음 각 목의 어느 하나에 해당하는 경우
   가. 물품등의 수출과 관련하여 부당하게 다른 무역거래자를 제외하는 경우
   나. 물품등의 수출과 관련하여 부당하게 다른 무역거래자의 상대방에 대하여 다른 무역거래자와 거래하지 아니하도록 유인하거나 강제하는 경우
   다. 물품등의 수출과 관련하여 부당하게 다른 무역거래자의 해외에서의 사업활동을 방해하는 경우

② 산업통상자원부장관은 제1항에 따라 조정을 명하는 경우에는 다음 각 호의 사항을 고려하여야 한다. 〈개정 2008. 2. 29., 2013. 3. 23.〉

1. 수출기반의 안정, 새로운 상품의 개발 또는 새로운 해외시장의 개척에 기여할 것
2. 다른 무역거래자의 권익을 부당하게 침해하거나 차별하지 아니할 것
3. 물품등의 수출·수입의 질서 유지를 위한 목적에 필요한 정도를 넘지 아니할 것

③ 제1항에 따라 조정을 명하는 절차 등에 필요한 사항은 대통령령으로 정한다.

④ 산업통상자원부장관은 제1항에 따라 조정을 명하는 경우에 필요하다고 인정하면 제11조제2항에 따른 승인을 하지 아니하거나 관계 기관의 장에게 승인에 관련된 절차를 중지하게 할 수 있다. 〈개정 2008. 2. 29., 2013. 3. 23.〉

제6장 보 칙

제47조(청문) 산업통상자원부장관 또는 관계 행정기관의 장은 다음 각 호의 어느 하나에 해당하는 처분을 하려면 청문을 하여야 한다. 〈개정 2008. 2. 29., 2009. 4. 22., 2013. 3. 23., 2013. 7. 30.〉

1. 제24조의3에 따른 수출허가, 상황허가, 경유 또는 환적 허가, 중개허가의 취소
2. 제46조제1항에 따른 조정명령

제48조(보고와 검사 등) ① 산업통상자원부장관 또는 관계 행정기관의 장은 제5조제4호 및 제4호의2에 따라 수출이 제한되거나 금지된 물품등, 전략물자 또는 제19조제3항에 따른 물품등에 대한 수출허가나 상황허가를 받은 자 또는 수출허가나 상황허가를 받지 아니하고 수출하거나 수출하려고 한 자에게 다음 각 호의 사항에 관한 보고 또는 자료의 제출을 명할 수 있다. 〈개정 2008. 2. 29., 2009. 4. 22., 2013. 3. 23., 2013. 7. 30.〉

1. 수입국
2. 수입자·최종사용자 또는 그의 위임을 받은 자 및 그 소재지, 사업 분야, 주요 거래자 및 사용 목적
3. 수입자와 최종사용자 또는 그의 위임을 받은 자를 확인하기 위한 수입국의 권한 있는 기관이 발급한 납세증명서 등 관련 자료 또는 대외 공표자료
4. 그 밖에 운송 수단, 환적국(換積國), 대금 결제 방법 등 산업통상자원부장관이 정하여 고시하는 사항

② 산업통상자원부장관 또는 관계 행정기관의 장은 이 법의 시행을 위하여 필요하다고 인정하면 그 소속 공무원에게 제1항에 규정된 자의 사무소, 영업소, 공장 또는 창고 등에서 장부·서류나 그 밖의 물건을 검사하게 할 수 있다. 〈개정 2008. 2. 29., 2009. 4. 22., 2013. 3. 23.〉

③ 제2항에 따라 검사를 하는 공무원은 그 권한을 표시하는 증표를 지니고, 이를 관계인에게 내보여야 한다.

제49조(교육명령) 산업통상자원부장관 또는 관계 행정기관의 장은 다음 각 호의 어느 하나에 해당하는 자에게 대통령령으로 정하는 바에 따라 교육명령을 부과할 수 있다. 〈개정 2013. 3. 23., 2013. 7. 30., 2020. 3. 18.〉

1. 수출허가 또는 상황허가를 받지 아니하고 수출하거나 수출신고한 자
2. 거짓이나 그 밖의 부정한 방법으로 수출허가 또는 상황허가를 받은 자

3. 제23조제3항에 따른 경유 또는 환적 허가 및 제24조에 따른 중개허가를 받지 아니하고 경유·환적·중개한 자
4. 거짓이나 그 밖의 부정한 방법으로 제23조제3항에 따른 경유 또는 환적 허가 및 제24조에 따른 중개허가를 받은 자

[전문개정 2009. 4. 22.]

제50조(「독점규제 및 공정거래에 관한 법률」과의 관계) ① 제46조에 따른 산업통상자원부장관의 조정명령의 이행에 대하여는 「독점규제 및 공정거래에 관한 법률」을 적용하지 아니한다. 〈개정 2008. 2. 29., 2013. 3. 23.〉

② 산업통상자원부장관은 제46조에 따른 조정명령이 「독점규제 및 공정거래에 관한 법률」 제2조제1호에 따른 사업자 간의 국내 시장에서의 경쟁을 제한하는 것이면 공정거래위원회와 미리 협의하여야 한다. 〈개정 2008. 2. 29., 2013. 3. 23.〉

제51조(「국가보안법」 과의 관계) 이 법에 따른 물품등의 수출·수입행위에 대하여는 그 행위가 업무 수행상 정당하다고 인정되는 범위에서 「국가보안법」을 적용하지 아니한다.

제52조(권한의 위임·위탁) ① 이 법에 따른 산업통상자원부장관의 권한은 대통령령으로 정하는 바에 따라 그 일부를 소속기관의 장, 시·도지사에게 위임하거나 관계 행정기관의 장, 세관장, 한국은행 총재, 한국수출입은행장, 외국환은행의 장, 그 밖에 대통령령으로 정하는 법인 또는 단체에 위탁할 수 있다. 〈개정 2008. 2. 29., 2013. 3. 23.〉

② 산업통상자원부장관은 제1항에 따라 위임하거나 위탁한 사무에 관하여 그 위임 또는 위탁을 받은 자를 지휘·감독한다. 〈개정 2008. 2. 29., 2013. 3. 23.〉

③ 산업통상자원부장관은 제1항에 따라 위임하거나 위탁한 사무에 관하여 그 위임 또는 위탁을 받은 자에게 필요한 자료의 제출을 요청할 수 있다. 〈개정 2008. 2. 29., 2013. 3. 23.〉

제7장 벌 칙

제53조(벌칙) ① 전략물자등의 국제적 확산을 꾀할 목적으로 다음 각 호의 어느 하나에 해당하는 위반행위를 한 자는 7년 이하의 징역 또는 수출·경유·환적·중개하는 물품등의 가격의 5배에 해당하는 금액 이하의 벌금에 처한다. 〈개정 2013. 7. 30.〉

1. 제19조제2항에 따른 수출허가를 받지 아니하고 전략물자를 수출한 자
2. 제19조제3항에 따른 상황허가를 받지 아니하고 상황허가 대상인 물품등을 수출한 자
3. 제23조제3항에 따른 경유 또는 환적 허가를 받지 아니하고 전략물자등을 경유 또는 환적한 자
4. 제24조에 따른 중개허가를 받지 아니하고 전략물자등을 중개한 자

② 다음 각 호의 어느 하나에 해당하는 자는 5년 이하의 징역 또는 수출·수입·경유·환적·중개하는 물품등의 가격의 3배에 해당하는 금액 이하의 벌금에 처한다. 〈개정 2013. 7. 30.〉

1. 제5조 각 호의 어느 하나에 따른 수출 또는 수입의 제한이나 금지조치를 위반한 자
2. 제19조제2항에 따른 수출허가를 받지 아니하고 전략물자를 수출한 자
3. 거짓이나 그 밖의 부정한 방법으로 제19조제2항에 따른 수출허가를 받은 자
4. 제19조제3항에 따른 상황허가를 받지 아니하고 상황허가 대상인 물품등을 수출한 자
5. 거짓이나 그 밖의 부정한 방법으로 제19조제3항에 따른 상황허가를 받은 자

5의2. 제23조제3항에 따른 경유 또는 환적 허가를 받지 아니하고 전략물자등을 경유 또는 환적한 자

5의3. 거짓이나 그 밖의 부정한 방법으로 제23조제3항에 따른 경유 또는 환적 허가를 받은 자

6. 제24조에 따른 중개허가를 받지 아니하고 전략물자등을 중개한 자
7. 거짓이나 그 밖의 부정한 방법으로 제24조에 따른 중개허가를 받은 자
8. 삭제 〈2010. 4. 5.〉
9. 제43조를 위반하여 물품등의 수출과 수입의 가격을 조작한 자
10. 제46조제1항에 따른 조정명령을 위반한 자

제53조의2(벌칙) 다음 각 호의 어느 하나에 해당하는 자는 5년 이하의 징역 또는 1억원 이하의 벌금에 처한다. 이 경우 징역과 벌금은 병과(倂科)할 수 있다. 〈개정 2013. 7. 30.〉

1. 제23조제1항에 따른 이동중지명령을 위반한 자

1의2. 제33조제4항제1호 또는 제2호를 위반한 무역거래자 또는 물품등의 판매업자

2. 제33조제4항제3호를 위반하여 원산지표시대상물품에 대하여 원산지 표시를 하지 아니한 무역거래자
3. 제33조의2제1항에 따른 시정조치 명령을 위반한 자
4. 제38조에 따른 외국산 물품등의 국산 물품등으로의 가장 금지 의무를 위반한 자

[본조신설 2010. 4. 5.]

제54조(벌칙) 다음 각 호의 어느 하나에 해당하는 자는 3년 이하의 징역 또는 3천만원 이하의 벌금에 처한다. 〈개정 2009. 4. 22., 2013. 7. 30.〉

1. 제9조제2항을 위반하여 직무상 습득한 기업정보를 타인에게 제공 또는 누설하거나 사용 목적 외의 용도로 사용한 자
2. 제11조제2항 또는 제5항에 따른 승인 또는 변경승인을 받지 아니하고 수출 또는 수입 승인 대상 물품등을 수출하거나 수입한 자
3. 거짓이나 그 밖의 부정한 방법으로 제11조제2항 또는 제5항에 따른 승인 또는 변경승인을 받거나 그 승인 또는 변경승인을 면제받고 물품등을 수출하거나 수입한 자
4. 제16조제3항 본문(제17조제3항에서 준용하는 경우를 포함한다)에 따른 수입에 대응하는 외화획득을 하지 아니한 자
5. 제17조제1항 본문에 따른 승인을 받지 아니하고 목적 외의 용도로 원료·기재 또는 그 원료·기재로 제조된 물품등을 사용한 자
6. 제17조제2항에 따른 승인을 받지 아니하고 원료·기재 또는 그 원료·기재로 제조된 물품등을 양도한 자
7. 제27조에 따른 비밀 준수 의무를 위반한 자
8. 거짓이나 그 밖의 부정한 방법으로 제32조에 따른 승인 또는 변경 승인을 받은 자
9. 삭제 〈2010. 4. 5.〉
10. 삭제 〈2010. 4. 5.〉
11. 삭제 〈2010. 4. 5.〉

제55조(미수범) 제53조제1항, 같은 조 제2항제2호·제4호·제6호 및 제53조의2제1호의2·제2호·제4호의 미수범은 각각 해당하는 본죄에 준하여 처벌한다. 〈개정 2008. 12. 19., 2010. 4. 5., 2013. 7. 30.〉

제56조(과실범) 중대한 과실로 제53조의2제1호의2 또는 제2호에 해당하는 행위를 한 자는 2천만원 이하의 벌금에 처한다. 〈개정 2008. 12. 19., 2009. 4. 22., 2010. 4. 5., 2013. 7. 30.〉

제57조(양벌규정) 법인의 대표자나 법인 또는 개인의 대리인, 사용인, 그 밖의 종업원이 그 법인 또는 개인의 업무에 관하여 제53조, 제53조의2 또는 제54조부터 제56조까지의 어느 하나에 해당하는 위반행위를 하면 그 행위자를 벌하는 외에 그 법인 또는 개인에게도 해당 조문의 벌금형을 과(科)한다. 다만, 법인 또는 개인이 그 위반행위를 방지하기 위하여 해당 업무에 관하여 상당한 주의와 감독을 게을리하지 아니한 경우에는 그러하지 아니하다. 〈개정 2010. 4. 5.〉

[전문개정 2008. 12. 26.]

제58조(벌칙 적용 시의 공무원 의제) 제29조제5항의 업무를 수행하는 전략물자관리원의 임직원과 산업통상자원부장관이 제52조에 따라 위탁한 사무에 종사하는 한국은행, 한국수출입은행, 외국환은행, 그 밖에 대통령령으로 정하는 법인 또는 단체의 임직원은 「형법」 제129조부터 제132조까지의 벌칙을 적용할 때에는 공무원으로 본다. 〈개정 2008. 2. 29., 2009. 4. 22., 2013. 3. 23.〉

제59조(과태료) ① 다음 각 호의 어느 하나에 해당하는 자에게는 2천만원 이하의 과태료를 부과한다.

1. 제44조제2항을 위반하여 관련되는 서류를 제출하지 아니한 자
2. 제44조제3항에 따른 사실 조사를 거부, 방해 또는 기피한 자
3. 제48조제1항에 따른 보고 또는 자료의 제출을 하지 아니하거나 거짓으로 보고 또는 자료를 제출한 자
4. 제48조제2항에 따른 검사를 거부, 방해 또는 기피한 자

② 다음 각 호의 어느 하나에 해당하는 자에게는 1천만원 이하의 과태료를 부과한다. 〈개정 2009. 4. 22., 2010. 4. 5., 2013. 7. 30.〉

1. 제24조의2에 따른 서류 보관의무를 위반한 자
2. 삭제 〈2013. 7. 30.〉
3. 제33조제5항에 따른 검사를 거부, 방해 또는 기피한 자
4. 제49조에 따른 교육명령을 이행하지 아니한 자

③ 제20조제3항 전단을 위반하여 교육을 이수하지 아니하고 자가판정을 한 자 또는 같은 항 후단을 위반하여 전략물자 수출입관리 정보시스템에 정보를 등록하지 아니한 자에게는 500만원 이하의 과태료를 부과한다. 〈신설 2020. 3. 18.〉

④ 제1항부터 제3항까지에 따른 과태료는 대통령령으로 정하는 바에 따라 산업통상자원부장관이나 시·도지사 또는 관계 행정기관의 장이 부과·징수한다. 〈개정 2008. 2. 29., 2009. 4. 22., 2013. 3. 23., 2013. 7. 30., 2020. 3. 18.〉

⑤ 삭제 〈2009. 4. 22.〉

⑥ 삭제 〈2009. 4. 22.〉

부 칙 〈제17072호, 2020. 3. 18.〉

이 법은 공포 후 3개월이 경과한 날부터 시행한다.

부록 2

대외무역법 시행령

[시행 2020. 6. 19] [대통령령 제30785호, 2020. 6. 16, 일부개정]

제1장 총 칙

제1조(목적) 이 영은 「대외무역법」에서 위임된 사항과 그 시행에 필요한 사항을 정함을 목적으로 한다.

제2조(정의) 이 영에서 사용하는 용어의 뜻은 다음과 같다. 〈개정 2008. 2. 29., 2009. 11. 2., 2013. 3. 23., 2016. 10. 18.〉

1. "국내"란 대한민국의 주권(主權)이 미치는 지역을 말한다.
2. "외국"이란 국내 이외의 지역을 말한다.
3. "수출"이란 다음 각 목의 어느 하나에 해당하는 것을 말한다.
   가. 매매, 교환, 임대차, 사용대차(使用貸借), 증여 등을 원인으로 국내에서 외국으로 물품이 이동하는 것[우리나라의 선박으로 외국에서 채취한 광물(鑛物) 또는 포획한 수산물을 외국에 매도(賣渡)하는 것을 포함한다]
   나. 「관세법」 제196조에 따른 보세판매장에서 외국인에게 국내에서 생산(제조·가공·조립·수리·재생 또는 개조하는 것을 말한다. 이하 같다)된 물품을 매도하는 것
   다. 유상(有償)으로 외국에서 외국으로 물품을 인도(引渡)하는 것으로서 산업통상자원부장관이 정하여 고시하는 기준에 해당하는 것
   라. 「외국환거래법」 제3조제1항제14호에 따른 거주자(이하 "거주자"라 한다)가 같은 법 제3조제1항제15호에 따른 비거주자(이하 "비거주자"라 한다)에게 산업통상자원부장관이 정하여 고시하는 방법으로 제3조에 따른 용역을 제공하는 것
   마. 거주자가 비거주자에게 정보통신망을 통한 전송과 그 밖에 산업통상자원부장관이 정하여 고시하는 방법으로 제4조에 따른 전자적 형태의 무체물(無體物)을 인도하는 것
4. "수입"이란 다음 각 목의 어느 하나에 해당하는 것을 말한다.
   가. 매매, 교환, 임대차, 사용대차, 증여 등을 원인으로 외국으로부터 국내로 물품이 이동하는 것
   나. 유상으로 외국에서 외국으로 물품을 인수하는 것으로서 산업통상자원부장관이 정하여 고시하는 기준에 해당하는 것
   다. 비거주자가 거주자에게 산업통상자원부장관이 정하여 고시하는 방법으로 제3조에 따른 용역을 제공하는 것
   라. 비거주자가 거주자에게 정보통신망을 통한 전송과 그 밖에 산업통상자원부장관이 정하여 고시하는 방법으로 제4조에 따른 전자적 형태의 무체물을 인도하는 것
5. "외화획득용 원료·기재"란 외화획득용 원료, 외화획득용 시설기재, 외화획득용 제품, 외화획득용 용역 및 외화획득용 전자적 형태의 무체물을 말한다.
6. "외화획득용 원료"란 외화획득에 제공되는 물품과 제3조에 따른 용역 및 제4조에 따른 전자적 형태의 무체물(이하 "물품등"이라 한다)을 생산하는 데에 필요한 원자재·부자재·부품 및 구성품을 말한다.
7. "외화획득용 시설기재"란 외화획득에 제공되는 물품등을 생산하는 데에 사용되는 시설·기계·장치·부품 및 구성품[물품등의 하자(瑕疵)를 보수하거나 물품등을 유지·보수하는 데에 필요한 부품 및 구성품을 포함한다]을 말한다.
8. "외화획득용 제품"이란 수입한 후 생산과정을 거치지 아니한 상태로 외화획득에 제공되는 물품등을 말한다.
9. "외화획득용 용역"이란 외화획득에 제공되는 물품등을 생산하는 데에 필요한 제3조에 따른 용역을 말한다.
10. "외화획득용 전자적 형태의 무체물"이란 외화획득에 제공되는 물품등을 생산하는 데에 필요한 제4조에 따른 전자적 형태의 무체물을 말

한다.

11. "수출실적"이란 산업통상자원부장관이 정하여 고시하는 기준에 해당하는 수출통관액·입금액, 가득액(稼得額)과 수출에 제공되는 외화획득용 원료·기재의 국내공급액을 말한다.
12. "수입실적"이란 산업통상자원부장관이 정하여 고시하는 기준에 해당하는 수입통관액 및 지급액을 말한다.

제3조(용역의 범위) 「대외무역법」(이하 "법"이라 한다) 제2조제1호나목에서 "대통령령으로 정하는 용역"이란 다음 각 호의 어느 하나에 해당하는 용역을 말한다. 〈개정 2008. 2. 29., 2013. 3. 23.〉

1. 다음 각 목의 어느 하나에 해당하는 업종의 사업을 영위하는 자가 제공하는 용역
   가. 경영 상담업
   나. 법무 관련 서비스업
   다. 회계 및 세무 관련 서비스업
   라. 엔지니어링 서비스업
   마. 디자인
   바. 컴퓨터시스템 설계 및 자문업
   사. 「문화산업진흥 기본법」 제2조제1호에 따른 문화산업에 해당하는 업종
   아. 운수업
   자. 「관광진흥법」 제3조제1항에 따른 관광사업(이하 "관광사업"이라 한다)에 해당하는 업종
   차. 그 밖에 지식기반용역 등 수출유망산업으로서 산업통상자원부장관이 정하여 고시하는 업종
2. 국내의 법령 또는 대한민국이 당사자인 조약에 따라 보호되는 특허권·실용신안권·디자인권·상표권·저작권·저작인접권·프로그램저작권·반도체집적회로의 배치설계권의 양도(讓度), 전용실시권(專用實施權)의 설정 또는 통상실시권(通常實施權)의 허락

제4조(전자적 형태의 무체물) 법 제2조제1호다목에서 "대통령령으로 정하는 전자적 형태의 무체물"이란 다음 각 호의 어느 하나에 해당하는 것을 말한다. 〈개정 2008. 2. 29., 2013. 3. 23.〉

1. 「소프트웨어산업 진흥법」 제2조제1호에 따른 소프트웨어
2. 부호·문자·음성·음향·이미지·영상 등을 디지털 방식으로 제작하거나 처리한 자료 또는 정보 등으로서 산업통상자원부장관이 정하여 고시하는 것
3. 제1호와 제2호의 집합체와 그 밖에 이와 유사한 전자적 형태의 무체물로서 산업통상자원부장관이 정하여 고시하는 것

제4조의2(정부간 수출계약의 절차) 법 제2조제4호에서 "대통령령으로 정하는 절차"란 다음 각 호에 규정된 절차를 말한다.

1. 외국 정부의 물품등(「방위사업법」 제38조제1항제4호에 따른 방산물자등은 제외한다. 이하 이 조, 제54조의5 및 제54조의6에서 같다) 구매의사에 관한 법 제32조의3제1항에 따른 정부간 수출계약 전담기관(이하 "전담기관"이라 한다)의 확인
2. 국내 기업의 정부간 수출계약 이행능력에 관한 평가 및 추천. 다만, 외국 정부가 물품등을 수출할 국내 기업을 지정하는 경우에는 추천을 생략할 수 있다.
3. 전담기관과 국내 기업의 정부간 수출계약 이행에 관한 약정의 체결
4. 전담기관과 외국 정부와의 수출에 관한 계약의 체결(국내 기업과 함께 계약의 당사자가 되어 체결하는 경우를 포함한다)

[본조신설 2014. 7. 16.]

제5조(무역의 진흥을 위한 조치) ① 산업통상자원부장관은 법 제4조에 따라 무역의 진흥을 위한 다음 각 호의 조치를 하거나 관계 행정기관의 장에게 필요한 조치를 하여 줄 것을 요청할 수 있다. 〈개정 2008. 2. 29., 2013. 3. 23.〉

1. 수출산업의 국제경쟁력을 높이기 위한 여건의 조성과 설비 투자의 촉진
2. 외화가득률(外貨稼得率)을 높이기 위한 품질 향상과 국내에서 생산되는 외화획득용 원료·기재의 사용 촉진
3. 통상협력 증진을 위한 수출·수입에 대한 조정
4. 지역별 무역균형을 달성하기 위한 수출·수입의 연계
5. 민간의 통상활동 및 산업협력의 지원
6. 무역 관련 시설에 대한 조세 등의 감면
7. 과학적인 무역업무 처리기반을 효율적으로 구축·운영하기 위한 여건의 조성
8. 무역업계 등 유관기관의 과학적인 무역업무 처리기반 이용 촉진
9. 국내기업의 해외 진출 지원
10. 해외에 진출한 국내기업의 고충 사항의 조사와 그 해결을 위한 지원
11. 그 밖에 수출·수입을 지속적으로 증대하기 위하여 필요하다고 인정하는 조치

② 법 제4조제2항제2호에 따른 지원 대상이 되는 무역 관련 시설은 다음 각 호의 구분에 따른 기능과

규모를 갖춘 시설로서 산업통상자원부장관이 지정하는 것으로 한다. 〈개정 2008. 2. 29., 2013. 3. 23.〉

1. 무역전시장 : 실내 전시 연면적이 2천 제곱미터 이상인 무역견본품을 전시할 수 있는 시설과 50명 이상을 수용할 수 있는 회의실을 갖출 것
2. 무역연수원 : 무역전문인력을 양성할 수 있는 시설로서 연면적이 2천 제곱미터 이상이고 최대수용 인원이 500명 이상일 것
3. 컨벤션센터 : 회의용 시설로서 연면적이 4천 제곱미터 이상이고 최대 수용 인원이 2천명 이상일 것

③ 법 제4조제2항제3호에서 "과학적인 무역업무 처리기반을 구축·운영하는 자"란 「전자무역 촉진에 관한 법률」 제6조제1항에 따른 전자무역기반사업자 중에서 과학적인 무역업무 처리기반을 구축·운영하고 있는 사업자를 말한다.

제6조(특별조치를 위한 조사 및 협의 절차) ① 산업통상자원부장관은 법 제5조제2호·제3호·제4호의2 또는 제5호에 해당하는 사유로 교역상대국에 대하여 물품등의 수출·수입의 제한 또는 금지에 관한 조치(이하 이 조에서 "특별조치"라 한다)를 하려면 미리 그 사실에 관하여 조사를 하여야 한다. 〈개정 2008. 2. 29., 2013. 3. 23., 2014. 1. 28.〉

② 법 제5조제2호·제3호·제4호의2 또는 제5호에 해당하는 사실에 대하여 이해관계가 있는 자는 산업통상자원부장관에게 특별조치를 하여 줄 것을 신청할 수 있다. 〈개정 2008. 2. 29., 2013. 3. 23., 2014. 1. 28.〉

③ 산업통상자원부장관은 제2항에 따른 신청이 있으면 신청일부터 30일 이내에 그 사실관계에 대한 조사 여부를 결정하고 그 내용을 신청인에게 알려야 한다. 〈개정 2008. 2. 29., 2013. 3. 23.〉

④ 산업통상자원부장관은 제1항에 따른 조사를 할 때에 필요하다고 인정하면 미리 해당 교역상대국과 협의를 하여야 한다. 〈개정 2008. 2. 29., 2013. 3. 23.〉

⑤ 산업통상자원부장관은 제1항에 따라 조사를 시작하면 지체 없이 그 사실을 공고하고, 조사를 시작한 날부터 1년 이내에 끝내야 한다. 〈개정 2008. 2. 29., 2013. 3. 23.〉

⑥ 산업통상자원부장관은 특별조치를 하려는 경우에는 미리 관계 중앙행정기관의 장과 협의하여야 한다. 〈개정 2008. 2. 29., 2013. 3. 23.〉

⑦ 산업통상자원부장관은 법 제5조에 따른 특별조치를 하려는 경우에는 그 특별조치의 내용을 공고하고 그 특별조치가 제2항에 따른 신청에 따른 것일 때에는 해당 신청인에게 그 사실을 알려야 한다. 그 특별조치를 해제할 경우에도 또한 같다. 〈개정 2008. 2. 29., 2013. 3. 23.〉

제2장 통상의 진흥

제7조(통상진흥 시책의 수립) 산업통상자원부장관은 법 제7조제1항에 따라 통상진흥 시책을 세우려면 다음 각 호의 기관이나 단체에 필요한 협조를 요청할 수 있다. 〈개정 2008. 2. 29., 2013. 3. 23.〉

1. 관계 행정기관
2. 지방자치단체
3. 「대한무역투자진흥공사법」에 따른 대한무역투자진흥공사(이하 "대한무역투자진흥공사"라 한다)
4. 「민법」 제32조에 따라 산업통상자원부장관의 허가를 받아 설립된 한국무역협회(이하 "한국무역협회"라 한다)
5. 그 밖에 무역·통상과 관련되는 기관 또는 단체

제8조(그 밖의 통상진흥 시책의 내용) 법 제7조제2항제7호에서 "그 밖에 대통령령으로 정하는 사항"이란 다음 각 호의 것을 말한다. 〈개정 2008. 2. 29., 2009. 11. 2., 2013. 3. 23.〉

1. 주요 지역별, 경제권별 또는 업종별 통상진흥 시책
2. 무역·통상의 진흥과 관련되는 기관 또는 단체의 통상활동 계획
3. 그 밖에 산업통상자원부장관이 무역·통상의 진흥과 관련하여 필요하다고 인정하는 통상진흥 시책

제9조(통상 관련 제도 조사) 산업통상자원부장관은 법 제7조제3항에 따라 통상진흥 시책을 수립하기 위하여 필요한 경우에는 제7조 각 호(제2호는 제외한다)의 기관이나 단체에 해당 분야나 특정 사안에 대한 조사 또는 사실 확인을 요청할 수 있다. 〈개정 2013. 3. 23.〉

[전문개정 2009. 11. 2.]

제10조(지방자치단체와의 협조 등) ① 산업통상자원부장관은 법 제7조제6항에 따른 지역별 통상진흥시책이 효과적으로 추진될 수 있도록 특별시·광역시·특별자치시·도 또는 특별자치도(이하 "시·도"라 한다) 및 무역·통상 관련기관 또는 단체 등이 포함되는 협의기구를 설치·운영할 수 있다. 〈개정 2008. 2. 29., 2013. 3. 23., 2014. 1. 28.〉

② 제1항에 따른 협의기구의 구성 및 운영 등에 필요한 사항은 산업통상자원부장관이 정한다. 〈개정 2008. 2. 29., 2013. 3. 23.〉

제11조(민간 협력 활동의 지원 절차) ① 법 제8조

제1항에 따른 지원을 받으려는 무역·통상 관련기관 또는 단체는 신청서에 사업 내용과 사업 성과 등이 포함된 사업계획서를 첨부하여 산업통상자원부장관에게 제출하여야 한다. 〈개정 2008. 2. 29., 2013. 3. 23.〉

② 산업통상자원부장관은 제1항에 따라 제출받은 사업계획서를 검토하여 통상, 산업, 기술, 에너지 등에서 협력 활동을 효율적으로 추진하기 위하여 필요하다고 인정되면 자금, 인력 및 정보 등을 지원할 수 있다. 〈개정 2008. 2. 29., 2013. 3. 23.〉

③ 제2항의 지원 기준 등에 관하여 필요한 사항은 산업통상자원부장관이 정한다. 〈개정 2008. 2. 29., 2013. 3. 23.〉

④ 산업통상자원부장관은 제2항의 지원과 관련하여 필요한 경우에는 관계 행정기관의 장에게 협조를 요청할 수 있다. 〈개정 2008. 2. 29., 2013. 3. 23.〉

⑤ 지원을 받은 관련 단체는 해당 지원 사업이 끝난 후 3개월 이내에 산업통상자원부장관에게 사업결과보고서를 제출하여야 한다. 〈개정 2008. 2. 29., 2013. 3. 23.〉

제12조(해외진출지원센터의 구성·운영 및 감독) ① 법 제8조제4항에 따른 해외진출지원센터(이하 "해외진출지원센터"라 한다)는 대한무역투자진흥공사 소속 임직원과 제3항에 따른 파견자로 구성한다.

② 대한무역투자진흥공사의 장은 기업의 해외진출 지원업무를 수행하기 위하여 필요한 경우에는 관계 행정기관의 장 및 해외진출과 관련된 기관 또는 단체(이하 "해외진출 유관기관"이라 한다)의 장에게 소속 공무원 또는 그 임직원의 파견을 요청할 수 있다.

③ 제2항에 따라 공무원 또는 임직원의 파견을 요청받은 관계 행정기관의 장 및 해외진출 유관기관의 장은 업무수행에 적합한 자를 선발하여 해외진출지원센터에 파견하여야 하며, 파견기간 중 파견근무를 해제하려는 경우에는 대한무역투자진흥공사의 장과 미리 협의하여야 한다.

④ 제3항에 따라 해외진출지원센터에 파견된 공무원 또는 임직원의 복무에 관해서는 대한무역투자진흥공사의 장의 지휘·감독을 받는다.

⑤ 대한무역투자진흥공사의 장은 제3항에 따라 파견된 공무원에게는 「공무원 성과평가 등에 관한 규정」 제17조제3항 또는 「지방공무원 임용령」 제31조의3제3항에 따라 근무성적평정에 관한 의견서를 작성하여 그 공무원을 파견한 관계 행정기관의 장에게 이를 송부하여야 하며, 그 의견서를 송부받은 관계 행정기관의 장은 근무성적을 평정할 때 이를 참작하여야 한다.

⑥ 대한무역투자진흥공사의 장은 매년 1월 31일까지 전년도의 해외진출 지원업무 추진실적 및 해당 연도의 해외진출지원 업무추진계획을 작성하여 산업통상자원부장관에게 보고하고, 매 분기 종료 후 1개월 이내에 분기별 업무추진실적을 산업통상자원부장관에게 보고하여야 한다. 이 경우 산업통상자원부장관은 보고받은 사항 중 관계 행정기관의 협조가 필요한 사항에 대하여는 해당 행정기관의 장에게 통보하여야 한다. 〈개정 2013. 3. 23.〉

⑦ 산업통상자원부장관은 해외진출지원센터의 운영에 필요한 경비를 지원할 수 있다. 〈개정 2013. 3. 23.〉

⑧ 제1항부터 제7항까지에서 규정한 사항 외에 해외진출지원센터의 구성·운영 등에 필요한 세부사항은 대한무역투자진흥공사의 장이 산업통상자원부장관과 협의하여 정한다. 〈개정 2013. 3. 23.〉

[전문개정 2009. 11. 2.]

제12조의2(전문무역상사의 지정 기준 등) ① 법 제8조의2제1항에 따라 전문무역상사로 지정받을 수 있는 자는 다음 각 호의 어느 하나에 해당하는 자로서 신용등급이 산업통상자원부장관이 정하여 고시하는 기준을 충족하는 자로 한다. 〈개정 2019. 1. 29.〉

1. 다음 각 목의 요건을 모두 갖춘 무역거래자
  가. 전년도 수출실적 또는 직전 3개 연도의 연평균 수출실적이 미화 100만달러 이상의 범위에서 산업통상자원부장관이 정하여 고시하는 금액 이상일 것
  나. 가목에 따른 수출실적 중 다른 중소기업(「중소기업기본법」 제2조에 따른 중소기업을 말한다. 이하 이 조 및 제12조의3에서 같다)이나 중견기업(「중견기업 성장촉진 및 경쟁력 강화에 관한 특별법」 제2조제1호에 따른 중견기업을 말한다. 이하 이 조 및 제12조의3에서 같다)이 생산한 물품등의 수출실적 비율이 100분의 20 이상의 범위에서 산업통상자원부장관이 정하여 고시하는 비율 이상일 것
2. 신시장의 개척, 신제품의 발굴 및 중소기업 또는 중견기업에 대한 효과적인 수출 지원 등을 위하여 산업통상자원부장관이 농업·어업·수산업 등 업종별 특성과 조합 등 법인의 조직 형태별 수출 특성을 고려하여 고시하는 기준을 갖춘 무역거래자

② 법 제8조의2제1항에 따라 전문무역상사로 지정을 받으려는 자는 지정신청서에 산업통상자원부장

관이 정하여 고시하는 서류를 갖추어 산업통상자원부장관에게 제출하여야 한다.

③ 산업통상자원부장관은 제2항에 따라 전문무역상사의 지정을 신청한 자가 제1항에 따른 지정 요건을 갖추었을 때에는 전문무역상사로 지정하고, 그 결과를 신청인에게 통보하여야 한다.

④ 제1항부터 제3항까지에서 규정한 사항 외에 전문무역상사의 지정 절차 등에 관하여 필요한 세부사항은 산업통상자원부장관이 정하여 고시한다.

[본조신설 2014. 7. 16.]

제12조의3(전문무역상사에 대한 지원) ① 산업통상자원부장관은 전문무역상사를 통한 신시장의 개척, 신제품의 발굴 및 중소기업 또는 중견기업의 수출 확대 등을 위하여 필요하다고 인정되는 경우에는 법 제8조의2제1항에 따라 전문무역상사의 국내외 홍보, 우수제품의 발굴, 해외 판로개척 등에 필요한 사항을 지원할 수 있다.

② 산업통상자원부장관은 제1항에 따른 지원과 관련하여 필요하다고 인정되는 경우에는 관계 중앙행정기관 및 지방자치단체, 무역 또는 통상 업무를 수행하는 기관이나 단체에 협조를 요청할 수 있다.

[본조신설 2014. 7. 16.]

제13조(무역에 관한 조약의 이행을 위한 자료제출 요구) 산업통상자원부장관은 법 제9조제1항에 따라 자료제출을 요구하려면 제출대상 자료 및 제출기한 등을 적은 문서(전자문서를 포함한다)로 하여야 한다. 〈개정 2013. 3. 23.〉

[전문개정 2009. 11. 2.]

제14조 삭제 〈2009. 11. 2.〉

제15조 삭제 〈2009. 11. 2.〉

제3장 수출입 거래

제1절 수출입 거래 총칙

제16조(수출입의 제한) 법 제11조제1항제6호에서 "대통령령으로 정하는 사항"이란 항공 관련 품목의 안전관리에 관한 사항을 말한다.

[전문개정 2016. 7. 26.]

제17조 삭제 〈2016. 7. 26.〉

제18조(수출입의 승인 절차 등) ① 법 제11조제2항 본문에 따라 물품등의 수출 또는 수입의 승인을 신청하려는 자 및 법 제11조제4항에 따라 수출 또는 수입 승인의 유효기간 연장을 신청하려는 자는 신청서에 산업통상자원부장관이 정하는 서류를 첨부하여 산업통상자원부장관에게 제출하여야 한다. 변경승인을 받으려는 경우(법 제11조제2항 본문에 따라 승인을 받은 경우만 해당한다)에도 같다. 〈개정 2008. 2. 29., 2013. 3. 23., 2014. 1. 28.〉

② 산업통상자원부장관은 법 제11조제3항 단서에 따라 다음 각 호의 어느 하나에 해당하는 경우에는 해당 물품등의 수출 또는 수입 승인의 유효기간을 1년 미만으로 하거나 최장 2년의 범위에서 정할 수 있다. 다만, 제42조의2제2항에 따른 허가의 유효기간(법 제19조제2항에 따른 수출허가의 유효기간만 해당한다)이 2년을 초과하는 경우에는 그 기간까지 수출 승인의 유효기간을 정할 수 있다. 〈개정 2014. 1. 28.〉

1. 국내의 물가안정이나 수급 조정을 위하여 수출 또는 수입 승인의 유효기간을 1년 보다 단축할 필요가 있는 경우
2. 수출입계약 체결 후 물품등의 제조·가공 기간이 1년을 초과하는 경우
3. 수출입계약 체결 후 물품등이 1년 이내에 선적되거나 도착하기 어려운 경우
4. 제1호부터 제3호까지의 규정 외에 수출입 물품등의 인도 조건 및 거래의 특성을 고려하여 수출 또는 수입 승인의 유효기간을 1년보다 단축하거나 늘릴 필요가 있다고 인정되는 경우

③ 법 제11조제5항에서 "대통령령으로 정하는 중요한 사항"이란 다음 각 호를 말한다. 〈개정 2014. 1. 28.〉

1. 물품등의 수량·가격
2. 삭제 〈2014. 1. 28.〉
3. 수출 또는 수입의 당사자에 관한 사항

제19조(수출입승인의 면제) 법 제11조제2항 단서에서 "대통령령으로 정하는 기준에 해당하는 물품등"이란 다음 각 호의 물품등을 말한다. 〈개정 2008. 2. 29., 2013. 3. 23.〉

1. 산업통상자원부장관이 정하여 고시하는 물품등으로서 외교관이나 그 밖에 산업통상자원부장관이 정하는 자가 출국하거나 입국하는 경우에 휴대하거나 세관에 신고하고 송부하는 물품등
2. 다음 각 목의 어느 하나에 해당하는 물품등 중 산업통상자원부장관이 관계 행정기관의 장과의 협의를 거쳐 고시하는 물품등
   가. 긴급히 처리하여야 하는 물품등으로서 정상적인 수출·수입 절차를 밟아 수출·수입하기에 적합하지 아니한 물품등
   나. 무역거래를 원활하게 하기 위하여 주된 수출 또는 수입에 부수된 거래로서 수출·수입하는 물품등

다. 주된 사업 목적을 달성하기 위하여 부수적으로 수출·수입하는 물품등
라. 무상(無償)으로 수출·수입하여 무상으로 수입·수출하거나, 무상으로 수입·수출할 목적으로 수출·수입하는 것으로서 사업 목적을 달성하기 위하여 부득이하다고 인정되는 물품등
마. 산업통상자원부장관이 정하여 고시하는 지역에 수출하거나 산업통상자원부장관이 정하여 고시하는 지역으로부터 수입하는 물품등
바. 공공성을 가지는 물품등이거나 이에 준하는 용도로 사용하기 위한 물품등으로서 따로 수출·수입을 관리할 필요가 없는 물품등
사. 그 밖에 상행위 이외의 목적으로 수출·수입하는 물품등
3. 외국환 거래 없이 수입하는 물품등으로서 산업통상자원부장관이 정하여 고시하는 기준에 해당하는 물품등
4. 「해외이주법」에 따른 해외이주자가 해외이주를 위하여 반출하는 원자재, 시설재 및 장비로서 외교부장관이나 외교부장관이 지정하는 기관의 장이 인정하는 물품등

제20조(특정 거래 형태의 수출입 인정) ① 법 제13조제1항에서 "대통령령으로 정하는 물품등의 수출입 거래 형태"란 해당 거래의 전부 또는 일부가 다음 각 호의 어느 하나에 해당하는 수출입 거래 형태로서 산업통상자원부장관이 정하여 고시하는 기준에 해당하는 거래(이하 "특정거래 형태"라 한다)를 말한다. 〈개정 2008. 2. 29., 2013. 3. 23.〉
1. 법 제11조제1항에 따른 수출 또는 수입의 제한을 회피할 우려가 있는 거래
2. 산업 보호에 지장을 초래할 우려가 있는 거래
3. 외국에서 외국으로 물품등의 이동이 있고, 그 대금의 지급이나 영수(領收)가 국내에서 이루어지는 거래로서 대금 결제 상황의 확인이 곤란하다고 인정되는 거래
4. 대금 결제 없이 물품등의 이동만 이루어지는 거래

② 특정거래 형태의 인정 절차, 인정의 유효기간, 그 밖에 필요한 사항은 산업통상자원부장관이 정하여 고시한다. 〈개정 2008. 2. 29., 2013. 3. 23.〉
③ 산업통상자원부장관은 특정거래 형태를 인정할 때에 새로운 거래 형태의 파악 등을 위하여 필요한 경우에는 관계 행정기관의 장에게 협조를 요청할 수 있다. 〈개정 2008. 2. 29., 2013. 3. 23.〉

제21조(전산관리체제의 개발·운영) ① 산업통상자원부장관은 수출입 거래가 질서 있고 효율적으로 이루어질 수 있도록 법 제15조제1항에 따라 다음 각 호의 전산관리체제를 개발·운영하여야 한다. 〈개정 2008. 2. 29., 2009. 11. 2., 2013. 3. 23.〉
1. 무역거래자별 고유번호(이하 "무역업고유번호"라 한다)의 부여 및 관리 등 수출입통계 데이터베이스를 구축하기 위한 전산관리체제
2. 「불공정무역행위 조사 및 산업피해구제에 관한 법률」 제4조에 따른 불공정무역행위를 방지하기 위한 전산관리체제
3. 효율적인 수출입 거래를 위한 다음 각 목의 전산관리체제
가. 부문별 무역전산관리체제를 유기적으로 연계하기 위한 전산관리체제
나. 관계 행정기관의 장이 필요하다고 인정하여 산업통상자원부장관과 협의하여 정한 해당 기관 소관의 무역 관련 전산관리체제
4. 그 밖에 무역업계의 요청에 따라 산업통상자원부장관이 필요하다고 인정하는 전산관리체제

② 산업통상자원부장관은 제1항에 따른 전산관리체제를 개발·운영하기 위하여 필요하다고 인정하면 그 경비의 일부를 해당 전산관리체제의 개발·운영에 필요한 정보를 제공한 기관에 지원할 수 있다. 〈개정 2008. 2. 29., 2013. 3. 23.〉

제22조(수출입 거래에 관한 정보의 수집·분석) ① 산업통상자원부장관은 제21조에 따른 전산관리체제를 개발·운영하는 데에 필요하면 법 제15조제2항에 따라 관세청장에게 다음 각 호의 정보를 요청할 수 있다. 〈개정 2008. 2. 29., 2013. 3. 23.〉
1. 「관세법」 제241조에 따라 신고한 무역거래자의 상호, 성명 등 무역거래자에 관련된 정보
2. 「관세법」 제241조에 따라 신고한 각 신고별 신고 수리일, 수출 또는 수입 물품의 품명·수량·금액, 거래 형태 등에 관련된 정보로서 산업통상자원부장관이 정하는 정보

② 산업통상자원부장관은 제21조에 따른 전산관리체제를 개발·운영하기 위하여 제1항, 제92조제2항 및 법 제48조제1항에 따라 수집된 관련 정보를 종합적으로 분석·관리하여야 한다. 〈개정 2008. 2. 29., 2009. 11. 2., 2013. 3. 23.〉
③ 제1항과 제2항에 따른 정보의 제공 시기 및 방법, 정보의 형태, 그 밖에 정보 수집에 관하여 필요한 사항은 산업통상자원부장관이 정한다. 〈개정 2008. 2. 29., 2013. 3. 23.〉

제23조(용역이나 전자적 형태의 무체물의 수출입 확인) ① 산업통상자원부장관은 제3조에 따른 용역이나 제4조에 따른 전자적 형태의 무체물을 수출

입한 자가 수출입에 관한 지원을 받기 위하여 수출입 사실의 확인을 신청하면 수출입 확인을 할 수 있다. 〈개정 2008. 2. 29., 2013. 3. 23.〉
② 제1항에 따른 수출입 확인에 필요한 세부 절차 등은 산업통상자원부장관이 정하여 고시한다. 〈개정 2008. 2. 29., 2013. 3. 23.〉

제2절 외화획득용 원료 · 기재의 수입과 구매 등

제24조(외화획득용 원료 · 기재의 수입승인) ① 법 제11조제2항에 따라 수입승인을 받아야 하는 물품등을 법 제16조제1항 본문에 따라 외화획득용 원료 · 기재로 수입하려는 자는 산업통상자원부장관이 정하여 고시하는 기준에 따라 산업통상자원부장관의 승인을 받아야 한다. 〈개정 2008. 2. 29., 2013. 3. 23., 2016. 7. 26.〉
② 산업통상자원부장관은 법 제16조제1항 단서에 따라 국산 원료 · 기재의 사용을 촉진하기 위하여 외화획득용 원료 · 기재의 수입을 제한하려는 경우에는 그 제한하려는 품목 및 수입에 필요한 절차를 따로 정하여 고시하여야 한다. 〈개정 2008. 2. 29., 2013. 3. 23.〉

제25조(외화획득용 원료 · 기재의 품목 및 수량) ① 법 제16조제2항에 따른 외화획득용 원료 · 기재의 수량은 외화획득을 위한 물품등의 1단위를 생산하기 위하여 제공되는 외화획득용 원료 · 기재의 기준 소요량을 말한다.
② 산업통상자원부장관은 제1항에 따른 외화획득용 원료 · 기재의 기준 소요량을 정하는 경우에는 해당 물품등을 생산하는 데에 필요한 실제 수량 외에 생산 공정에서 생기는 평균 손모량(損耗量)을 포함시킬 수 있다. 〈개정 2008. 2. 29., 2013. 3. 23.〉
③ 외화획득용 원료 · 기재의 품목별 소요량에 관한 계산서의 작성 기준 및 방법 등에 관하여 필요한 사항은 산업통상자원부장관이 정하여 고시한다. 〈개정 2008. 2. 29., 2013. 3. 23.〉

제26조(외화획득의 범위) ① 법 제16조제4항에 따른 외화획득의 범위는 다음 각 호의 어느 하나에 해당하는 방법에 따라 외화를 획득하는 것으로 한다. 〈개정 2008. 2. 29., 2013. 3. 23.〉

1. 수출
2. 주한 국제연합군이나 그 밖의 외국군 기관에 대한 물품등의 매도
3. 관광
4. 용역 및 건설의 해외 진출
5. 국내에서 물품등을 매도하는 것으로서 산업통상자원부장관이 정하여 고시하는 기준에 해당하는 것

② 무역거래자가 외국의 수입업자로부터 수수료를 받고 행한 수출 알선은 제1항에 따른 외화획득행위에 준하는 행위로 본다.

제27조(외화획득 이행기간) ① 법 제16조제4항에 따른 외화획득의 이행기간은 다음 각 호의 구분에 따른 기간의 범위에서 산업통상자원부장관이 정하여 고시하는 기간으로 한다. 〈개정 2008. 2. 29., 2013. 3. 23., 2016. 7. 26.〉

1. 외화획득용 원료 · 기재를 수입한 자가 직접 외화획득의 이행을 하는 경우 : 수입통관일 또는 공급일부터 2년
2. 다른 사람으로부터 외화획득용 원료 · 기재 또는 그 원료 · 기재로 제조된 물품등을 양수한 자가 외화획득의 이행을 하는 경우 : 양수일부터 1년
3. 외화획득을 위한 물품등을 생산하거나 비축하는 데에 2년 이상의 기간이 걸리는 경우 : 생산하거나 비축하는 데에 걸리는 기간에 상당하는 기간
4. 수출이 완료된 기계류의 하자 및 유지 보수를 위한 외화획득용 원료 · 기재인 경우: 하자 및 유지 보수 완료일부터 2년

② 외화획득 이행의무자는 제1항에 따른 기간 내에 외화획득의 이행을 할 수 없다고 인정되면 산업통상자원부장관이 정하는 서류를 갖추어 산업통상자원부장관에게 그 기간의 연장을 신청하여야 한다. 〈개정 2008. 2. 29., 2013. 3. 23.〉
③ 산업통상자원부장관은 제2항에 따른 신청을 받은 경우 그 신청이 타당하다고 인정할 때에는 외화획득의 이행기간을 연장할 수 있다. 〈개정 2008. 2. 29., 2008. 11. 5., 2013. 3. 23.〉

제28조(외화획득용 원료 · 기재의 사후 관리) ① 산업통상자원부장관은 제24조에 따라 승인을 받아 수입한 외화획득용 원료 · 기재 및 그 원료 · 기재로 제조된 물품등에 대하여는 외화획득 이행의무자의 외화획득 이행 여부를 사후 관리하여야 한다. 〈개정 2008. 2. 29., 2013. 3. 23.〉
② 산업통상자원부장관은 산업통상자원부장관이 정하여 고시한 요건을 갖춘 자가 법 제11조제2항에 따른 수입승인을 받아 수입한 외화획득용 원료 · 기재에 대하여는 제1항에도 불구하고 수입승인을 받은 자가 사후 관리하도록 할 수 있다. 법 제17조에 따라 외화획득용 원료 · 기재를 양수한 자

로서 산업통상자원부장관이 정하여 고시한 요건을 갖춘 자의 경우에도 또한 같다. 〈개정 2008. 2. 29., 2013. 3. 23.〉

③ 제1항과 제2항에 따른 사후 관리는 외화획득 이행의무자별 및 품목별로 매 분기에 수입한 총량을 대상으로 행하되, 사후 관리의 방법 등에 관하여 필요한 사항은 산업통상자원부장관이 정하여 고시한다. 〈개정 2008. 2. 29., 2013. 3. 23.〉

제29조(외화획득용 원료 · 기재의 사후 관리 면제) 산업통상자원부장관은 제28조제1항에도 불구하고 다음 각 호의 어느 하나에 해당하는 경우에는 사후 관리를 하지 아니할 수 있다. 〈개정 2008. 2. 29., 2013. 3. 23.〉

1. 품목별 외화획득 이행 의무의 미이행률이 10퍼센트 이하인 경우
2. 외화획득 이행의무자의 분기별 미이행률이 10퍼센트 이하이고, 그 미이행 금액이 미화 2만 달러에 상당하는 금액 이하인 경우
3. 외화획득 이행의무자의 책임이 없는 사유로 외화획득의 이행을 하지 못한 경우로서 산업통상자원부장관이 인정하는 경우
4. 해당 품목이 수입승인 대상에서 제외됨으로써 그 수입에 대응하는 외화획득의 이행을 할 필요가 없는 경우 등 산업통상자원부장관이 사후관리를 할 필요성이 없어진 것으로 인정하는 경우

제30조(외화획득용 원료 · 기재의 사용목적 변경 승인 등) ① 법 제17조제1항 본문에 따라 외화획득용 원료 · 기재 또는 그 원료 · 기재로 제조된 물품등의 사용 목적 변경승인을 받으려는 자는 신청서에 산업통상자원부장관이 정하는 서류를 첨부하여 산업통상자원부장관에게 제출하여야 한다. 〈개정 2008. 2. 29., 2013. 3. 23.〉

② 법 제17조제1항 본문에서 "부득이한 사유"란 다음 각 호의 어느 하나에 해당하는 경우를 말한다. 〈개정 2008. 2. 29., 2013. 3. 23.〉

1. 우리나라나 교역상대국의 전쟁 · 사변, 천재지변 또는 제도 변경으로 인하여 외화획득의 이행을 할 수 없게 된 경우
2. 외화획득용 원료 · 기재로 생산된 물품등으로서 그 물품등을 생산하는 데에 고도의 기술이 필요하여 외화획득의 이행에 앞서 시험제품을 생산할 필요가 있는 경우
3. 외화획득 이행의무자의 책임이 없는 사유로 외화획득의 이행을 할 수 없게 된 경우
4. 그 밖에 산업통상자원부장관이 불가항력으로 외화획득의 이행을 할 수 없다고 인정한 경우

③ 법 제17조제1항 단서에서 "대통령령으로 정하는 원료 · 기재 또는 그 원료 · 기재로 제조된 물품등"이란 다음 각 호의 어느 하나에 해당하는 물품등을 말한다.

1. 제25조제2항에 따른 평균 손모량에 해당하는 외화획득용 원료 · 기재 또는 그 원료 · 기재로 생산한 물품등
2. 제29조제4호에 해당하는 외화획득용 원료 · 기재

④ 법 제17조제2항에 따라 외화획득용 원료 · 기재 또는 그 원료 · 기재로 제조된 물품등의 양도 · 양수 승인을 받으려는 자는 신청서에 산업통상자원부장관이 정하는 서류를 첨부하여 산업통상자원부장관에게 제출하여야 한다. 〈개정 2008. 2. 29., 2013. 3. 23.〉

⑤ 법 제17조제2항 단서에서 "대통령령으로 정하는 원료 · 기재"란 제29조 각 호의 어느 하나에 해당하는 외화획득용 원료 · 기재를 말한다.

제31조(구매확인서의 신청 · 발급 등) ① 법 제18조제1항에 따른 구매확인서를 발급받으려는 자는 구매확인신청서에 다음 각 호의 서류를 첨부하여 산업통상자원부장관에게 제출하여야 한다. 〈개정 2008. 2. 29., 2013. 3. 23.〉

1. 구매자 · 공급자에 관한 서류
2. 외화획득용 원료 · 기재의 가격 · 수량 등에 관한 서류
3. 법 제16조제1항에 따른 외화획득용 원료 · 기재라는 사실을 증명하는 서류로서 산업통상자원부장관이 정하여 고시하는 서류

② 산업통상자원부장관은 제1항에 따른 신청을 받은 경우 신청인이 구매하려는 원료 · 기재가 제26조에 따른 외화획득의 범위에 해당하는지를 확인하여 발급 여부를 결정한 후 구매확인서를 발급하여야 한다. 〈개정 2008. 2. 29., 2013. 3. 23.〉

③ 제1항과 제2항에서 규정한 것 외에 구매확인서의 발급 등에 필요한 세부 사항은 산업통상자원부장관이 정하여 고시한다. 〈개정 2008. 2. 29., 2013. 3. 23.〉

제3절 전략물자의 수출입

제32조(국제수출통제체제) 법 제19조제1항에서 "대통령령으로 정하는 국제수출통제체제"란 다음 각 호를 말한다. 〈개정 2014. 1. 28., 2016. 7. 26.〉

1. 바세나르체제(WA)
2. 핵공급국그룹(NSG)

3. 미사일기술통제체제(MTCR)
4. 오스트레일리아그룹(AG)
5. 화학무기의 개발・생산・비축・사용 금지 및 폐기에 관한 협약(CWC)
6. 세균무기(생물무기) 및 독소무기의 개발・생산・비축 금지 및 폐기에 관한 협약(BWC)
7. 무기거래조약(ATT)

[제목개정 2014. 1. 28.]

제32조의2(수출허가 등의 제한이 필요한 기술) 법 제19조제1항에서 "대통령령으로 정하는 기술"이란 국제수출통제체제에서 정하는 물품의 제조・개발 또는 사용 등에 관한 기술로서 산업통상자원부장관이 관계 행정기관의 장과 협의하여 고시하는 기술을 말한다. 다만, 다음 각 호의 어느 하나에 해당하는 기술은 제외한다. 〈개정 2013. 3. 23., 2014. 1. 28.〉

1. 일반에 공개된 기술
2. 기초과학연구에 관한 기술
3. 특허 출원에 필요한 최소한의 기술
4. 법 제19조제2항에 따라 수출허가를 받은 물품등의 설치, 운용, 점검, 유지 및 보수에 필요한 최소한의 기술

[본조신설 2009. 11. 2.]

제32조의3(기술이전) 법 제19조제2항 각 호 외의 부분 본문에서 "대통령령으로 정하는 경우"란 제32조의2 본문에 따라 고시하는 기술을 다음 각 호의 어느 하나에 해당하는 방법으로 이전하는 경우를 말한다.

1. 전화, 팩스, 이메일 등 정보통신망을 통한 이전
2. 지시, 교육, 훈련, 실연(實演) 등 구두나 행위를 통한 이전
3. 종이, 필름, 자기디스크, 광디스크, 반도체메모리 등 기록매체나 컴퓨터 등 정보처리장치를 통한 이전

[본조신설 2014. 1. 28.]

제33조(전략물자의 수출허가 또는 상황허가의 신청 등) ① 법 제19조제2항 및 제3항에 따라 전략물자 또는 전략물자에는 해당되지 않으나 대량파괴무기와 그 운반수단인 미사일 및 재래식무기(이하 "대량파괴무기등"이라 한다)의 제조・개발・사용 또는 보관 등의 용도로 전용(轉用)될 가능성이 높은 물품등을 수출(법 제19조제1항에 따른 기술이 법 제19조제2항 각 호의 어느 하나에 해당하는 경우로서 제32조의3 각 호의 어느 하나에 해당하는 방법으로 이전되는 경우를 포함한다. 이하 이 조, 제34조부터 제36조까지, 제41조의2, 제42조, 제42조의2 및 제43조부터 제47조까지에서 같다)하려는 자는 전략물자수출허가신청서나 상황허가신청서에 다음 각 호의 서류를 첨부하여 산업통상자원부장관이나 관계 행정기관의 장에게 제출해야 한다. 〈개정 2008. 2. 29., 2010. 10. 1., 2013. 3. 23., 2014. 1. 28., 2020. 6. 16.〉

1. 수출계약서, 수출가계약서(輸出假契約書) 또는 이에 준하는 서류
2. 수입국의 정부가 발행하는 수입목적확인서 또는 이에 준하는 서류
3. 수출하는 물품등의 용도와 성능을 표시하는 서류
4. 수출하는 물품등의 기술적 특성에 관한 서류

4의2. 수출하는 물품등의 용도 등에 관한 최종 사용자의 서약서

5. 그 밖에 수출허가나 상황허가에 필요한 서류로서 산업통상자원부장관이 정하여 고시하는 서류

② 제1항에 따른 수출허가신청이나 상황허가신청을 받은 산업통상자원부장관 또는 관계 행정기관의 장은 15일 이내에 수출허가나 상황허가의 여부를 결정하고 그 결과를 신청인에게 알려야 한다. 다만, 수출허가나 상황허가를 신청한 물품등에 대하여 별도의 기술 심사, 국내・국제 관계기관과의 협의 또는 현지조사가 필요한 경우에는 그 협의나 현지조사를 하는 데에 걸리는 기간은 본문에 따른 기간에 산입하지 아니한다. 〈개정 2008. 2. 29., 2013. 3. 23., 2016. 7. 26.〉

제34조(수출허가 및 상황허가의 기준) 법 제19조제4항에서 "대통령령으로 정하는 기준"이란 다음 각 호의 기준을 말한다. 〈개정 2008. 2. 29., 2013. 3. 23., 2014. 1. 28., 2016. 7. 26.〉

1. 해당 물품등이 평화적 목적에 사용될 것
2. 해당 물품등의 수출이 국제평화 및 안전유지와 국가안보에 영향을 미치지 아니할 것
3. 해당 물품등의 수입자와 최종 사용자 등이 거래에 적합한 자격을 가지고 있고 그 물품등의 사용 용도를 신뢰할 수 있을 것
4. 그 밖에 제32조 각 호에 따른 국제수출통제체제의 원칙 중 산업통상자원부장관이 정하여 고시하는 사항을 지킬 것

제35조(전략물자의 수출허가 또는 상황허가의 면제) 법 제19조제5항에 따라 다음 각 호의 어느 하나에 해당하는 경우에는 전략물자의 수출허가 또는 상황허가를 면제하되, 수출자는 수출 후 7일 이내에 산업통상자원부장관 또는 관계 행정기관의 장에게 수출거래에 관한 보고서를 제출하여야 한다. 〈개정 2013. 3. 23.〉

1. 재외공관, 해외에 파견된 우리나라 군대 또는 외교사절 등에 사용될 공용물품을 수출하는 경우
2. 선박 또는 항공기의 안전운항을 위하여 긴급 수리용으로 사용되는 기계, 기구 또는 부분품 등을 수출하는 경우
3. 그 밖에 수출허가 또는 상황허가의 면제가 필요하다고 인정하여 산업통상자원부장관이 관계 행정기관의 장과 협의하여 고시하는 경우

[전문개정 2009. 11. 2.]

제36조(전략물자의 판정 신청 등) ① 법 제20조제2항에 따라 해당 물품등이 전략물자 또는 법 제19조제3항제13호에 따른 상황허가 대상인 물품등에 해당하는지에 대하여 판정을 받으려는 자는 판정 신청서에 다음 각 호의 서류를 첨부하여 산업통상자원부장관이나 관계 행정기관의 장에게 제출하여야 한다. 〈개정 2008. 2. 29., 2013. 3. 23., 2014. 1. 28.〉

1. 물품등의 용도와 성능을 표시하는 서류
2. 물품등의 기술적 특성에 관한 서류
3. 그 밖에 전략물자 또는 법 제19조제3항제13호에 따른 상황허가 대상인 물품등의 판정에 필요한 서류로서 산업통상자원부장관이 정하여 고시하는 서류

② 제1항에 따른 신청을 받은 산업통상자원부장관이나 관계 행정기관의 장은 15일 이내에 신청한 물품등이 전략물자 또는 법 제19조제3항제13호에 따른 상황허가 대상인 물품등에 해당하는지를 판정하여 신청인에게 알려야 한다. 다만, 판정을 신청한 물품등에 대하여 별도의 기술 심사나 다른 관계 행정기관과의 협의가 필요한 경우 그 기술 심사나 협의를 하는 데에 필요한 기간은 본문에 따른 기간에 산입하지 아니한다. 〈개정 2008. 2. 29., 2013. 3. 23., 2014. 1. 28.〉

③ 제2항에 따른 판정의 유효기간은 2년으로 한다. 〈개정 2014. 1. 28.〉

④ 산업통상자원부장관은 전략물자 수출입통제업무를 효율적으로 수행하기 위하여 필요한 경우 제2항에 따라 전략물자로 판정된 물품등에 대하여 그 명칭, 규격, 통제번호 등 해당 물품등이 전략물자라는 사실을 확인할 수 있는 객관적 사항에 관한 것으로서 산업통상자원부장관이 정하여 고시하는 사항을 공고할 수 있다. 〈개정 2008. 2. 29., 2013. 3. 23.〉

제37조(전략물자 판정 업무 등의 위탁) 원자력안전위원회는 법 제20조제2항 후단에 따라 그 소관 물품등이 전략물자 또는 상황허가 대상인 물품등에 해당하는지에 대한 제36조제2항에 따른 판정 및 통보 업무를 「원자력안전법」 제6조에 따른 한국원자력통제기술원에 위탁한다.

[전문개정 2020. 6. 16.]

제38조 삭제 〈2009. 11. 2.〉

제39조 삭제 〈2009. 11. 2.〉

제40조(전략물자 수입목적확인서의 발급 등) ① 법 제22조에 따라 전략물자 수입목적확인서를 발급받으려는 자는 전략물자 수입목적확인서 발급신청서에 그 전략물자의 최종 사용자 및 사용 목적을 증명할 수 있는 서류 등 전략물자의 수입 목적을 확인하는 데에 필요한 서류로서 산업통상자원부장관이나 관계 행정기관의 장이 정하여 고시하는 서류를 첨부하여 산업통상자원부장관이나 관계 행정기관의 장에게 제출하여야 한다. 〈개정 2008. 2. 29., 2013. 3. 23.〉

② 제1항에 따른 신청을 받은 산업통상자원부장관이나 관계 행정기관의 장은 7일 이내에 전략물자 수입목적확인서를 발급하여야 한다. 다만, 수입목적 확인을 신청한 물품등에 대하여 별도의 기술 심사나 관계 행정기관과의 협의가 필요한 경우 그 기술 심사나 협의를 하는 데에 필요한 기간은 본문에 따른 기간에 산입하지 아니한다. 〈개정 2008. 2. 29., 2013. 3. 23.〉

③ 제2항에 따라 발급한 전략물자 수입목적확인서의 유효기간은 1년으로 한다. 〈신설 2014. 1. 28.〉

제40조의2(전략물자등의 경유 또는 환적 허가 신청 등) ① 법 제23조제3항에서 "대통령령으로 정하는 자"란 다음 각 호의 어느 하나에 해당하는 자를 말한다. 〈개정 2013. 3. 23., 2014. 1. 28.〉

1. 대량파괴무기등의 제조 · 개발 · 사용 또는 보관 등의 용도로 전용되거나 전용될 가능성이 있다고 인정되는 전략물자나 상황허가 대상인 물품등(이하 "전략물자등"이라 한다)을 경유하거나 환적하려는 자
2. 산업통상자원부장관 또는 관계 행정기관의 장으로부터 법 제23조제3항에 따른 경유 또는 환적 허가를 받아야 하는 것으로 통보받은 자

② 법 제23조제3항에 따라 경유 또는 환적 허가를 받으려는 자는 산업통상자원부장관이 고시하는 경유 또는 환적 허가 신청서에 다음 각 호의 서류를 첨부하여 산업통상자원부장관 또는 관계 행정기관의 장에게 제출하여야 한다. 〈개정 2013. 3. 23., 2016. 7. 26.〉

1. 거래계약서 또는 이에 준하는 서류
2. 해당 경유 또는 환적에 관련된 수출자, 수입자,

최종 사용자 등에 관한 서류

3. 그 밖에 전략물자등의 경유 또는 환적 허가에 필요한 서류로서 산업통상자원부장관이 정하여 고시하는 서류

③ 제2항에 따른 경유 또는 환적 허가 신청서를 제출받은 산업통상자원부장관이나 관계 행정기관의 장은 15일 이내에 경유 또는 환적 허가 여부를 결정하고 그 결과를 신청인에게 알려야 한다. 다만, 경유 또는 환적 허가를 신청한 전략물자등에 대하여 별도의 기술 심사, 국내·국제 관계기관과의 협의 또는 현지조사가 필요한 경우 이를 위하여 걸리는 기간은 본문에 따른 기간에 산입하지 아니한다. 〈신설 2016. 7. 26.〉

[전문개정 2010. 10. 1.]

[제목개정 2016. 7. 26.]

제40조의3(전략물자등의 경유 또는 환적 허가의 기준) 법 제23조제4항에서 "국제평화, 안전유지 및 국가안보 등 대통령령으로 정하는 기준"이란 다음 각 호의 기준을 말한다.

1. 해당 전략물자등이 평화적 목적에 사용될 것
2. 해당 전략물자등의 경유 또는 환적이 국제평화 및 안전유지와 국가안보에 영향을 미치지 아니할 것
3. 해당 전략물자등의 수출자, 수입자, 최종 사용자 등이 거래에 적합한 자격을 가지고 있고 그 전략물자등의 사용 용도를 신뢰할 수 있을 것
4. 그 밖에 제32조 각 호에 따른 국제수출통제체제의 원칙 중 산업통상자원부장관이 정하여 고시하는 사항을 지킬 것

[본조신설 2016. 7. 26.]

제41조(전략물자등의 중개허가 신청 등) ① 법 제24조제1항에 따라 전략물자등을 중개하려는 자는 전략물자등 중개허가신청서에 다음 각 호의 서류를 첨부하여 산업통상자원부장관이나 관계 행정기관의 장에게 제출하여야 한다. 〈개정 2008. 2. 29., 2013. 3. 23., 2014. 1. 28.〉

1. 거래계약서, 거래가계약서(去來假契約書) 또는 이에 준하는 서류
2. 해당 중개에 관련된 수출자, 수입자, 중개자 등에 관한 서류
3. 중개하는 전략물자등의 용도와 성능을 표시하는 서류
4. 중개하는 전략물자등의 기술적 특성에 관한 서류

4의2. 중개하는 전략물자등의 용도 등에 관한 최종 사용자의 서약서

5. 그 밖에 전략물자등의 중개허가에 필요한 서류로서 산업통상자원부장관이 정하여 고시하는 서류

② 제1항에 따른 중개허가 신청을 받은 산업통상자원부장관이나 관계 행정기관의 장은 15일 이내에 중개허가 여부를 결정하고 그 결과를 신청인에게 알려야 한다. 다만, 중개허가를 신청한 물품등에 대하여 별도의 기술 심사, 국내·국제 관계기관과의 협의 또는 현지조사가 필요한 경우 이를 위하여 걸리는 기간은 본문에 따른 기간에 산입하지 아니한다. 〈개정 2008. 2. 29., 2013. 3. 23., 2016. 7. 26.〉

[제목개정 2014. 1. 28.]

제41조의2(전략물자등의 중개허가의 면제) 법 제24조제1항 단서에서 "국제수출통제체제의 원칙에 따른 수출허가를 받은 경우 등 대통령령으로 정하는 때"란 다음 각 호의 어느 하나에 해당하는 때를 말한다. 〈개정 2013. 3. 23., 2014. 1. 28.〉

1. 법 제19조제1항의 국제수출통제체제의 원칙에 따라 수출국으로부터 수출허가를 받은 때
2. 산업통상자원부장관이 고시하는 지역에서 중개에 따른 수출이나 수입이 이루어지는 때

[본조신설 2009. 11. 2.]

[제목개정 2014. 1. 28.]

제42조(중개허가의 기준) 법 제24조제2항에서 "대통령령으로 정하는 기준"이란 다음 각 호의 기준을 말한다. 〈개정 2008. 2. 29., 2013. 3. 23., 2014. 1. 28., 2016. 7. 26.〉

1. 해당 물품등이 평화적 목적에 사용될 것
2. 해당 물품등의 중개가 국제평화 및 안전유지와 국가안보에 영향을 미치지 아니할 것
3. 해당 물품등의 수출자, 수입자, 최종 사용자 등이 거래에 적합한 자격을 가지고 있고 그 물품등의 사용 용도를 신뢰할 수 있을 것
4. 그 밖에 제32조 각 호에 따른 국제수출통제체제의 원칙 중 산업통상자원부장관이 정하여 고시하는 사항을 지킬 것

제42조의2(수출허가 등의 유효기간) ① 다음 각 호의 어느 하나에 해당하는 허가의 유효기간은 1년으로 한다.

1. 법 제19조제2항에 따른 수출허가
2. 법 제19조제3항에 따른 상황허가
3. 법 제23조제3항에 따른 경유 또는 환적 허가
4. 법 제24조에 따른 중개허가

② 산업통상자원부장관 또는 관계 행정기관의 장은 다음 각 호의 어느 하나에 해당하는 경우에는 제1항 각 호에 따른 허가의 유효기간을 달리 정할 수

있다.

1. 법 제19조제2항에 따른 전략물자 중 법 제19조제1항에 따른 기술을 수출하려는 경우
2. 법 제25조제2항에 따른 자율준수무역거래자(법 제19조제2항 및 이 영 제32조의3에 따른 기술이전 행위의 전부 또는 일부를 위임하거나 기술이전 행위를 하는 자를 포함한다. 이하 제43조부터 제46조까지 및 제75조에서 같다)에 대하여 법 제19조제2항에 따른 수출허가를 하는 경우
3. 제1호 및 제2호 외에 전략물자등의 인도 조건, 대금 결제의 기간이나 조건, 경유 또는 환적이나 중개 등과 관련된 거래의 특성 등을 고려하여 산업통상자원부장관이나 관계 행정기관의 장이 필요하다고 인정하는 경우

③ 제2항에 따른 허가 유효기간의 설정과 관련된 세부적인 사항은 산업통상자원부장관이 관계 행정기관의 장과 협의하여 고시할 수 있다.

[본조신설 2014. 1. 28.]

제43조(자율준수무역거래자의 지정 등) ① 법 제25조제1항에서 "대통령령으로 정하는 대학 및 연구기관"이란 다음 각 호의 어느 하나에 해당하는 대학 및 연구기관을 말한다. 〈신설 2014. 1. 28., 2016. 9. 22.〉

1. 「고등교육법」 제2조에 따른 대학, 산업대학, 전문대학 및 기술대학
2. 「과학기술분야 정부출연연구기관 등의 설립・운영 및 육성에 관한 법률」에 따라 설립된 과학기술분야 정부출연연구기관
3. 「기초연구진흥 및 기술개발지원에 관한 법률」 제14조의2제1항에 따라 인정받은 기업부설연구소
4. 「산업기술연구조합 육성법」에 따른 산업기술연구조합
5. 국・공립 연구기관
6. 「특정연구기관 육성법」 제2조에 따른 특정연구기관
7. 「산업기술혁신 촉진법」 제42조에 따른 전문생산기술연구소

② 법 제25조제1항에서 "대통령령으로 정하는 능력"이란 다음 각 호의 능력을 말한다. 〈개정 2014. 1. 28.〉

1. 전략물자 해당 여부에 대한 판정능력
2. 수입자 및 최종 사용자에 대한 분석능력
3. 자율관리조직의 구축 및 운용 능력

③ 법 제25조제1항에 따라 자율준수무역거래자로 지정받으려는 자는 자율준수무역거래자지정신청서에 다음 각 호의 서류를 첨부하여 산업통상자원부장관에게 제출하여야 한다. 〈개정 2008. 2. 29., 2013. 3. 23., 2014. 1. 28.〉

1. 제2항 각 호의 능력을 갖추었음을 증명하는 서류
2. 자율적인 수출통제 업무 관리를 위한 업무규정 및 조직도
3. 그 밖에 자율준수무역거래자의 지정에 필요한 서류로서 산업통상자원부장관이 정하여 고시하는 서류

④ 산업통상자원부장관은 법 제25조제1항에 따라 자율준수무역거래자를 지정하는 경우 제2항에 따른 능력을 갖춘 정도에 따라 자율준수무역거래자의 등급을 달리 정할 수 있다. 〈신설 2014. 1. 28.〉

⑤ 산업통상자원부장관은 제3항에 따라 자율준수무역거래자 지정신청을 받았을 때에는 신청서 접수일부터 40일 이내에 지정 여부와 그 등급(자율준수무역거래자로 지정된 경우만 해당한다)을 신청인에게 알려야 한다. 〈개정 2014. 1. 28.〉

⑥ 제2항에 따른 자율준수무역거래자 지정을 위한 능력의 심사 및 등급 결정 등에 관한 세부사항은 산업통상자원부장관이 정하여 고시한다. 〈신설 2014. 1. 28.〉

제44조(자율준수무역거래자의 자율관리 업무의 범위) ①법 제25조제2항에 따라 산업통상자원부장관은 자율준수무역거래자에게 법 제19조에 따른 전략물자의 수출허가에 관하여 다음 각 호의 수출통제업무를 자율적으로 관리하게 할 수 있다. 〈개정 2008. 2. 29., 2013. 3. 23., 2014. 1. 28.〉

1. 법 제19조제2항에 따라 수출허가를 받은 물품등의 최종 사용자에 관한 관리 업무

1의2. 법 제19조제2항에 따라 수출허가를 받은 물품등의 최종 용도에 관한 관리 업무

2. 그 밖에 전략물자 수출허가 제도를 효율적으로 운용하기 위하여 산업통상자원부장관이 정하여 고시하는 업무

② 산업통상자원부장관은 제43조제4항의 등급에 따라 제1항에 따른 수출통제업무의 자율적인 관리 내용을 달리 정할 수 있다. 〈신설 2014. 1. 28.〉

제45조(자율준수무역거래자의 보고) 법 제25조제3항에 따라 자율준수무역거래자는 다음 각 호의 사항별로 해당 기간 내에 그 현황이나 실적을 산업통상자원부장관에게 보고하여야 한다. 〈개정 2008. 2. 29., 2013. 3. 23., 2014. 1. 28.〉

1. 법 제19조에 따른 전략물자 수출허가의 반기별(半期別) 실적 : 다음 반기의 1개월 이내
2. 제43조제2항 각 호에 관한 연간 현황 : 다음 해

의 1개월 이내

제46조(전략물자관리원의 업무) 법 제29조제5항 제4호에서 "그 밖에 대통령령으로 정하는 업무"란 다음 각 호의 업무를 말한다. 〈개정 2008. 2. 29., 2009. 11. 2., 2013. 3. 23.〉

1. 전략물자 수출입관리에 관한 조사 · 연구 및 홍보 지원 업무
2. 전략물자 수출입통제와 관련된 국제협력 지원 업무

2의2. 법 제25조에 따른 전략물자 자율준수무역거래자의 지정 및 관리에 대한 지원 업무

3. 전략물자의 판정 및 통보에 관하여 산업통상자원부장관이 위탁하는 업무

제47조(전략물자 수출입통제 협의회의 구성 및 운영 등) ① 법 제30조제1항에 따른 전략물자 수출입통제 협의회(이하 "협의회"라 한다)의 위원장은 다음 각 호의 사항별로 소관 행정기관의 장이 되고, 협의회의 위원장은 소관 사항별로 참석 행정기관의 범위를 정하여 협의회를 소집한다. 〈개정 2008. 11. 5., 2009. 11. 2., 2013. 3. 23., 2014. 1. 28., 2016. 7. 26., 2017. 7. 26.〉

1. 과학기술정보통신부: 과학기술 및 정보통신기술 중 전략물자등 관련 기술의 수출입통제에 관한 사항
2. 외교부: 외교에 영향을 주는 사항 및 전략물자등의 수출입통제와 관련된 국제규범에 관한 사항
3. 통일부: 「남북교류협력에 관한 법률」에 따른 반출 · 반입 승인 대상 품목 중 전략물자등에 관한 사항 및 남북 교류 · 협력에 영향을 미치는 사항
4. 국방부 : 「방위사업법」에 따른 방위산업물자 · 국방과학기술의 수출입통제에 관한 사항 및 국가안보에 영향을 미치는 사항
5. 산업통상자원부: 법 제19조제2항에 따른 전략물자등(원자력 전용 품목은 제외한다)의 수출입통제 및 통상교섭에 영향을 주는 사항
6. 원자력안전위원회: 법 제19조제2항에 따른 전략물자등 중 원자력 전용 품목의 수출입통제에 관한 사항
7. 관세청: 전략물자등 통관 및 통관과정 중 전략물자등 불법수출입에 관한 사항
8. 정보수사기관(법 제30조제3항에 따른 정보수사기관을 말한다): 국내외 전략물자등 관련 정보협력, 국가안보에 영향을 미치는 전략물자등 수출입, 불법수출입에 관한 사항

② 협의회의 위원은 제1항에 따라 소집되는 행정기관의 고위공무원단에 속하는 공무원으로서 전략물자의 수출입통제 관련 업무를 담당하는 자로 한다.
③ 협의회를 효율적으로 운영하기 위하여 필요하면 실무협의회를 둘 수 있다.
④ 협의회와 실무협의회의 운영에 필요한 사항은 제1항에 따른 관계 행정기관의 장이 협의하여 정한다.
⑤ 법 제30조제3항에서 "대통령령으로 정하는 정보수사기관"이란 다음 각 호의 기관을 말한다. 〈개정 2014. 1. 28., 2014. 11. 19., 2017. 7. 26., 2018. 8. 21.〉

1. 국가정보원
2. 검찰청
3. 경찰청
4. 해양경찰청
5. 군사안보지원사령부

제48조(허가의무 위반자 등에 대한 교육) ① 법 제49조에 따른 교육(이하 "교육"이라 한다)시간은 8시간 이내로 한다.
② 산업통상자원부장관 또는 관계 행정기관의 장은 법 제29조에 따른 전략물자관리원, 「원자력안전법」 제6조에 따른 한국원자력통제기술원, 그 밖에 산업통상자원부장관이 정하여 고시하는 기관에서 교육을 실시하도록 할 수 있다. 〈개정 2013. 3. 23., 2020. 6. 16.〉
③ 제1항 및 제2항에서 규정한 사항 외에 교육에 필요한 사항은 산업통상자원부장관이 관계 행정기관의 장과 협의하여 정한다. 〈개정 2013. 3. 23.〉
[전문개정 2009. 11. 2.]

제49조(전략물자기술자문단의 구성 및 운영) ① 산업통상자원부장관은 다음 각 호의 사항에 관한 자문을 하기 위하여 전략물자기술자문단을 구성하여 운영할 수 있다. 〈개정 2008. 2. 29., 2013. 3. 23., 2014. 1. 28.〉

1. 해당 물품등이 대량파괴무기등의 제조, 개발, 사용 또는 보관 등의 용도로 전용될 가능성에 관한 사항
2. 국제수출통제체제의 통제대상 물품등에 대한 평가 · 분석에 관한 사항
3. 전략물자 해당 여부의 판정에 관한 사항

② 전략물자기술자문단의 구성 · 운영 등에 필요한 사항은 산업통상자원부장관이 정하여 고시한다. 〈개정 2008. 2. 29., 2013. 3. 23.〉

제4절 플랜트수출 〈개정 2010. 10. 1.〉

제50조(수출승인의 신청 등) 법 제32조제1항에 따라 플랜트수출의 승인을 받으려는 자는 신청서에

산업통상자원부장관이 정하는 서류를 첨부하여 산업통상자원부장관에게 제출하여야 한다. 변경승인을 받으려는 경우에도 또한 같다. 〈개정 2008. 2. 29., 2010. 10. 1., 2013. 3. 23.〉

제51조(설비) 법 제32조제1항제1호에서 "대통령령으로 정하는 설비"란 다음 각 호의 설비를 말한다. 다만, 해외건설공사와 함께 일괄수주방식에 의하여 수출하는 설비는 제외한다. 〈개정 2010. 10. 1.〉

1. 발전설비
2. 담수 설비 및 용수처리설비
3. 해양설비 및 수상구조설비
4. 석유 처리설비 및 석유화학설비
5. 정유설비 및 송유설비
6. 저장탱크 및 저장기지설비
7. 냉동 및 냉장설비
8. 제철 · 제강설비 및 철강재구조설비
9. 공해방지설비
10. 공기조화설비
11. 신에너지 및 재생에너지 설비
12. 정치식(定置式) 운반하역설비 및 정치식 건설용설비
13. 시험연구설비
14. 그 밖에 산업 활동을 위하여 필요한 설비

제52조(시공) ① 법 제32조제1항제2호에서 "시공"이란 다음 각 호의 공사를 수행하는 것을 말한다. 〈개정 2010. 10. 1.〉

1. 토목공사
2. 건축공사
3. 플랜트 설치공사. 다만, 플랜트수출자나 수출용 기자재를 설계 · 제작하는 자가 제작한 기계 및 장치를 직접 설치하는 공사는 제외한다.

② 제1항제3호 단서에도 불구하고 「해외건설촉진법 시행령」 제17조제1항제1호라목에 따른 해외공사실적을 인정받으려는 경우에만 산업통상자원부장관은 플랜트수출자나 수출용 기자재를 설계 · 제작하는 자가 제작한 기계 및 장치를 직접 설치하는 공사를 플랜트 설치공사로 인정할 수 있다. 〈개정 2008. 2. 29., 2010. 10. 1., 2013. 3. 23.〉

제53조(동의 요청 등) ① 산업통상자원부장관은 법 제32조제3항에 따라 일괄수주방식에 의한 수출에 대하여 승인 또는 변경승인을 하기 위하여 미리 국토교통부장관의 동의를 받으려는 경우에는 해당 플랜트수출의 개요와 다음 각 호의 사항을 명시한 서류를 송부하여야 한다. 〈개정 2008. 2. 29., 2010. 7. 12., 2010. 10. 1., 2013. 3. 23.〉

1. 건설용역 및 시공 수행자의 성명(법인인 경우에는 그 명칭과 대표자의 성명) 및 주소
2. 건설용역 및 시공사업계획

② 제1항에 따라 동의 요청을 받은 국토교통부장관은 특별한 사유가 없으면 동의요청을 받은 날부터 10일 이내에 동의 여부를 산업통상자원부장관에게 알려야 한다. 〈개정 2008. 2. 29., 2010. 7. 12., 2010. 10. 1., 2013. 3. 23.〉

제54조(플랜트수출 관련 기관 등 지정) ① 산업통상자원부장관은 법 제32조제6항 후단에 따라 플랜트수출에 관한 시장조사 등의 사업을 촉진하기 위한 사업을 담당할 관련 기관 또는 단체(이하 "플랜트수출촉진기관"이라 한다)를 지정하려면 다음 각 호의 사항을 종합적으로 검토하여야 한다. 〈개정 2008. 2. 29., 2010. 10. 1., 2013. 3. 23.〉

1. 플랜트수출자에 대한 대표성
2. 시장조사 등 사업계획

② 산업통상자원부장관은 제1항에 따라 지정된 플랜트수출촉진기관에 대하여 플랜트수출의 시장조사 등 사업의 촉진과 관련하여 다음 각 호의 사항을 보고하게 할 수 있다. 〈개정 2008. 2. 29., 2010. 10. 1., 2013. 3. 23.〉

1. 플랜트수출 동향
2. 플랜트수출에 관한 시장조사, 정보교류, 수주, 협동화사업의 촉진실적 등 촉진활동에 관한 사항
3. 그 밖에 플랜트수출에 관하여 산업통상자원부장관이 요청하는 사항

[제목개정 2010. 10. 1.]

제5절 정부간 수출계약 〈신설 2014. 7. 16.〉

제54조의2(정부간 수출계약 보증사업의 수행 기관) 법 제32조의2제1항에서 "대통령령으로 정하는 보증 · 보험기관"이란 국내에서 수출 · 수입 등 대외거래에 대한 보증 또는 보험 업무를 10년 이상 영위하고 있는 자 중 산업통상자원부장관이 다음 각 호의 사항을 평가하여 지정하는 기관을 말한다.

1. 법 제32조의2제1항에 따른 보증사업의 수행에 필요한 재정능력
2. 수출 · 수입 등 대외거래의 당사자에 대한 신용정보의 수집 · 분석 및 평가에 관한 능력
3. 수출 · 수입 등 대외거래에서 발생한 채권에 대한 관리체계

[본조신설 2014. 7. 16.]

제54조의3(정부간 수출계약의 이행 보증 조치) 법 제32조의3제3항제1호에서 "보증 · 보험의 제공 등

대통령령으로 정하는 계약 이행 보증 조치"란 다음 각 호의 것을 말한다. 다만, 외국 정부와 국내 기업이 합의한 경우에는 다음 각 호에 규정된 계약 이행 보증 조치의 일부를 생략할 수 있다.

1. 정부간 수출계약의 내용에 따른 선수금의 반환, 계약 내용의 이행, 하자의 보수 등에 대하여 「금융실명거래 및 비밀보장에 관한 법률」 제2조제1호에 따른 금융회사등으로부터 보증을 받아 제공하는 것
2. 외국 정부에 대한 정부간 수출계약 이행 등에 대하여 법 제32조의2제1항에 따른 보증·보험기관으로부터 보증을 받아 제공하는 것

[본조신설 2014. 7. 16.]

제54조의4(전담기관의 권한과 책임) ① 전담기관은 정부간 수출계약의 체결 및 이행을 위하여 필요한 경우에는 관계 행정기관의 장에게 협조를 요청할 수 있다.

② 전담기관은 정부간 수출계약이 체결된 경우 다음 각 호의 구분에 따라 법 제32조의4제1항에 따른 정부간 수출계약 심의위원회(이하 "위원회"라 한다)에 보고하여야 한다.

1. 국내 기업의 정부간 수출계약 이행 상황을 확인하여 반기별로 1회 이상 보고할 것
2. 제54조의5제2호 단서에 따라 위원회의 심의 대상에서 제외되는 사항은 그 변경 등이 있은 날부터 2주 이내에 보고할 것

[본조신설 2014. 7. 16.]

제54조의5(정부간 수출계약 심의위원회의 심의·의결 사항) 법 제32조의4제1항에서 "정부간 수출계약의 체결, 변경, 해지 등 대통령령으로 정하는 사항"이란 다음 각 호의 사항을 말한다.

1. 외국 정부와 체결하려는 정부간 수출계약의 수용 여부, 국내 기업의 이행능력 평가, 법 제32조의3제3항제1호에 따라 국내 기업으로 하여금 조치하도록 할 계약 이행 보증 내용의 적정성 등에 관한 사항
2. 계약기간·계약금액 등 정부간 수출계약의 변경에 관한 사항. 다만, 다음 각 목의 사항으로서 위원회에서 정하는 경미한 사항은 제외한다.
   가. 물품등의 인도 횟수, 인도 장소의 변경
   나. 부품·사양의 변경
   다. 대금의 지급방법 및 지급횟수의 변경
   라. 그 밖에 가목부터 다목까지의 사항에 준하는 사항
3. 법 제32조의5제2항에 따라 국내 기업이 조치를 한 계약 이행 보증 세부 사항의 적정성에 관한 사항
4. 국내 기업의 정부간 수출계약에 따른 물품등의 공급 의무 불이행, 인가·허가·면허 등의 취소·정지 등으로 인한 계약 이행능력의 상실, 부정한 방법에 의한 계약의 체결, 그 밖의 원인으로 인한 정부간 수출계약의 해지 또는 해제에 관한 사항
5. 그 밖에 위원회의 위원장이 정부간 수출계약과 관련하여 위원회의 심의·의결에 부치는 사항

[본조신설 2014. 7. 16.]

제54조의6(정부간 수출계약 심의위원회의 구성 및 운영) ① 위원장을 제외한 위원회의 위원은 다음 각 호의 사람이 된다.

1. 산업통상자원부 및 조달청의 고위공무원단에 속하는 공무원 중 소속 기관의 장이 지명하는 사람 각 1명
2. 전담기관의 임원 중 전담기관의 장이 지명하는 사람 2명
3. 정부간 수출계약의 해당 물품등과 관련이 있다고 위원회의 위원장이 인정하는 중앙행정기관의 고위공무원단에 속하는 공무원 중에서 소속 기관의 장이 지명하는 사람
4. 제54조의2에 따른 보증·보험기관의 임원 중 해당 기관의 장의 추천으로 위원회의 위원장이 지명하는 사람
5. 정부간 수출계약과 관련된 분야에 학식과 경험이 풍부한 사람 중 7명 이내의 범위에서 위원장이 위촉하는 사람

② 제1항제5호에 따른 위촉위원의 임기는 2년으로 하되, 연임할 수 있다.

③ 위원장은 위원회의 회의를 소집하고, 그 의장이 된다.

④ 위원장이 부득이한 사유로 그 직무를 수행할 수 없을 때에는 위원장이 미리 지명한 위원이 그 직무를 대행한다.

⑤ 위원회의 회의는 재적위원 과반수의 출석으로 개의(開議)하고, 출석위원 3분의 2 이상의 찬성으로 의결한다.

⑥ 위원회는 국내 기업의 이행능력 평가를 효율적으로 수행하기 위하여 소위원회를 구성·운영할 수 있다.

⑦ 제1항부터 제6항까지에서 규정한 사항 외에 위원회의 구성 및 운영에 필요한 사항은 위원회의 의결을 거쳐 위원장이 정한다.

[본조신설 2014. 7. 16.]

제54조의7(국내 기업의 계약 이행 보증 조치) 법 제32조의5제2항에서 "보증·보험의 제공 등 대통

령령으로 정하는 계약 이행 보증 조치"란 제54조의 3에 따른 조치를 말한다.
[본조신설 2014. 7. 16.]

제3장의2 원산지의 표시 등

〈신설 2010. 10. 1.〉

제55조(원산지표시대상물품 지정 등) ① 산업통상자원부장관은 법 제33조제1항에 따라 원산지를 표시하여야 할 물품(이하 "원산지표시대상물품"이라 한다)을 공고하려면 해당 물품을 관장하는 관계 행정기관의 장과 미리 협의하여야 한다. 〈개정 2008. 2. 29., 2010. 10. 1., 2013. 3. 23.〉
② 법 제33조제2항에서 "대통령령으로 정하는 단순한 가공활동"이란 판매목적의 물품포장 활동, 상품성 유지를 위한 단순한 작업 활동 등 물품의 본질적 특성을 부여하기에 부족한 가공활동을 말하며, 그 가공활동의 구체적인 범위는 관계 중앙행정기관의 장과 협의하여 산업통상자원부장관이 정하여 고시한다. 〈신설 2010. 10. 1., 2013. 3. 23.〉
[제목개정 2010. 10. 1.]

제56조(수출입 물품의 원산지 표시방법) ① 원산지표시대상물품을 수입하려는 자는 다음 각 호의 방법에 따라 해당 물품에 원산지를 표시하여야 한다.
1. 한글·한문 또는 영문으로 표시할 것
2. 최종 구매자가 쉽게 판독할 수 있는 활자체로 표시할 것
3. 식별하기 쉬운 위치에 표시할 것
4. 표시된 원산지가 쉽게 지워지거나 떨어지지 아니하는 방법으로 표시할 것

② 제1항에도 불구하고 해당 물품에 원산지를 표시하는 것이 곤란하거나 원산지를 표시할 필요가 없다고 인정하여 산업통상자원부장관이 정하여 고시하는 기준에 해당하는 경우에는 산업통상자원부장관이 정하여 고시하는 바에 따라 원산지를 표시하거나 원산지 표시를 생략할 수 있다. 〈개정 2008. 2. 29., 2013. 3. 23.〉
③ 제1항에 규정된 것 외에 수입 물품의 원산지 표시방법에 관하여 필요한 사항은 산업통상자원부장관이 정하여 고시한다. 다만, 수입물품을 관장하는 중앙행정기관의 장은 소비자를 보호하기 위하여 필요한 경우에는 산업통상자원부장관과 협의하여 해당 물품의 원산지 표시에 관한 세부적인 사항을 따로 정하여 고시할 수 있다. 〈개정 2008. 2. 29., 2013. 3. 23.〉
④ 삭제 〈2010. 10. 1.〉
⑤ 수출 물품에 대하여 원산지를 표시하는 경우에는 제1항 각 호에서 정한 방법에 따라 원산지를 표시하되, 그 물품에 대한 수입국의 원산지 표시규정이 이와 다르게 표시하도록 되어 있으면 그 규정에 따라 원산지를 표시할 수 있다. 다만, 수입한 물품에 대하여 국내에서 단순한 가공활동을 거쳐 수출하는 경우에는 우리나라를 원산지로 표시하여서는 아니 된다.

제57조(원산지 표시방법의 확인) ① 제56조에 따른 원산지 표시방법에 따라 원산지를 표시하여야 하는 자는 해당 물품이 수입되기 전에 문서로 그 물품의 적절한 원산지 표시방법에 관한 확인을 산업통상자원부장관에게 요청할 수 있다. 〈개정 2008. 2. 29., 2013. 3. 23.〉
② 제1항에 따른 산업통상자원부장관의 원산지 표시방법의 확인에 관하여 이의가 있는 자는 확인 결과를 통보받은 날부터 30일 이내에 서면으로 산업통상자원부장관에게 이의를 제기할 수 있다. 〈개정 2008. 2. 29., 2013. 3. 23.〉
③ 원산지 표시방법에 대한 확인 요청과 확인 결과에 대한 이의제기에 필요한 사항은 산업통상자원부장관이 정하여 고시한다. 〈개정 2008. 2. 29., 2013. 3. 23.〉
④ 산업통상자원부장관은 법 제33조제3항에 따라 원산지표시대상물품을 수입하는 자에 대하여 해당 물품이 통관할 때 제56조제1항부터 제3항까지의 규정에 따른 원산지의 표시방법 및 표시 여부 등을 확인할 수 있다. 이 경우 확인방법과 확인절차 등에 관하여는 산업통상자원부장관이 정하여 고시 한다. 〈개정 2008. 2. 29., 2010. 10. 1., 2013. 3. 23.〉

제57조의2(서류검사) 법 제33조제5항에서 "대통령령으로 정하는 관련 서류"란 다음 각 호에 해당하는 서류를 말한다. 〈개정 2013. 3. 23.〉
1. 수입한 물품등의 무역거래자 및 판매업자의 정보에 관한 서류
2. 수입한 물품등의 가격, 수량, 품질 및 제조 또는 가공 공정에 관한 서류
3. 그 밖에 원산지의 표시에 대한 위반 여부를 확인하기 위하여 산업통상자원부장관이 필요하다고 인정하는 서류

[본조신설 2010. 10. 1.]

제58조(원산지표시 위반물품에 대한 시정조치) ① 법 제33조의2제1항에 따른 시정조치의 내용은 다음 각 호와 같다. 〈개정 2010. 10. 1., 2020. 2. 18.〉
1. 원산지표시의 원상 복구, 정정, 말소 또는 원산지표시명령

2. 위반물품의 거래 또는 판매 행위의 중지
② 법 제33조의2제1항에 따른 시정조치 명령은 다음 각 호의 사항을 명시한 서면으로 해야 한다. 〈개정 2010. 10. 1., 2020. 2. 18.〉
1. 위반행위의 내용
2. 시정조치 명령의 사유 및 내용
3. 시정기한

제59조(과징금의 부과 및 납부) ① 산업통상자원부장관 또는 시·도지사는 법 제33조의2제2항에 따라 과징금을 부과하려면 그 위반행위의 종류와 과징금의 금액을 명시하여 과징금을 낼 것을 서면으로 알려야 한다. 〈개정 2008. 2. 29., 2010. 10. 1., 2013. 3. 23., 2014. 1. 28.〉
② 제1항에 따라 통보를 받은 자는 납부 통지일부터 20일 이내에 과징금을 산업통상자원부장관 또는 시·도지사가 정하는 수납기관에 내야 한다. 다만, 천재지변이나 그 밖의 부득이한 사유로 납부기한까지 과징금을 낼 수 없는 경우에는 그 사유가 없어진 날부터 7일 이내에 내야 한다. 〈개정 2008. 2. 29., 2013. 3. 23., 2014. 1. 28.〉
③ 제2항에 따라 과징금을 받은 수납기관은 과징금을 낸 자에게 영수증을 발급하여야 한다.
④ 과징금의 수납기관은 제2항에 따른 과징금을 받으면 지체 없이 그 사실을 산업통상자원부장관 또는 시·도지사에게 알려야 한다. 〈개정 2008. 2. 29., 2013. 3. 23., 2014. 1. 28.〉
⑤ 삭제 〈2014. 1. 28.〉

제59조의2(과징금 납부기한의 연장 및 분할납부) ① 산업통상자원부장관 또는 시·도지사는 법 제33조의2제2항에 따라 과징금을 부과받은 자(이하 "과징금납부의무자"라 한다)가 내야 할 과징금의 금액이 1억원 이상인 경우로서 다음 각 호의 어느 하나에 해당하는 사유로 인하여 과징금의 전액을 한꺼번에 내기 어렵다고 인정되는 경우에는 그 납부기한을 연장하거나 분할납부하게 할 수 있다. 이 경우 필요하다고 인정하는 때에는 담보를 제공하게 할 수 있다.
1. 재해나 천재지변, 화재 등으로 재산에 현저한 손실을 입은 경우
2. 경제 여건이나 사업 여건의 악화로 사업이 중대한 위기에 있는 경우
3. 과징금을 한꺼번에 내면 자금사정에 현저한 어려움이 예상되는 경우
4. 그 밖에 제1호부터 제3호까지의 규정에 준하는 사유가 있는 경우
② 제1항에 따른 과징금 납부기한의 연장 또는 분할납부를 하려는 자는 그 납부기한의 10일 전까지 납부기한의 연장 또는 분할납부의 사유를 증명하는 서류를 첨부하여 산업통상자원부장관 또는 시·도지사에게 신청하여야 한다.
③ 제1항에 따른 납부기한의 연장은 그 납부기한의 다음 날부터 1년을 초과할 수 없다.
④ 제1항에 따라 분할납부를 하게 하는 경우 각 분할된 납부기한 간의 간격은 4개월을 초과할 수 없으며, 분할 횟수는 3회를 초과할 수 없다.
⑤ 산업통상자원부장관 또는 시·도지사는 다음 각 호의 어느 하나에 해당하는 경우에는 제1항에 따라 납부기한이 연장되거나 분할납부가 허용된 과징금납부의무자에 대하여 그 납부기한의 연장 또는 분할납부 결정을 취소하고 한꺼번에 징수할 수 있다.
1. 분할납부가 결정된 과징금을 그 납부기한까지 내지 아니한 경우
2. 담보의 제공에 관한 산업통상자원부장관 또는 시·도지사의 명령을 이행하지 아니한 경우
3. 강제집행, 경매의 개시, 파산선고, 법인의 해산, 국세 또는 지방세의 체납처분을 받은 때 등 과징금의 전부 또는 잔여분을 징수할 수 없다고 인정되는 경우
[본조신설 2014. 1. 28.]

제60조(과징금을 부과할 위반행위의 종류와 과징금의 금액) ① 법 제33조의2제2항에 따라 과징금을 부과하는 위반행위의 종류와 위반 정도에 따른 과징금의 금액은 별표 2와 같다. 〈개정 2010. 10. 1., 2014. 1. 28.〉
② 산업통상자원부장관 또는 시·도지사는 해당 무역거래자 등의 수출입 규모, 위반 정도 및 위반 횟수 등을 고려하여 제1항에 따른 과징금 금액의 2분의 1의 범위에서 가중하거나 경감할 수 있다. 다만, 가중하는 경우에도 과징금의 총액은 3억원을 넘을 수 없다. 〈개정 2008. 2. 29., 2009. 11. 2., 2013. 3. 23., 2014. 1. 28.〉

제60조의2(원산지 표시의무 위반자의 공표) ① 법 제33조의2제5항에 따른 공표의 대상자는 같은 조 제2항에 따른 과징금 부과처분이 확정된 자로서 다음 각 호의 어느 하나에 해당하는 자로 한다.
1. 별표 2 각 호의 구분에 따른 해당 위반물품등의 수출입 신고 금액(판매업자의 경우에는 판매한 물품등과 판매하지 아니한 물품등을 구분하여 판매한 물품등의 매출가액과 판매하지 아니한 물품등의 매입가액을 합한 금액을 말하며, 이하 이 항에서 "원산지 표시 위반물품등의 가액"이

라 한다)이 10억원(「관세법」 별표에 따른 품목 중 제1류부터 제24류까지의 품목 및 소금의 경우에는 5억원을 말한다) 이상인 자
2. 「관세법」 별표에 따른 품목 중 제1류부터 제24류까지의 품목 및 소금에 대한 별표 2 제3호 또는 제4호에 해당하는 원산지 표시 위반물품등의 가액 중 다음 각 목의 위반행위로 인한 가액을 합산한 금액이 5천만원 이상인 자
  가. 원산지를 국내산으로 거짓 표시하거나 원산지를 국내산으로 오인하게 하는 표시를 하는 행위
  나. 원산지 표시를 국내산으로 변경하는 행위
3. 다음 각 목의 요건을 모두 갖춘 자
  가. 법 제33조의2제2항에 따라 과징금 부과처분을 받은 날부터 과거 2년 이내의 기간(초일을 산입한다) 동안 법 제33조의2제2항에 따라 과징금 부과처분을 받은 횟수가 3회 이상일 것
  나. 가목에 따른 과징금 부과처분 중 확정된 처분이 3회 이상일 것
  다. 나목에 따른 확정된 과징금 부과처분의 사유가 된 원산지 표시 위반물품등의 가액을 합산한 금액이 5천만원 이상일 것
4. 「관세법」 별표에 따른 품목 중 제1류부터 제24류까지의 품목 및 소금에 대한 원산지 표시의무를 위반한 경우로서 다음 각 목의 요건을 모두 갖춘 자
  가. 법 제33조의2제2항에 따라 과징금 부과처분을 받은 날부터 과거 2년 이내의 기간(초일을 산입한다) 동안 법 제33조의2제2항에 따라 과징금 부과처분을 받은 횟수가 3회 이상일 것
  나. 가목에 따른 과징금 부과처분 중 확정된 처분이 3회 이상일 것

② 산업통상자원부장관 또는 시·도지사는 제1항에 따른 공표 대상자에 대해서는 법 제33조의2제5항에 따라 다음 각 호의 사항을 산업통상자원부 또는 시·도의 홈페이지에 공표하여야 한다.
1. "「대외무역법」에 따른 원산지 표시의무 위반사실의 공표"라는 표제
2. 위반자의 성명 또는 명칭(법인의 경우에는 대표자의 성명을 포함한다) 및 주소(법인의 경우 주된 영업소의 주소와 원산지 표시의무 위반행위를 한 사업장 주소를 말한다)
3. 원산지 표시 위반물품등의 종류, 명칭 및 위반내용
4. 원산지 표시 위반행위에 대한 처분권자, 처분일, 처분 내용

[본조신설 2014. 1. 28.]

제60조의3(자료의 요청) 산업통상자원부장관은 법 제33조 및 제33조의2에 따른 업무가 통일적이고 원활하게 집행되도록 하기 위하여 해당 업무에 대한 자료의 제출을 지방자치단체의 장에게 요청할 수 있다.

[본조신설 2014. 1. 28.]

제61조(수출입 물품의 원산지 판정 기준) ① 법 제34조에 따른 수입 물품에 대한 원산지 판정은 다음 각 호의 어느 하나의 기준에 따라야 한다. 〈개정 2008. 11. 5.〉
1. 수입 물품의 전부가 하나의 국가에서 채취되거나 생산된 물품(이하 "완전생산물품"이라 한다)인 경우에는 그 국가를 그 물품의 원산지로 할 것
2. 수입 물품의 생산·제조·가공 과정에 둘 이상의 국가가 관련된 경우에는 최종적으로 실질적 변형을 가하여 그 물품에 본질적 특성을 부여하는 활동(이하 "실질적 변형"이라 한다)을 한 국가를 그 물품의 원산지로 할 것
3. 수입 물품의 생산·제조·가공 과정에 둘 이상의 국가가 관련된 경우 단순한 가공활동을 하는 국가를 원산지로 하지 아니할 것

② 제1항에 따른 완전생산물품, 실질적 변형, 단순한 가공활동의 기준 등 원산지 판정 기준에 관한 구체적인 사항은 관계 중앙행정기관의 장과 협의하여 산업통상자원부장관이 정하여 고시한다. 〈개정 2008. 2. 29., 2013. 3. 23.〉

③ 법 제34조에 따른 수출 물품에 대한 원산지 판정은 제1항 및 제2항에 따른 기준을 준용하여 판정하되, 그 물품에 대한 원산지 판정기준이 수입국의 원산지 판정기준과 다른 경우에는 수입국의 원산지 판정기준에 따라 원산지를 판정할 수 있다. 〈신설 2008. 11. 5.〉

제62조(원산지 판정 절차) ① 법 제34조제3항에 따라 수출 또는 수입 물품의 원산지 판정을 받으려는 자는 대상 물품의 관세·통계통합품목분류표(「관세법 시행령」 제98조에 따른 관세·통계통합품목분류표를 말한다. 이하 같다)상의 품목번호·품목명(모델명을 포함 한다), 요청 사유, 요청자가 주장하는 원산지 등을 명시한 요청서에 견본 1개와 그 밖에 원산지 판정에 필요한 자료를 첨부하여 산업통상자원부장관에게 제출하여야 한다. 다만, 물품의 성질상 견본을 제출하기 곤란하거나 견본이 없어도 그 물품의 원산지 판정에 지장이 없다고 인정되는 경우에는 견본의 제출을 생략할 수 있다. 〈개정 2008. 2. 29., 2010. 10. 1., 2013. 3. 23.〉

② 산업통상자원부장관은 제1항에 따라 제출된 요

청서 등이 미비하여 수출 또는 수입 물품의 원산지를 판정하기 곤란한 경우에는 기간을 정하여 자료의 보정(補正)을 요구할 수 있으며, 그 기간 내에 보정하지 아니하면 요청서 등을 되돌려 보낼 수 있다. 〈개정 2008. 2. 29., 2010. 10. 1., 2013. 3. 23.〉

③ 산업통상자원부장관은 제1항에 따라 원산지 판정의 요청을 받은 경우에는 60일 이내에 원산지 판정을 하여 그 결과를 요청한 사람에게 문서로 알려야 한다. 다만, 그 판정과 관련된 자료수집 등을 위하여 필요한 기간은 이에 산입하지 아니한다. 〈개정 2008. 2. 29., 2010. 10. 1., 2013. 3. 23.〉

④ 원산지 판정의 결과가 요청인의 주장과 다른 경우에는 판정의 근거 등을 적어야 한다. 〈개정 2010. 10. 1.〉

⑤ 원산지 판정의 요청 방법과 그 밖에 판정에 필요한 사항은 산업통상자원부장관이 정하여 고시한다. 〈개정 2008. 2. 29., 2010. 10. 1., 2013. 3. 23.〉

[제목개정 2010. 10. 1.]

제63조(이의제기) ① 법 제34조제5항에 따라 원산지 판정에 이의를 제기하려는 자는 대상 물품의 관세·통계통합품목분류표상의 품목번호·품목명(모델명을 포함한다), 이의제기 사유, 신청자가 주장하는 원산지 등을 명시한 이의신청서에 원산지 판정에 필요한 자료를 첨부하여 산업통상자원부장관에게 제출하여야 한다. 〈개정 2008. 2. 29., 2013. 3. 23.〉

② 산업통상자원부장관은 제1항에 따라 제출된 신청서 등이 미비하여 이의제기에 대한 결정을 하기 곤란한 경우에는 기간을 정하여 자료의 보정을 요구할 수 있으며, 그 기간 내에 보정하지 아니하면 신청서 등을 되돌려 보낼 수 있다. 〈개정 2008. 2. 29., 2013. 3. 23.〉

③ 산업통상자원부장관은 제1항에 따른 이의제기에 대한 결정을 하기 위하여 관계 전문가에게 자문하거나 이해관계자 등의 의견을 들을 수 있다. 〈개정 2008. 10. 20., 2013. 3. 23.〉

④ 원산지 판정에 대한 이의제기 절차 등에 관하여 필요한 세부적인 사항은 산업통상자원부장관이 정한다. 〈개정 2008. 2. 29., 2013. 3. 23.〉

제64조 삭제 〈2008. 10. 20.〉

제65조(수입 물품의 원산지증명서의 제출) ① 산업통상자원부장관은 법 제36조에 따라 산업통상자원부장관이 정하여 고시하는 지역으로부터 산업통상자원부장관이 정하여 고시하는 물품을 수입하려는 자에게 다음 각 호의 기관에서 발행하는 원산지증명서를 그 물품을 수입할 때에 제출하도록 할 수 있다. 〈개정 2008. 2. 29., 2013. 3. 23.〉

1. 그 물품의 원산지 국가
2. 그 물품을 선적(船積)한 국가의 정부
3. 제1호의 국가 또는 제2호의 정부가 인정하는 기관

② 그 밖에 제1항에 따른 원산지증명서에 관하여 필요한 사항은 산업통상자원부장관이 정하여 고시한다. 〈개정 2008. 2. 29., 2013. 3. 23.〉

제66조(수출 물품의 원산지증명서 발급기준 등) ① 법 제37조제2항에 따른 수출 물품의 원산지증명서의 발급기준은 헌법에 따라 체결·공포된 조약이나 협정과 일반적으로 승인된 국제법규 또는 상대 수입국에서 정한 원산지증명서 발급기준으로 한다.

② 수출 물품의 원산지증명서를 발급받으려는 자는 수출물품원산지증명서발급신청서에 다음 각 호의 서류를 첨부하여 산업통상자원부장관에게 제출하여야 한다. 〈개정 2008. 2. 29., 2013. 3. 23.〉

1. 구매자·공급자에 관한 서류
2. 수출 물품의 가격·수량 등에 관한 서류
3. 그 밖에 수출물품의 원산지를 증명하는 데에 필요한 서류로서 산업통상자원부장관이 정하여 공고하는 서류

③ 산업통상자원부장관은 제2항에 따른 신청을 받은 경우 제1항에 따른 원산지증명서 발급기준에 적합한지를 조사·확인하여 발급 여부를 결정한 후 수출 물품의 원산지증명서를 발급하여야 한다. 〈개정 2008. 2. 29., 2013. 3. 23.〉

④ 제3항에 따른 원산지증명서의 유효기간은 1년으로 한다. 다만, 헌법에 따라 체결·공포된 조약이나 협정과 일반적으로 승인된 국제법규에서 그 유효기간을 다르게 정하고 있는 경우에는 그 유효기간으로 한다.

⑤ 제1항부터 제4항까지에서 규정한 것 외에 수출 물품의 원산지증명서의 발급 등에 필요한 세부사항은 산업통상자원부장관이 정하여 고시한다. 〈개정 2008. 2. 29., 2013. 3. 23.〉

제67조(단순한 가공활동) 법 제38조에서 "대통령령으로 정하는 단순한 가공활동"이란 제61조제2항에 따라 고시된 단순한 가공활동의 기준에 따른 활동을 말한다.

제4장 수입수량 제한조치

제68조(수입수량 제한조치) ① 법 제39조제1항에 따라 산업통상자원부장관이 수입수량을 제한하는 경우 그 제한수량은 최근의 대표적인 3년 간의 수

입량을 연평균수입량으로 환산한 수량(이하 "기준수량"이라 한다) 이상으로 하여야 한다. 이 경우 최근의 대표적인 연도를 정할 때에는 통상적인 수입량과 비교하여 수입량이 급증하거나 급감한 연도는 제외한다. 〈개정 2008. 2. 29., 2013. 3. 23.〉

② 산업통상자원부장관은 기준수량 이상으로 수입수량 제한조치를 하는 경우 해당 산업의 심각한 피해를 방지하거나 구제하기 어렵다고 명백하게 인정되는 경우에는 제1항에도 불구하고 기준수량 미만으로 수입수량을 제한할 수 있다. 〈개정 2008. 2. 29., 2013. 3. 23.〉

③ 산업통상자원부장관은 제1항이나 제2항에 따라 제한되는 수입수량을 각 국가별로 할당할 수 있다. 〈개정 2008. 2. 29., 2013. 3. 23.〉

제69조(수입수량 제한조치의 연장 등) 산업통상자원부장관은 시행 중인 수입수량 제한조치에 대하여 무역위원회가 그 조치 내용의 변경이나 적용기간의 연장을 건의하면 그 건의가 접수된 날부터 1개월 이내(연장의 경우 법 제39조제1항에 따른 수입수량 제한조치의 적용기간이 끝나는 날 이전)에 그 조치의 변경이나 조치 기간의 연장 여부를 결정하고 그 내용을 무역위원회에 통보하여야 한다. 〈개정 2008. 2. 29., 2013. 3. 23.〉

제70조 삭제 〈2016. 7. 26.〉

제5장 수출입의 질서유지

제1절 무역거래자 등의 수출입 질서의 유지

제71조 삭제 〈2009. 11. 2.〉

제72조 삭제 〈2009. 11. 2.〉

제73조 삭제 〈2009. 11. 2.〉

제74조 삭제 〈2009. 11. 2.〉

제2절 분쟁조정 등

제75조(무역분쟁의 통지 등) ①대한민국재외공관의 장이 교역상대국의 무역거래자 및 무역분쟁해결기관의 장으로부터 무역분쟁 사실의 신고를 받거나 업무를 수행하면서 무역분쟁 사실을 알게된 경우에는 지체 없이 그 사실을 산업통상자원부장관에게 알려야 한다. 대한무역투자진흥공사, 수출입조합, 그 밖에 수출·수입과 관련된 기관의 경우에도 또한 같다. 〈개정 2008. 2. 29., 2013. 3. 23.〉

②산업통상자원부장관은 제1항에 따라 무역분쟁 사실의 통지를 받은 경우 그 분쟁을 신속하게 해결하기 위하여 필요하다고 인정할 때에는 조정(調停) 또는 알선을 할 수 있다. 〈개정 2008. 2. 29., 2013. 3. 23.〉

제76조(선적 전 검사가 무역장벽으로 간주되는 경우) 법 제45조제1항에 따른 선적전검사기관이 선적 전 검사를 하면서 「세계무역기구 선적 전 검사에 관한 협정」 제2조를 위반하여 수출 이행에 장애를 초래하였을 때에 그 선적 전 검사는 무역장벽으로 작용한 것으로 본다.

제77조 삭제 〈2008. 10. 20.〉

제78조 삭제 〈2008. 10. 20.〉

제79조 삭제 〈2008. 10. 20.〉

제80조(분쟁조정 신청 등) ① 무역거래 또는 선적 전 검사와 관련한 분쟁이 발생한 경우 당사자의 일방 또는 쌍방은 법 제44조제4항이나 법 제45조제2항에 따라 산업통상자원부장관에게 분쟁의 조정을 신청할 수 있다. 〈개정 2008. 2. 29., 2013. 3. 23.〉

② 제1항에 따른 신청절차 등 신청에 필요한 사항은 산업통상자원부장관이 따로 정하여 고시한다. 〈개정 2008. 2. 29., 2013. 3. 23.〉

③ 산업통상자원부장관은 조정을 위하여 관계 전문가에게 자문하거나 이해관계자 등의 의견을 들을 수 있다. 〈신설 2008. 10. 20., 2013. 3. 23.〉

[제목개정 2008. 10. 20.]

제81조(조정안의 작성) ① 산업통상자원부장관은 조정신청을 받은 때에는 30일 이내에 조정안을 작성하여 당사자에게 제시하여야 한다. 〈개정 2008. 2. 29., 2008. 10. 20., 2013. 3. 23.〉

② 제1항에 따른 조정안에는 다음 각 호의 사항이 포함되어야 한다. 〈개정 2008. 10. 20.〉

1. 조정 사건의 표시
2. 조정의 일시 및 장소
3. 당사자의 성명 또는 명칭
4. 조정안의 주요 내용

제82조(조정안의 통지) ① 산업통상자원부장관은 제81조에 따라 조정안이 작성된 경우에는 당사자에게 알려야 한다. 〈개정 2008. 10. 20., 2013. 3. 23.〉

②제1항에 따라 조정안을 통지받은 분쟁 당사자는 7일 이내에 조정안에 대한 수락 여부를 서면으로 산업통상자원부장관에게 알려야 한다. 〈개정 2008. 10. 20., 2013. 3. 23.〉

제83조(조정의 종료) ① 산업통상자원부장관은 다음 각 호의 어느 하나에 해당하는 경우에는 해당 조정 사건을 끝낼 수 있다. 〈개정 2008. 10. 20., 2013. 3. 23.〉

1. 당사자 간에 합의가 이루어지거나 조정안이 수락된 경우
2. 조정신청인이나 당사자가 조정신청을 철회한 경우
3. 당사자가 조정안을 거부한 경우
4. 당사자 간에 합의가 성립될 가능성이 없다고 인정되는 경우나 그 밖에 조정할 필요가 없다고 판단되는 경우

② 산업통상자원부장관은 조정이 끝난 경우에는 당사자에게 알려야 한다. 〈개정 2008. 10. 20., 2013. 3. 23.〉

제84조(조정비용) ① 산업통상자원부장관은 이 법에 따른 조정과 관련하여 당사자에게 조정비용을 부담하도록 할 수 있다. 〈개정 2008. 2. 29., 2013. 3. 23.〉

② 조정비용은 신청요금, 경비 및 수당으로 구분하며, 조정비용의 금액, 예납절차(豫納節次) 등에 관하여 필요한 사항은 산업통상자원부장관이 정하여 고시한다. 〈개정 2008. 2. 29., 2013. 3. 23.〉

제85조(선적전검사중재기관) ① 법 제45조제3항에 따른 중재기관은 「중재법」 제40조에 따라 산업통상자원부장관이 지정하는 사단법인(이하 "대한상사중재원"이라 한다)으로 한다. 〈개정 2008. 2. 29., 2013. 3. 23.〉

② 법 제45조제3항에 따른 중재에 대하여는 「중재법」을 적용한다.

제86조(세계무역기구협정상의 분쟁 해결절차와의 관계) 이 법에 따른 선적 전 검사와 관련한 분쟁의 해결절차는 세계무역기구협정상의 분쟁 해결절차를 방해하지 아니한다.

제87조(조정명령의 기준) 산업통상자원부장관은 필요하다고 인정하면 법 제46조제1항제3호에 따른 조정을 명할 수 있는 경우에 대한 기준을 정하여 고시할 수 있다. 이 경우 산업통상자원부장관은 미리 해당 품목을 관장하는 관계 중앙행정기관의 장의 의견을 들어야 한다. 〈개정 2008. 2. 29., 2013. 3. 23.〉

제88조(조정명령 등) ① 산업통상자원부장관은 법 제46조에 따른 조정을 명하기 위하여 관계 전문가에게 자문하거나 이해관계자 등의 의견을 들을 수 있다. 〈개정 2013. 3. 23.〉

② 산업통상자원부장관은 법 제46조에 따른 조정을 명하는 경우 기업의 영업비밀 보호를 침해할 우려 등의 특별한 사유가 없으면 조정을 명하는 이유, 대상, 내용 등을 공고하여야 한다. 〈개정 2013. 3. 23.〉

[전문개정 2008. 10. 20.]

제6장 보 칙

제89조 삭제 〈2015. 12. 30.〉

제90조(수수료) 법 제37조에 따라 수출 물품의 원산지증명서를 발급받으려는 자는 산업통상자원부장관이 정하여 고시하는 수수료를 내야 한다. 〈개정 2008. 2. 29., 2013. 3. 23.〉

제91조(권한의 위임ㆍ위탁) ① 산업통상자원부장관은 법 제52조제1항에 따라 다음 각 호의 권한을 그 대상 물품등의 품목에 따라 그 물품등을 관장하는 중앙 행정기관의 장에게 위탁한다. 다만, 산업통상자원부장관이 관장하는 물품등에 대한 권한은 제외한다. 〈개정 2008. 2. 29., 2013. 3. 23., 2014. 1. 28.〉

1. 제24조제2항에 따른 외화획득용 원료ㆍ기재의 수입 제한에 관한 권한
2. 제25조에 따른 외화획득용 원료ㆍ기재의 기준 소요량 결정에 관한 권한
3. 제27조에 따른 외화획득 이행기간의 결정 및 그 연장에 관한 권한
4. 외화획득용 원료ㆍ기재 또는 그 원료ㆍ기재로 제조된 물품등(산업통상자원부장관이 정하여 고시하는 품목만 해당한다)에 대한 다음 각 목의 권한
   가. 제28조제1항에 따른 외화획득 이행 여부의 사후 관리에 관한 권한
   나. 법 제17조제1항에 따른 사용목적 변경승인에 관한 권한
   다. 법 제17조제2항에 따른 양도ㆍ양수의 승인에 관한 권한
5. 법 제46조제1항에 따른 조정명령에 관한 권한
6. 제3항제2호에 따라 특별시장ㆍ광역시장ㆍ특별자치시장ㆍ도지사 또는 특별자치도지사(이하 "시ㆍ도지사"라 한다)에게 위임된 사무에 대한 법 제52조제2항 및 제3항에 따른 지휘ㆍ감독 및 자료의 제출 요청에 관한 권한

② 산업통상자원부장관은 법 제52조제1항에 따라 산업통상자원부장관이 관장하는 품목의 물품등에 대한 다음 각 호의 권한을 국가기술표준원장에게 위임한다. 다만, 제1호의 권한 중 목재가구에 대한 권한은 국립산림과학원장에게 위탁한다. 〈개정 2008. 2. 29., 2013. 3. 23., 2013. 12. 11.〉

1. 제25조에 따른 외화획득용 원료ㆍ기재의 기준 소요량 결정에 관한 권한
2. 제28조제1항에 따른 외화획득 이행 여부의 사후 관리에 관한 권한

3. 제3항제2호에 따라 시·도지사에게 위임된 사무에 대한 법 제52조제2항 및 제3항에 따른 지휘·감독 및 자료의 제출요청에 관한 권한
4. 제7항제2호 및 제3호에 따라 산업통상자원부장관이 지정·고시한 관계 행정기관 또는 단체에 위탁된 사무에 대한 법 제52조제2항 및 제3항에 따른 지휘·감독 및 자료의 제출 요청에 관한 권한

③ 산업통상자원부장관은 법 제52조제1항에 따라 산업통상자원부장관이 관장하는 물품등에 대한 다음 각 호의 권한을 시·도지사에게 위임한다. 다만, 자유무역지역관리원의 관할구역의 입주업체에 대한 권한은 자유무역지역관리원장에게 위임한다. 〈개정 2008. 2. 29., 2008. 11. 5., 2009. 11. 2., 2010. 10. 1., 2013. 3. 23.〉

1. 제27조제2항 및 제3항에 따른 외화획득 이행기간의 연장에 관한 권한
2. 법 제17조제1항에 따른 사용목적 변경승인에 관한 권한
3. 삭제 〈2014. 1. 28.〉
4. 삭제 〈2014. 1. 28.〉
5. 삭제 〈2014. 1. 28.〉

④ 산업통상자원부장관은 법 제52조제1항에 따라 다음 각 호의 권한을 세관장에게 위탁한다. 다만, 제6호의 권한 중 자유무역지역관리원의 관할구역의 입주업체에 대한 권한은 자유무역지역관리원장에게 위임한다. 〈개정 2008. 2. 29., 2008. 11. 5., 2009. 11. 2., 2010. 10. 1., 2013. 3. 23., 2014. 1. 28.〉

1. 법 제14조에 따른 수출입 승인 면제의 확인에 관한 권한
2. 제57조제4항에 따른 원산지 표시의 확인에 관한 권한
3. 법 제33조제5항에 따른 수입한 물품등과 관련 서류의 검사에 관한 권한
4. 법 제33조의2제1항에 따른 시정조치 명령

4의2. 법 제33조의2제2항에 따른 과징금 부과 및 이 영 제59조의2에 따른 과징금 납부기한의 연장, 분할납부 및 그 결정의 취소에 관한 권한

5. 제65조에 따른 원산지증명서의 제출 명령에 관한 권한
6. 제66조제2항 및 제3항에 따른 원산지증명서 발급 업무 중 관세양허(關稅讓許)를 받기 위한 원산지증명서 발급 업무에 관한 권한
7. 법 제59조제2항제3호(이 항 제3호의 권한에 따른 경우만 해당한다)의 자에 대한 같은 조 제3항에 따른 과태료의 부과·징수에 관한 권한

⑤ 산업통상자원부장관은 법 제52조제1항에 따라 다음 각 호의 업무를 한국무역협회, 「민법」 제32조에 따라 해양수산부장관의 허가를 받아 설립된 한국선주협회(이하 "한국선주협회"라 하고, 제4호의 업무에만 해당한다), 「관광진흥법」 제41조제1항 및 같은 법 제45조제1항에 따른 한국관광협회중앙회(제5호의 업무에만 해당한다), 업종별 관광협회(제5호의 업무에만 해당한다) 및 「소프트웨어산업 진흥법」 제26조에 따른 한국소프트웨어산업협회(이하 "한국소프트웨어산업협회"라 하고, 제6호의 업무에만 해당한다)에 위탁한다. 〈개정 2008. 2. 29., 2013. 3. 23., 2014. 7. 16.〉

1. 법 제8조의2제1항 및 이 영 제12조의2제2항·제3항에 따른 전문무역상사의 지정 및 법 제8조의2제3항에 따른 지정의 취소

1의2. 제21조제1항에 따른 무역업고유번호의 부여 및 관리 등 수출입통계 데이터베이스를 구축하기 위한 전산관리체제의 개발·운영

2. 제22조제2항에 따른 수출입 거래에 관한 정보의 수집·분석
3. 제23조에 따른 용역의 수출입 확인
4. 제23조에 따른 용역 중 해운업의 수출입 확인
5. 제23조에 따른 용역 중 관광사업의 수출입 확인
6. 제23조에 따른 전자적 형태의 무체물의 수출입 확인

⑥ 산업통상자원부장관은 법 제52조제1항에 따라 다음 각 호의 권한을 관세청장에게 위탁한다. 〈개정 2008. 2. 29., 2008. 11. 5., 2009. 11. 2., 2010. 10. 1., 2013. 3. 23.〉

1. 제56조제3항 본문에 따라 산업통상자원부장관이 정하는 원산지 표시방법의 범위에서 그 표시방법에 관한 세부적인 사항을 정하는 권한

1의2. 제57조제1항 및 제2항에 따른 원산지 표시방법의 확인 및 이의제기에 대한 처리 권한

2. 제62조 및 제63조에 따른 원산지의 판정 및 이의제기의 처리에 관한 권한
3. 제4항에 따라 세관장에게 위탁된 사무에 대한 법 제52조제2항 및 제3항에 따른 지휘·감독 및 자료의 제출 요청에 관한 권한

⑦ 산업통상자원부장관은 법 제52조제1항에 따라 수출입승인 대상물품등에 대한 다음 각 호의 권한을 산업통상자원부장관이 지정하여 고시하는 관계 행정기관 또는 단체의 장에게 위탁한다. 〈개정 2008. 2. 29., 2013. 3. 23., 2014. 1. 28.〉

1. 법 제11조제2항부터 제5항까지에 따른 수출 또

는 수입의 승인, 승인의 유효기간 설정 및 연장, 변경승인 및 변경사항 신고의 수리에 관한 권한
2. 제24조에 따른 외화획득용 원료·기재의 수입 승인에 관한 권한
3. 산업통상자원부장관이 관장하는 외화획득용 원료·기재에 대한 제28조에 따른 사후 관리에 관한 권한

⑧ 산업통상자원부장관은 법 제52조제1항에 따라 법 제32조제1항에 따른 플랜트수출의 승인 및 변경승인(일괄수주방식에 의한 수출로서 국토교통부장관의 동의가 필요한 경우는 제외한다)에 관한 권한을 「산업발전법」 제38조에 따라 산업통상자원부장관의 인가를 받아 설립된 한국기계산업진흥회(이하 "한국기계산업진흥회"라 한다)에 위탁한다. 다만, 연불금융(延拂金融) 지원의 경우에는 「한국수출입은행법」에 따른 한국수출입은행에 위탁한다. 〈개정 2008. 2. 29., 2010. 7. 12., 2010. 10. 1., 2013. 3. 23.〉

⑨ 산업통상자원부장관은 법 제52조제1항에 따라 다음 각 호의 권한을 대한상사중재원에 위탁한다. 〈개정 2008. 2. 29., 2008. 10. 20., 2013. 3. 23.〉
1. 제75조제2항에 따른 무역분쟁에 대한 조정 또는 알선에 관한 권한
2. 제80조부터 제84조까지의 규정에 따른 분쟁조정, 조정비용 부담 등에 관한 권한

⑩ 산업통상자원부장관은 법 제52조제1항에 따라 제66조제2항 및 제3항에 따른 원산지증명서 발급 업무(관세양허를 받기 위한 원산지증명서 발급 업무를 포함한다)를 「상공회의소법」에 따라 설립된 대한상공회의소(이하 "대한상공회의소"라 한다)나 「민법」 제32조에 따라 설립된 법인 중 산업통상자원부장관이 지정하여 고시하는 법인에 위탁한다. 〈개정 2008. 2. 29., 2013. 3. 23.〉

⑪ 산업통상자원부장관은 법 제52조제1항에 따라 제31조에 따른 구매확인서의 발급 및 사후 관리에 관한 권한을 외국환은행의 장 및 「전자무역 촉진에 관한 법률」 제6조에 따라 산업통상자원부장관이 지정한 전자무역기반사업자에게 위탁한다. 〈개정 2008. 2. 29., 2008. 11. 5., 2013. 3. 23.〉

⑫ 산업통상자원부장관은 법 제52조제1항에 따라 제36조제2항에 따른 전략물자의 판정 및 통보에 관한 권한을 법 제29조에 따라 설립된 전략물자관리원에 위탁한다. 〈개정 2008. 2. 29., 2013. 3. 23.〉

제92조(권한의 위임·위탁 등에 따른 조정) ① 시·도지사 또는 세관장은 법 제33조의2제2항, 법 제59조제3항(법 제59조제2항제3호를 위반한 경우만 해당한다) 또는 이 영 제91조제4항제4호의2 및 제7호에 따라 과징금이나 과태료를 부과하려면 각각 세관장이나 시·도지사와 미리 협의하여야 한다. 〈개정 2014. 1. 28.〉

② 제91조에 따라 산업통상자원부장관의 권한을 위임받거나 위탁받은 자는 위임받거나 위탁받은 업무의 처리 결과를 산업통상자원부장관에게 보고하여야 한다. 보고시기, 보고방법 등에 관하여 필요한 사항은 산업통상자원부장관이 정한다. 〈개정 2008. 2. 29., 2013. 3. 23.〉

③ 산업통상자원부장관은 제91조에 따라 권한을 위임받거나 위탁받은 자가 법 또는 이 영을 위반하여 그 위임 또는 위탁받은 업무를 처리한 경우에는 시정조치 등 필요한 조치를 요구할 수 있다. 〈개정 2008. 2. 29., 2013. 3. 23.〉

④ 제3항에 따른 시정조치 등을 요구받은 자는 지체 없이 그 업무를 시정하고 그 결과를 산업통상자원부장관에게 보고하여야 한다. 〈개정 2008. 2. 29., 2013. 3. 23.〉

[제목개정 2014. 1. 28.]

제93조(공무원 의제) 법 제58조에서 "대통령령으로 정하는 법인 또는 단체"란 다음 각 호에 해당하는 기관 또는 단체를 말한다.
1. 한국무역협회
2. 한국소프트웨어산업협회
3. 한국선주협회
4. 「관광진흥법」 제41조제1항·제45조제1항에 따른 한국관광협회중앙회 및 업종별 관광협회
5. 제91조제7항에 따라 지정된 단체
6. 한국기계산업진흥회
7. 대한상사중재원
8. 대한상공회의소
9. 제91조제10항에 따라 지정된 법인

제93조의2(규제의 재검토) ① 산업통상자원부장관은 제12조의2제1항에 따른 전문무역상사의 지정기준에 대하여 2014년 7월 22일을 기준으로 5년마다(매 5년이 되는 해의 기준일과 같은 날 전까지를 말한다) 그 타당성을 검토하여 개선 등의 조치를 하여야 한다. 〈개정 2014. 12. 9.〉

② 산업통상자원부장관은 다음 각 호의 사항에 대하여 다음 각 호의 기준일을 기준으로 2년마다(매 2년이 되는 해의 기준일과 같은 날 전까지를 말한다) 그 타당성을 검토하여 개선 등의 조치를 하여야 한다. 〈신설 2014. 12. 9.〉
1. 제5조제2항에 따른 무역의 진흥을 위한 무역 지원 대상이 되는 무역 관련 시설의 기준: 2015년

1월 1일

2. 제43조에 따른 자율준수무역거래자의 지정 등: 2015년 1월 1일
3. 제45조에 따른 자율준수무역거래자의 보고사항 및 보고기간: 2015년 1월 1일
4. 제60조의2제2항에 따른 원산지 표시의무 위반자의 공표사항 및 절차: 2015년 1월 1일

[본조신설 2014. 7. 16.]

제94조(과태료의 부과기준) 법 제59조제1항부터 제3항까지의 규정에 따른 과태료의 부과기준은 별표 4와 같다. 〈개정 2020. 6. 16.〉
[전문개정 2008. 11. 5.]

부 칙 〈제30785호, 2020. 6. 16.〉

이 영은 2020년 6월 19일부터 시행한다. 다만, 제37조 및 제48조제2항의 개정규정은 공포한 날부터 시행한다.

찾아보기

저자 약력

● 전정기(Cheong-Ghi chun)

영남대학교 법학과 법학사
고려대학교 대학원 법학석사
영국 HULL대학 대학원 LL.M · 법학박사
관세사시험 출제위원(역임)
영국 HULL대학 법학과 객원교수(역임)
국가고시 출제위원(역임)
무역학회 부회장 등
현, 영남대학교 무역학부 교수

● 최홍배(Hong-Bae Choi)

한국해양대학교 해사법 학사
고려대학교 대학원 석사 · 박사
미국 시애틀대학 미국법(LL.M)
일본 와세다대학 법학연구과 객원교수(역임)
미국 워싱턴대학 해양정책대학원 객원교수(역임)
국가고시 출제위원(역임)
행정공무원 출제위원(역임)
현, 한국해양대학교 국제통상학과 교수

● 이성형(Sung-Hyoung Lee)

영남대학교 법과대학 및 동 대학원 졸업(법학박사)
경일대학교 국제무역컨벤션학부 초빙교수
한국국제상학회 · 한국무역학회 회원
현, 영남대학교 무역학부 · 한국해양대학교 국제통상학과 강사

대외무역법

2020년 8월 20일 1판 1쇄 인쇄
2020년 8월 30일 1판 1쇄 발행
2025년 1월 17일 1판 4쇄 발행

저 자 전정기 · 최홍배 · 이성형
발행인 김 학 민
조 판 아 람 기 획

07285
발행처 서울특별시 영등포구 선유로3길 10, 617호
도서출판 **탑 북 스**
등 록 2009.12.21 제 2016-000101 호
전 화 02)365-2223 팩스 02)365-2224
홈페이지 www.topbooks.co.kr

정가 24,000 원

ISBN 979-11-90247-29-0-93320